어느날 고양이가 우리집에 왔다

어느날 고양이가 우리집에 왔다

지은이 노진희, 밍키
펴낸이 임상진
펴낸곳 (주)넥서스

초판 1쇄 발행 2011년 3월 30일
초판 12쇄 발행 2017년 7월 5일
2판 1쇄 발행 2018년 2월 5일
2판 5쇄 발행 2022년 1월 10일
3판 1쇄 인쇄 2025년 5월 10일
3판 1쇄 발행 2025년 5월 20일

출판신고 1992년 4월 3일 제311-2002-2호
주소 10880 경기도 파주시 지목로 5
전화 (02)330-5500 팩스 (02)330-5555
ISBN 979-11-94643-33-3 13490

저자와 출판사의 허락 없이 내용의 일부를
인용하거나 발췌하는 것을 금합니다.

가격은 뒤표지에 있습니다.
잘못 만들어진 책은 구입처에서 바꾸어 드립니다.

이 책은 『나는 행복한 고양이 집사』의 개정판입니다.

www.nexusbook.com

고양이 집사를 위한 행복한 반려 생활 매뉴얼

어느날 고먕이가 우리집에 왔다

노진희·밍키 지음

넥서스BOOKS

고양이는…

혼자 있길 좋아하지만,

혼자서는 아무것도 할 수 없어요.

쉽게 마음을 열지 않지만,

언제부터인가

당신 가슴 위에서 잠이 들지도 몰라요.

창가에 앉아 사색을 즐기지만,

당신과 함께하는 시간을

　　　더　즐 거 워 할　거 예 요.

지금은 함께지만…
그게 언제까지일지 몰라요.

그런, 고양이를 부탁해요.

작가의 말

저의 첫 번째 책《나는 행복한 고양이 집사》가 새로운 제목으로 개정판이 나온다는 소식을 듣고 너무 기뻤습니다. 그즈음 제 책을 읽었다는 대만 분을 만날 수 있었습니다. 이 책은 감사하게도 당시에 대만까지 번역이 되어 수출을 했었는데 아마도 그 책을 읽은 분인가 봅니다. 그렇게 먼 곳에서 국적조차 다른 사람이 저의 책을 읽었다는 사실이 참 신기했습니다. 이 책은 제가 수의사가 된 지 얼마 되지 않았을 때 쓴 책입니다. 그리고 10년 차쯤 되었을 때 두 번째 개정판이 나왔고, 세 번째 개정판이 나오는 지금 저는 17년 차 수의사가 되어 있습니다. 이 책이 이렇게 저와 오랜 시간을 함께할 줄 정말 예상하지 못했습니다.

저는 특기라고는 남보다 공부를 좀 잘하는 것뿐인 의대 지망생이었습니다. 반수까지 합치면 몇 번인지도 모르게 의대 입시에 도전하고 낙방하고를 반복하였습니다. 그러다가 이대로 졸업하면 백수가 될 것 같아 일단 안정적인 직업을 가질 수 있는 수의대에 편입한 다음에 다시 의대에 도전할 생각으로 수의대에 왔습니다. 동물을 좋아해서 온 곳이 아니기 때문에 만약 의대에 다시 낙방하면 공무원이나 검역원을 할 생각이었습니다. 그러나 게으르고 사회성이 결여되어 있어 아무래도 조직 생활은 어려울 거 같아 수의사를 한번 도전해 보기로 했고, 경험 삼아 고양이를 입양했습니다.

그렇게 장래를 고민하던 본과 시절에 2개월도 안 된 밍키를 입양해 그 후 18년을 함께했습니다. 수의대를 졸업하고 인턴을 마치고 수의사로 첫 직장을 갖고 페이닥터 생활을 하고 동물병원을 개원하고 결혼을 하고 아이를 낳고 동물병원을 확장하고 책을 쓰고 강의를 다니고 2호점을 내고……, 그 모든 시간을 함께하였습니다. 그리고 3년 전에 밍키는 세상을 떠났습니다.

고양이의 수명이 고작 15년밖에 안 된다는 것은 저에게 항상 공포였습니다. 밍키가 8살이 된 후 췌장염과 당뇨로 크게 아팠었는데 그 후로 저는 밍키와의 이별을 마음으로 준비했습니다. '밍키가 살아 있는 오늘이 내 인생에 가장 완벽한 날'이라고 생각하며 하루하루를 살았습니다. 어느 날 밍키가 밥을 안 먹고 옷장에서 밍키의 대변이 발견되었을 때 마음이 '쿵' 하는 기분이 들었습니다. '곧 그날이 오겠구나!' 하는 생각이 들었습니다. 이미 담관염과 담도폐색으로 치료가 어렵다는 진단이 나왔고 나이도 17살 반이었기 때문에 우리 가족은 덤덤하게 밍키를 보냈습니다. 그리고 준비하고 계획했던 대로, 그렇게 고통스럽지 않지만 그렇다고 밍키를 잊지 않은 채 평범한 일상을 살아가고 있습니다. 집 안에서 가장 잘 보이는 위치에 밍키가 사용하던 소파와 사진과 유골이 있습니다. 아마도 제가 죽을 때 같이 묻어 달라고 하게 될 것 같습니다.

어느 날 병원에서 키우던 유기견을 집에 데려와 키우게 되었습니다. 병원에서 직원을 너무 많이 물어서 어쩔 수 없이 데려온 것인데, 집에서도 자기를 입양한 저만 졸졸 따르고 남편과 아들에게는 짖고 쫓아내려 하는 문제 행동이 너무 심했습니다. 행동 전문가에게 상담을 받아 보니 제 사랑을 독차지하려 하고 다른 가족을 질투해서 생기는 문제 행동이라는 것이었습니다. 그날 밤은 또 몹시도 밍키가 그리웠습니다. 평생 단둘이 살다가 남편이 생기고 늦둥이 아들이 생겼을 때 밍키가 무척 의젓하게 새 가족을 맞이했던 것이 떠올랐기 때문입니다. 산후조리원에서 갓난아기를 데리고 돌아온 그날 밤 밍키는 아기를 보고 그르릉그르릉 골골 송을 부르며 주위를 빙빙 돌며 환영해 주었습니다. 밍키는 우리 직원들이 혀를 내두를 정도로 사나운 고양이였지만 아이에게 단 한 번도 공격적인 행동을 한 적이 없습니다.

이 책은 저와 밍키가 함께 쓴 책입니다. 이 책을 읽으시는 분들은 고양이와의 행복한 삶을 시작하는 분이실 겁니다. 고양이와의 기적과 같은 삶에 이 책이 조금이나마 보탬이 된다면 더 바랄 것이 없겠습니다.

차례

- 작가의 말 ... 08
- 그랬구냥 칼럼
  1. 사람들은 왜 고양이를 선택했을까? ... 14
  2. 나에게 맞는 고양이 테스트 ... 16
  3. 고양이를 기르기 전, 염두에 두어야 할 것들 ... 18
  4. 고양이 나라 언어 사전 ... 20
  5. 고양이 나라 행동 사전 ... 21

PART 1
고양이는 처음이죠?

- 01 입양처 선택 ... 24
- 02 고양이 종류와 특징 ... 26
- 03 고양이 건강 체크 ... 34
- 04 고양이 용품 준비 ... 36
- 05 고양이와 개, 함께 사는 법 ... 48

Mingky와의 기막힌 동거 이야기
나를 수의사로 키운 건 8할이 밍키 ... 52

PART 2
고양이를 부탁해요

01	새끼 고양이 살리기	56
02	고양이 이동하는 법	57
03	고양이의 성격	62
04	음식 주기	64
05	배변 관리	68
06	청결 관리	69
07	건강 관리	73
08	예방 접종	78

Mingky와의 기막힌 동거 이야기
목숨과 바꿀 뻔한 밍키의 미용 … 86

Dr. No의 수의사 수첩
수의사가 되려면? … 88

PART 3
고양이와 함께 살아요

01	고양이 나이 계산법	92
02	고양이 언어	93

고양이 행동 클리닉

❶	고양이가 자꾸 울어요	99
❷	손가락을 자꾸 물어요	100
❸	이상한 것을 집어 먹어요	101
❹	밤만 되면 뛰고 난리가 나요	102
❺	아무 데서나 소변을 봐요	103
❻	비싼 가구랑 소파를 막 긁어 놓아요	105

03 고양이에게 해로운 음식들	106
04 털 관리와 미용	108
05 훈련	110
06 함께 여행하기	112
07 탁묘	116
08 중성화 수술	118
09 짝짓기	122
10 임신과 출산	125
11 분만 후 관리	129
12 사람에게 옮는 고양이 질병	132
13 응급 처치 방법	135
14 동물병원에서 시행하는 검사들	139
15 고양이 영양학	144
16 고양이의 죽음	150
❀ 길고양이를 사랑하는 법	152

Minky 와의 기막힌 동거 이야기

밍키 실종 사건	154

Dr. No의 수의사 수첩

유기 동물 이야기	156

PART 4
고양이도 아플 때가 있죠

01 비만	160
02 감기	166
03 범백혈구 감소증	168
04 주요 전염병	170
05 심장 사상충	174
06 만성 구내염	176
07 곰팡이성 피부병과 여드름	178
08 귀 진드기	180

09 구토	181
10 설사, 변비	182
11 하부 요로기계 질환	184
12 신부전	187
13 당뇨	189

Minaky 와의 기막힌 동거 이야기
고양이를 예뻐해 주세요 ······ 190

Dr. No 의 수의사 수첩
좋은 동물병원 선택하기 ······ 192

PART 5
고양이의 역사와 문화

01 고양이의 조상은 족제비이다	196
02 집고양이의 원조는 아비시니안이다	197
03 고대 고양이는 숭배의 대상이었다	198
04 고양이는 마녀였다	199
05 고양이를 사랑한 역사 속의 인물들	200
06 명화 속의 고양이	202
07 캐릭터 속의 고양이	203
❀ 고양이를 사랑한 명인들의 명언들	205

Dr. No 의 수의사 수첩
고양이를 오래 살게 하기 위한 10가지 방법 ······ 206

사람들은 왜 고양이를 선택했을까?

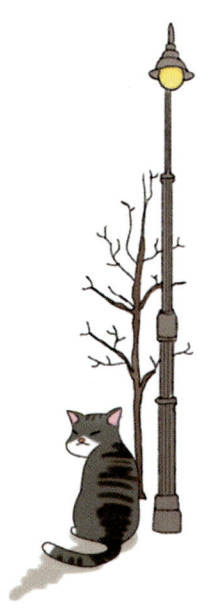

고양이와 사랑에 빠진 사람들

바야흐로 고양이의 시대다. 어두운 밤길에 쓰레기통을 뒤지고, 사람과 시선이 마주치면 두려운 듯 눈에 불을 켜고 도망치던 모습이 과거 고양이의 모습이라면, 요즘에는 각종 캐릭터로 만들어져 비싼 값에 팔리는 고부가가치 아이템, 도도함과 고급스러움을 더해 주는 존재가 되었다.

예전에는 반려동물이라고 하면 무조건 개만 생각했다. 충성스럽고 우직한 그들의 본성은 고대로부터 지금에 이르기까지 긴 세월 인간의 친구로 옆자리를 든든히 지켜 왔다. 그러나 1인 가족, 혹은 맞벌이 가족이 대부분인 지금, 야생성과 독립심을 동시에 지닌 고양이의 매력에 현대인들은 푹 빠져들 수밖에 없게 되었다.

외로움을 즐기는 고양이

개에서 고양이로의 반려동물의 이동은 일본, 유럽 등 반려동물 문화가 발달한 나라에서는 이미 오래된 일이며 우리나라도 이제는 고양이가 반려동물로서 상당한 부분을 차지한다. 수의사들도 과거에는 개에 준하여 고양이를 치료하였으나 지금은 고양이학을 따로 공부하고 있다. 수의사로서 고양이학은 다른 동물과 독립된 하나의 아름다운 학문이며, 보호자로서 고양이는 세상에서 가장 영민하고 아름다우며 우월한 생명체이다.

아직은 반려동물로 개를 키우는 사람이 많지만, 혼자 사는 젊은 남녀, 맞벌이 부부에게는 고양이가 잘 맞는다. 고양이는 기본적으로 독립심이 강해서 낮에 종일 혼자 집에 남겨질 때 오는 심리적인 장애가 덜하다. 반면, 개는 집에 사람이 없으면 짖거나 대소변 훈련 체계가 무너지는 행동 장애를 보이는 경우가 많다. 보호자가 독신 여성일 때 보호자에 대한 집착이 더욱 강해져서 개의 이러한 행동학적 문제는 더욱 심각할 수 있다.

감정을 표현할 줄 아는 낭만 고양이

고양이는 온종일 빈 집의 창가에서 일광욕을 즐기거나 그루밍을 하며 혼자만의 시간을 즐기다가 보호자가 오면 슬금슬금 마중을 나와 한 번 스윽 쳐다보고는 하던 일을 계속한다. 그렇다고 해서 고양이가 보호자와의 교감이 전혀 없는 것은 아니다. 오히려 고양이는 반려동물 중에서 가장 자신의 감정을 정확하게 전달하는 동물이다.

고양이가 기분이 나쁠 때는 '하악~' 하는 소리를 내며 온몸의 털과 발톱을 세운다. 또는 으르렁대는 소리도 내는데 공포감을 불러일으킬 정도이다. 마치 작은 호랑이처럼 야생적이며 사나운 들짐승임이 분명함을 보여 준다.

그러나 고양이가 기분이 좋을 때는 지그시 두 눈을 감고 '가르릉' 소리를 낸다. 몸 안에서 울리는 이 소리는 보호자와 교감하는 데 굉장히 중요한 수단이 된다. 때로는 '꾹꾹이'라고 해서 보호자의 배나 팔 등 푹신한 부분을 꾹꾹 누르는 행동을 하기도 하고, '우다다'라고 하여 야행성인 고양이가 밤중에 한 번씩 방 안을 마구 뛰어다니는 행동을 하기도 하는데, 모두 컨디션이 무척 좋음을 뜻한다.

'그루밍'이란 몸단장을 하는 행위를 일컫는데, 고양이는 하루 중 많은 시간을 까슬까슬한 혀로 온몸의 털을 고르는 데 보낸다. 이것이 고양이 몸에서 냄새가 잘 나지 않는 이유가 되기도 하고 '헤어볼'이라는 털 뭉치를 토하게 되는 원인이 되기도 한다. 기분 전환을 위한 이 행동은 고양이의 컨디션이 나쁠 때는 절대 하지 않기 때문에 수의사는 입원한 고양이가 그루밍을 하기 시작하면 회복할 수 있는 기미가 보인다고 판단하기도 한다. 이처럼 감정 표현이 풍부한 것 또한 고양이가 반려동물로서 주목받는 이유 중 하나이다.

스스로 몸단장하는 젠틀한 고양이

독립적인 성격과 풍부한 감정 표현 외에 반려동물로서 또 다른 장점은, 훌륭한 배변 습관에 있다. 고양이는 본능적으로 배변을 가린다. 딱히 가르치지 않아도 모래에만 대소변을 보며 모래를 덮어 냄새를 제거한다. 강아지는 일주일에 한번은 목욕해야 하는 반면, 고양이는 온종일 그루밍을 통해 몸단장을 해서 몸에서 냄새가 나지 않는다.

그랬구냥 칼럼 2
나에게 맞는 고양이 테스트

Start: 나는 털이 많은 고양이가 좋다.
- No → 자연 발생 묘종이 좋다.
  - No → 고양이를 좋아하는 이유는 다른 동물에게 찾기 어려운 신비함이 있기 때문이다.
    - Yes → **Type D**
    - No ↑ (위로)
  - Yes ↓
- Yes ↓

키우기 편한 얌전한 스타일이 좋다.
- No → 고양이는 고급스럽고 멋져야 제맛이다.
  - No → 입양 비용이 부담스러우면 곤란하다.
    - Yes → **Type E**
    - No ↑ (위로)
  - Yes ↓
- Yes ↓

고양이라도 여우보다는 강아지처럼 귀엽게 생긴 얼굴이 좋다.
- No → 내 고양이는 보호자인 나만 바라보고 따라야 한다.
  - No → '개냥이'처럼 성격이 활발한 고양이가 좋다.
    - Yes → **Type C**
  - Yes → **Type B**
- Yes → **Type A**

Type A 귀부인 페르시안

길고 우아한 털에 도도하지만 얌전한 고양이를 좋아하는 당신에게는 귀부인을 닮은 페르시안이 어울립니다. 털이 가늘고 많아서 브러싱을 열심히 해 주어야 하지만 커다란 눈과 동그랗고 귀여운 얼굴을 보면 그 귀찮음도 다 감수하게 됩니다. 이 고양이를 데리고 밖에 나가면 사람들의 시선을 한 몸에 받을 만큼 출중한 외모를 자랑하는 고양이입니다.

Type B 차가운 도시 고양이 터키시 앙고라

고양이 특유의 우아함과 까칠함을 사랑하는 당신이라면 터키시 앙고라가 적당합니다. 도도함을 넘어 강력한 카리스마와 포스를 뽐냅니다. 가장 고양이다운 고양이라 고양이 집사를 자처하는 당신에게 가장 잘 어울리는 고양이라고 할 수 있습니다.

Type C 개구쟁이 귀염둥이 샤미즈

고양이의 도도함보다는 강아지의 충직함과 발랄함이 좋은 당신이라면 영민함과 강아지의 충직함을 모두 갖춘 샤미즈가 어울립니다. 적적한 집 안을 활기로 채울 만큼 명랑하고 수다스럽습니다. 외로움을 많이 타는 당신에게 큰 행복과 즐거움을 줄 것입니다.

Type D 사랑스러운 러시안 블루

수다스럽거나 소란스럽지는 않지만 귀엽고 사랑스러운 고양이를 좋아하는 당신에게 어울리는 고양이입니다. 외롭거나 힘들 때, 이야기할 상대가 필요할 때 옆에서 조곤조곤 이야기를 들어주거나 까끌까끌한 혀로 당신을 위로해 줄 것입니다. 고양이와 정서적 교류를 나누기를 원하는 당신에게 소울 메이트가 되어 줄 고양이입니다.

Type E 고양이 매력의 진수, 코리안 숏헤어

고양이의 진면모를 보려면 뭐니 뭐니 해도 한국의 전통 고양이 코숏이 최고입니다. 품종 있는 고양이가 온실 속의 화초 같아 싫은 당신에게 코숏은 무한 매력을 선사할 것입니다. 사랑스러운 애교와 깊은 정까지 한국인의 정서와 가장 가까운 고양이라고 할 수 있습니다.

그랬구냥 칼럼 3
고양이를 기르기 전, 염두에 두어야 할 것들

고양이의 죽음
동물도 시간이 지나면 늙고 병든다. 반려동물이 큰 병에 걸리면 마치 집 안에 아픈 사람이 있는 것처럼 힘들다. 반려동물이 아프면 보호자들은 비용 때문에 포기하거나 무리해서라도 치료를 한다. 양쪽 모두 가슴이 아픈 건 마찬가지이다.

펫샵의 쇼윈도에서 콜콜 잠을 자거나 낚싯대를 가지고 노는 인형 같은 모습만 보고 입양한다면, 끝까지 고양이와 함께 지내기 어렵다. 꼭 기억하자. 고양이는 새끼로 있는 시절은 생각보다 짧다는 것, 고양이는 나보다 빨리 나이를 먹으며, 나보다 빨리 병들어 죽을 수 있다는 것, 그리고 고양이가 병들면 경제적으로, 육체적으로, 정신적으로 지켜 줄 능력이 있어야 한다는 것을 말이다.

가족의 동의
한국에서는 아직 고양이를 한 가족으로 받아들이는 문화가 보편적이지 않아 가족의 동의를 얻기가 쉽지 않다. 가족과 함께 살면서 가족의 동의 없이 고양이를 입양한다면 때때로 한 집안에 재앙을 불러일으키기도 한다. 고양이는 감정을 잘 읽는 동물이라 자신을 싫어하는 가족의 감정을 읽게 되면 예민한 고양이가 될 수도 있다. 모래를 사용해야 하고 털이 많이 날리는 동물인 고양이는 누구나 무난하게 키울 수 있는 동물은 결코 아니다. 고양이의 아름다움에 홀딱 반한 사람도 있지만, 고양이에 대한 거부감과 공포심을 가진 사람이 훨씬 많음을 기억해야 한다.

자신의 진로
고양이 보호자는 전반적으로 연령대가 낮은 편이다. 그러다 보니 자취를 하다가 부모님 집에 들어가는 경우, 어학연수나 유학, 군대에 가는 경우, 결혼과 임신처럼 피치 못할 사정이 생기면 키우던 고양이가 문제가 된다. 나에게는 정말 예쁘고 다정한 고양이지만 남의 눈에도 그렇게 보이기는 어렵다. 내가 책임지지 못한 고양이를 남이 책임져 줄 리 만무하다. 적어도 내가 키우지 못하게 되었을 때 잠시라도 데리고 있어 줄 그 누군가라도 꼭 확보해 두고 입양해야 한다. 고양이는 무척 예민한 동물이다. 반복되는 입양과 파양은 고양이의 마음에 깊은 상처를 남긴다.

자신의 건강

천식, 비염, 알레르기가 있다면 아무리 고양이가 좋아도 키우지 않는 것이 좋다. 이미 알레르기가 있는 사람은 물론이고 알레르기가 없던 사람도 고양이와 생활하면서 서서히 증상이 생기는 경우도 있다.

고양이 털과 위생

고양이 털은 당신이 '무엇을 생각하든 그 이상'이다. 그만큼 고양이는 털이 길고 많고 또 많이 빠지는 동물이다. 특히 장모종을 기르는 경우라면 검정 옷을 입는 것은 상상할 수도 없는 일이다. 혹시 입는다면 수없이 털이 붙는 것을 감수해야 한다.

고양이 털만 문제가 아니다. 지나치게 깔끔한 사람이 고양이를 키우기는 힘들다. 신발장에서 뒹굴고 놀다가 침대에 걸터앉는 고양이를 만나게 될 수도 있다. 개라면 신발장에 펜스라도 쳐 놓고 가지 못하게 하거나 침대 위에 절대 올라오지 못하게 해 위생적인 환경을 유지할 수 있지만, 어디든 자유자재로 오를 수 있는 데다 행동도 민첩한 고양이에게는 행동에 제약을 주기가 쉽지 않다. 그뿐만 아니다. 고양이 모래로 온 집안 바닥이 버석거릴 수 있는 경우도 감수해야 한다.

경제적 비용

처음 고양이를 입양하고자 할 때는 본인이 선택하기에 따라 비용 차이가 크다. 최근 인기 있는 먼치킨이나 랙돌은 수백만 원대까지 이른다. 물론 모래와 사료, 부수적인 고양이용품까지 추가한다면 비용은 더 증가한다. 또한, 종합 백신, 광견병 백신, 심장 사상충과 외부 기생충 접종까지 포함한 초기 접종 비용은 약 16만 원 정도이다. 중성화 수술은 비용이 다양하다. 하지만 호흡 마취를 하는지, 술전 검사를 어느 정도 했는지, 주사, 수액, 입원 여부에 따라 의료 서비스의 질이 다르니 절대적인 비용을 비교할 수는 없다. 수의사로서는 합당한 비용을 지불하고 제대로 된 서비스를 받길 권한다. 또 고양이에 따라 병치레를 한두 번은 하기 마련인데, 병의 경중에 따라 비용이 천차만별이 될 수 있다.

고양이 나라 언어 사전

길고양이
과거 도둑고양이라 불리던 토종 고양이를 일컫는 말이다.

코숏
우리나라 토종 고양이를 일컫는 말로 코리안 숏헤어Korean Shorthair의 준말이다.

그루밍
고양이의 몸단장을 말한다. 얼굴에서 시작하여 몸 뒷부분까지 털을 고르는 행동으로 하루 대부분 시간을 할애한다.

꾹꾹이
젖먹이 때 엄마 젖을 꾹꾹 누르던 습성이 남아 폭신한 이불이나 방석, 혹은 보호자의 배를 양손으로 꾹꾹 누르는 행동을 일컫는다.

우다다
야생에서의 행동 특성이 남아 방 안을 우당탕탕 뛰어다니며 격렬한 운동을 즐기는데 보통 밤에 하는 경우가 많다.

하악질
화가 나거나 싫다는 의사 표현이다.

가르릉
기분이 좋거나, 기분이 좋아지기 위해서 몸과 가슴통에서 내는 울림소리이다. 보통은 "행복해." 정도로 해석하면 된다.

헤어볼
온종일 털을 고르는 특성 때문에 털이 소화되지 않고 뭉치는 현상이다.

집사
고양이를 모시고 산다는 의미로 고양이 보호자들은 자신을 '집사'라고 부른다.

사막화
모래를 사용하는 고양이로 인해 온 집 안 혹은 곳곳에서 모래가 발견되는 현상이다.

중성화 수술
발정, 가출, 원치 않는 임신을 방지하기 위해 수컷은 고환을, 암컷은 자궁과 난소를 절제한다.

개냥이
고양이처럼 도도하지 않고 강아지처럼 사람을 따르고 좋아하는 고양이를 일컫는다.

맛동산
단단한 고양이의 변에 모래가 붙은 모양을 말한다.

오드 아이
양쪽 눈의 색이 다른 고양이를 말한다.

스크래칭
발톱을 갈기 위해 나무나 벽면을 긁는 행동이다.

스프레이
오줌으로 영역 표시를 하는 행동이다.

캣닢
고양이가 좋아하는 고양이 환각제이다.

식빵 자세
앞다리를 몸 안쪽으로 넣고 몸 전체를 동그랗게 말고 앉아 있는 모습을 말한다.

콜링
암고양이가 발정이 났을 때 우는 것을 말한다.

낚싯줄, 오뎅바
고양이의 대표적인 장난감으로 흔들어 주면서 고양이의 놀이 본능을 자극한다.

레이저 포인터
고양이가 좋아하는 장난감으로 불을 끄고 레이저 포인터를 움직이면 격렬하게 따라다닌다.

브리더
혈통을 보존하기 위해 교배와 번식을 시도하는 전문 사육가이다.

캐터리
브리더에 의해 전문적인 교배와 번식이 이루어지는 공간이다.

그랬구냥 칼럼 5

고양이 나라 행동 사전

🐾 **벽이나 가구에 오줌을 싼다**
새로운 침입자에 대해 불안감을 느끼고 자기 영역을 지키려고 마킹하는 것이다.

🐾 **상대방을 계속 응시한다**
공격하기 위한 행동이다.

🐾 **눈을 천천히 깜박인다**
고양이 키스라고 하여 호의를 나타내기도 하며, 더 이상 공격하지 않겠다는 의미를 나타내기도 한다.

🐾 **서로 항문이나 몸 냄새를 맡는다**
냄새를 통해 인사를 나누는 것이다.

🐾 **고양이 눈의 눈동자가 커지는 것**
공포를 느끼는 상태이다.

🐾 **꼬리를 낮게 좌우로 흔든다**
여러 가지 생각을 하거나 고민하는 상태이다.

🐾 **눈을 지그시 감는다**
경계를 푼 행복한 상태이다.

🐾 **몸을 활처럼 구부리고 털을 부풀린다**
적을 위협하기 위한 자세이다.

SECTION 1
입양처 선택

 다양한 입양처

고양이 인기가 높아지면서 고양이를 입양하는 방법도 다양해졌다. 각각의 장단점을 살펴 자신의 조건에 맞는 방법으로 고양이를 입양해 보자.

	장점	주의할 점
유기묘 보호소에서 입양하기	생명체를 돈으로 사고파는 것에 대해 거부감이 있는 사람에게 적합한 방법이다. 소정의 책임 입양 비용을 지불하는데, 유기 동물 보호소에 다시 기증되므로 보람을 느낄 수 있다.	한 번 버려진 고양이의 경우에는 심리적 외상을 치유하기 위한 노력이 필요하다.
펫숍 또는 동물 병원	주변에서 흔히 선택할 수 있는 방법으로 고양이를 직접 보고 데려 올 수 있어 외모뿐만이 아니라 성격과 건강 상태까지 체크할 수 있다. 평균 14일 정도의 책임 기간이 있어서 문제가 있는 경우 책임을 물을 수 있다.	입양 비용이 높다.
길고양이 데려오기	생후 7주 안에 사람 손을 타면 사람을 잘 따르기 때문에 어렵지 않게 키울 수 있다. 길가의 고양이를 사랑으로 보살폈다는 보람을 느낄 수 있다.	새끼 길고양이는 어미가 찾아올 수 있으니 적어도 4시간 정도는 멀리서 관찰해 어미가 찾아올 시간을 주어야 한다. 자칫 잘못 손을 대면 냄새가 바뀌어 어미가 새끼를 찾지 못한다. 너무 어린 고양이는 아플 수도 있고 손이 많이 갈 수 있다.

인터넷 입양	쉽게 접근이 가능하며 종이나 가격 등에서 선택의 폭이 넓다.	귀엽다는 이유로 충동적으로 입양할 가능성이 있으며, 사진 보정을 통해 실제와 다른 고양이를 보고 실망할 수도 있다.
캐터리에서 데려오기	벵갈Bengal, 먼치킨Munchkin, 노르웨이 숲Norwegian Forest Cats, 아메리칸 컬American Curl, 랙돌Ragdoll 등 고유 혈통을 지닌 고양이라는 자부심을 가질 수 있다.	가격이 매우 비싸며, 순종 보존을 위해 중성화 수술을 하는 조건으로 입양할 수 있다.

혈통이 있는 고양이를 입양할 경우

혈통이 있는 고양이를 입양할 경우에는 국제적으로 공신력을 인정받는 혈통 등록 기관(미국은 TICA, ACFA, CFA, 유럽은 FIFE)에 등록된 캐터리에서 입양하는 것이 가장 안전하다. 혈통 보전을 위해 교배와 번식을 시도하는 전문 사육사들을 '브리더'라고 하며 이들이 교배와 번식을 하는 공간을 '캐터리'라고 한다. 이들은 경제적인 이익보다 혈통 보전을 목적으로 한다. 금전적 이득을 위해 교배와 번식을 반복하는 분양업체와 구분이 필요하다. 입양할 때는 반드시 혈통 등록 기관의 혈통서를 발급받고, 부모의 사진을 확인해야 하며, 캐터리 환경을 살펴봐야 한다. 검증되지 않은 혈통서를 발급하는 곳이 많으니 속지 않도록 조심해야 한다.

Mingky's 입양이야기

밍키는 본과 2학년 때 가정 입양으로 데려온 아이였다. 지금은 분양업자들이 가정 입양을 가장하기 때문에 많이 퇴색되었지만 당시에는 고양이를 키우면서 한 번 정도 새끼를 내는 사람들이 입양을 보내곤 했다. 나도 숍에서 입양하기에는 비용이 부담되어 가정 입양을 택했다. 부모님은 고양이 입양을 반대하셨지만 가족, 친구와 떨어져 전주에서 홀로 지내는 생활이 외로웠고 나도 예쁜 고양이를 키워 보고 싶은 이기적인 생각으로 입양을 했다. 만약에 고양이에 대해 조금이라도 알았다면 그렇게 좁은 원룸에 고양이를 입양하지는 않았을 것이다. 그래도 밍키와 함께한 시간은 진심으로 행복했다. 시험이 끝나면 우리는 같이 목욕을 하고 침대에 나란히 누워 단잠을 잤는데 가족이 없어도, 친구가 없어도, 견딜 수 있을 만큼 행복했다. 밍키를 만나고 18년간 단 한 번도 떨어진 적 없이 지냈지만 그 시절 돈이 부족해서 값싼 사료를 먹인 것도 미안하고 시험 보랴, 일하랴 늘 바빴던 탓에 많이 놀아 주지 못한 것도 미안하다. 밍키는 나의 20대와 30대, 40대를 함께 보낸 나의 분신과 같은 반려 고양이였다. 🐾

SECTION 2
고양이 종류와 특징

 대표적인 품종

한배에서 나온 고양이라도 성격이 제각각이긴 하지만 고양이의 종별 특징을 미리 참고한다면 보호자의 성격에 맞는 고양이를 선택할 수 있다.

Persian 페르시안

세계적으로 인기가 가장 많은 종으로, 귀여운 외모와 조용한 성격 때문에 고양이계의 귀부인으로 불린다. 인기에 걸맞게 교배가 많이 되어 종류도 다양하다. 눈과 털의 색, 코의 눌림에 따라 익스트림, 친칠라, 이그조틱, 클래식 등으로 나뉜다. 인위적으로 발생한 품종이다.

외모&털	얼굴이 납작하고 눈이 크며 털이 부드럽고 길다. 머리부터 꼬리까지 긴 털로 뒤덮여 있으며 털은 흰색, 금색, 얼룩무늬까지 다양하다.
성격	발정 외에는 울음소리를 들을 수 없을 정도로 조용하며, '숨 쉬는 인형'이라고 불릴 만큼 얌전하다.

Siamese
샤미즈

태국의 옛 왕국인 샴에서 왕들이 왕궁의 수호를 위해 키우던 고양이로, 고급스럽고 멋지게 생겼다. 단모종 중에서는 세계적으로 가장 인기 있는 품종이다. 자연적으로 발생한 종이다.

외모&털	단모종으로 털이 빳빳하고 겉은 진한 갈색, 안쪽은 흰색이다. 주둥이, 발, 꼬리 등 몸의 끝부분 색이 더 진한 것이 특징이다. 진한 갈색과 크림색의 샤미즈가 있는데 어릴 때는 밝은색이더라도 나이가 들면 색이 진해진다.
성격	영리하여 훈련이 가능하고 사람에게 매우 친절하지만 정신이 없고 시끄러운 편이다. 국내에서는 '개냥이'라고 불릴 정도로 사람을 좋아하고 따른다.

Russian Blue
러시안 블루

러시아산이며 제2차 세계대전 이후에 거의 사라진 고양이의 혈통 보전을 위해 영국 고양이와 다시 교배했다. 줄임말로 '러블'이라 불리는 이 고양이는, 이름처럼 사랑스럽고 사람의 감정을 읽는 능력이 매우 뛰어나다. 자연적 발생과 인위적 발생이 결합되었다.

외모&털	청회색의 오묘한 털과 에메랄드 색의 눈을 가졌으며 몸매가 날렵하며 근육질이다. 다른 묘종에 비해 크기가 작은 편이다. 러시안 블루는 눈 색깔이 두 번 변하는 것으로 유명한데 생후 2개월쯤 되었을 때 청회색 눈이 노란색으로 바뀌고, 6개월쯤 되었을 때 다시 한 번 초록색으로 바뀐다.
성격	순하고 애교가 많지만 낯선 사람은 경계하는 편이다. 기분을 파악하는 데 뛰어난 능력을 가지고 있어서, 보호자가 우울해하면 다가와 온몸을 비비면서 위로를 하는 놀라운 능력을 지녔다.

터키시 앙고라

터키의 앙고라 지방에서 자연적으로 발생한 품종이다. 고산 지방의 추위를 견디기 위해 털이 길고 굵지만 관리는 수월한 편이다.

외모&털	교배로 인해 다양한 색상이 나오고 있지만 우리나라에서는 흰색이 가장 많은 사랑을 받는다. 장모종과 단모종이 있으며 털이 굵은 편이라 잘 뭉치지 않는다.
성격	영리하고 충성심이 강하지만 고집이 세다. 보호자를 잘 따라 사랑받는 고양이지만, 타인에게 쉽게 마음을 주지 않는 도도한 고양이이다.

코리안 숏헤어

고양이 협회에 등록된 순종은 아니지만 우리나라를 포함하여 전 세계적으로 분포하고 있으며 아프리카가 원산지인 것으로 추정된다. 외모와 성격을 단정 지을 수 없을 만큼 종류가 다양하다.

외모&털	주변에서 흔히 보는 길고양이 대부분이 코숏이다. 점박이, 턱시도, 까망이, 호랑이 무늬, 노란 태비, 삼색이, 줄무늬, 얼룩이 등 끝도 없이 다양하다. 자연적으로 발생한 품종이기 때문에 단모종이며 추위를 견디기 위해 속털이 나 있다.
성격	성격도 외모만큼 다양하다. 보통은 7주 이전에 사람 손을 타면 사람을 잘 따르는 집고양이가 된다. 사람에게 크게 상처를 입지 않은 한 대부분은 순하고 친절하며 영민하다.

마니아 사이에서 인기 있는 품종

스코티시 폴드 (Scottish Fold)

얼굴과 눈이 동그랗고 귀가 앞으로 처져 있어 늘 놀란 표정, 억울한 표정을 하고 있다. 귀여운 외모 때문에 세계적으로 마니아층이 가장 두텁다. 돌연변이로 발생한 품종이라 관절 기형 등의 유전성 질환이 있다. 귀가 접힌 암수가 교배할 경우 새끼 고양이에게 뼈 이상이 와서 짧은 다리로 잘 걷지 못하는 일이 발생할 수도 있기 때문에 귀가 접힌 고양이끼리는 교배시키지 않는다.

외모&털	얼굴과 눈이 동그랗고 귀가 접혔으나 간혹 귀가 접히지 않은 스코티시 폴드도 있다. 생후 3~4주가 되면 귀가 말리다가 3개월 때의 귀 형태가 평생 지속된다. 단모종과 장모종이 있으나 우리나라에 있는 스코티시는 대부분 단모종이다. 털색은 갈색과 회색 등 다양하다.
성격	조용하고 얌전하며 사람을 잘 따른다.

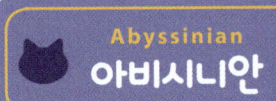

아비시니안 (Abyssinian)

피라미드에서 출토된 고양이 모양의 조각상들은 아비시니안을 매우 닮았으며 고대 이집트의 벽화에서도 비슷한 고양이 모습을 확인할 수가 있다. 눈 주변에 아이라인과 비슷한 선이 있는데 이것이 이집트 벽화에 보이는 짙은 눈 화장의 원조가 되었다는 설까지 있을 만큼 고대 이집트에서는 이 고양이가 신성시되었다.

외모&털	털이 굵고 뻣뻣하며, 몸매가 늘씬하고 호리호리하다. 장모종과 단모종이 있는데 장모종인 경우에는 '소말리'라고 한다.
성격	외모는 고급스럽지만 성격은 정반대이다. 수다스럽고 분주해 잠시도 가만히 있지 않고 돌아다니며 장난을 친다.

Bengal 벵갈

일본에서 인기 있는 품종으로 아프리카 밀림의 치타를 그대로 축소한 듯한 외모로 시선을 끈다. 야생성, 근육질, 와일드한 외모로 남자 애묘인에게 더 인기가 많다. 우리나라에서는 대중적이지는 않으나 확실한 마니아층을 가졌다.

외모&털	호피 문양의 털에 근육질의 몸매를 가졌으며 일반 고양이보다 크기가 다소 크다.
성격	야생성이 강한 자연 발생 종으로 무척 영리하며 장난감을 물어오는 훈련도 가능할 정도다. 수다스러운 고양이여서 보호자가 말을 걸면 대답을 하는 듯한 소리를 내기도 한다.

Norwegian Forest 노르웨이 숲

노르웨이에서 자연적으로 발생한 품종으로 북유럽의 추운 날씨를 견디기 위해 굵고 긴털이 몸을 덮고 있다.

외모&털	다른 고양이보다 몸집이 크고 근육질로 이루어져 튼튼하다. 귀에는 장식모가 나 있고 중장모이다. 고급스럽고 우아한 줄무늬를 가지고 있으며, 부드럽고 빽빽한 속털과 기름기 있는 겉털이 보온과 방수를 겸한다. 털은 잘 뭉치는 편은 아니다.
성격	야생성이 남아 있어서 나무 타기, 공놀이 등 다소 과격한 놀이를 즐기며 매우 활발하다. 사람을 좋아하며 친절하지만 애교 있는 성격은 아니다.

Sphynx 스핑크스

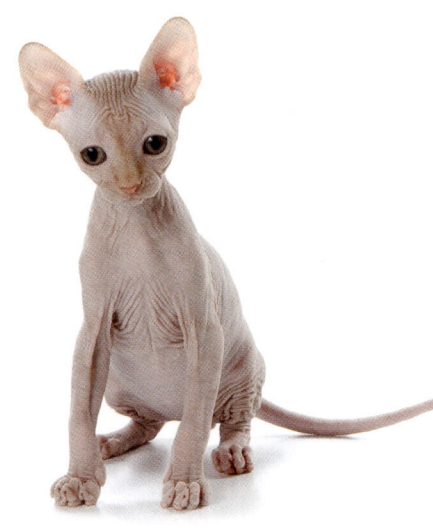

인류 최초의 털 없는 고양이이다. 1966년 캐나다에서 출생한 돌연변이 새끼 고양이의 후손이다. 이 밖에도 '렉스'라는 종이 털이 없지만 대중적이지는 않다. 우리나라에도 많이 수입된 스핑크스는 처음만큼 희소하지는 않으며 털에 예민한 애묘인들의 오랜 고민을 해결해 준 혁신적인 고양이다. 그러나 털이 없어 추위에 매우 취약하다. 보온에 신경을 많이 써야 한다.

외모&털	털이 없으나 피부는 부드러우면서 두껍고 주름이 많다. 전형적인 미묘는 아니지만 독특하고 매력있는 외모로 많은 애묘인들의 사랑을 받고 있다.
성격	온순하고 애교가 있다. 활발하기보다는 얌전한 성격의 소유자다.

American Shorthair 아메리칸 숏헤어

17세기에 쥐를 잡는 고양이로 유럽에서 미국으로 넘어왔다. 자연적으로 발생한 품종이며 쥐잡이 전문 고양이로서 굵은 뼈와 튼튼한 근육질을 자랑한다.

외모&털	순종 고양이이긴 하지만 일반 집고양이와 다름없다. 털색과 문양이 굉장히 다양하다. 차이가 있다면 일반 집고양이는 삼각형의 뾰족한 얼굴인 데 반해 아메리칸 숏헤어는 얼굴과 체형이 동그란 편이라 매우 귀여운 느낌을 준다.
성격	활발하고 사람을 잘 따른다. 친절하지만 고양이로서의 자존심도 강해서 사람과 일정한 거리를 유지한다.

히말라얀은 페르시안과 샤미즈를 인공 교배하여 만든 품종이다.

외모&털	얼굴 모양은 페르시안을 닮았고, 털색은 샤미즈를 닮았으며 장모종이다. 포인트를 가진 페르시안 고양이라고 볼 수 있는데 페르시안의 한 갈래로 보는 고양이 협회도 있다.
성격	조용하고 순하기로 유명한 페르시안과 인간 친화적이기로 유명한 샤미즈를 섞어 놓아서 성격이 그 어떤 품종보다 훌륭하다. 심지어 큰 수술을 마치고 입원해 있는 동안 엄청난 통증에 시달리면서도 끊임없이 가르릉거리고 꾹꾹이를 하며 모든 의료진에게 얼굴을 비비는 모습을 보여 주는 등 낙천적인 성격이다. 샤미즈의 유전자를 받아 페르시안보다는 조금 더 활동적이다.

🐾 그 밖의 고양이들

소말리 Somali 아비시니안의 돌연변이로 아비시니안의 외형에 긴 털을 가지고 있다. 성격이 좋지만 낯을 가리는 편이다.

터키시 반 Turkish Van 터키 남동부의 반(Van) 호수 주변에서 발견된 품종이다. 튼튼하고 긴 체형의 중대형 품종으로 다른 고양이와 달리 물을 좋아하고 활발하며 독립심이 강하다.

랙돌 Ragdoll 미국의 육종가인 앤 베이커가 조세핀이라는 긴 털을 가진 고양이 중에서 매우 얌전한 새끼 고양이를 버만 또는 버미즈와 같은 외형을 한 고양이와 교배시켰다. 랙돌은 '봉제 인형'이라는 뜻이 있는데 안아 올리면 몸에 힘을 빼고 보호자에게 몸을 맡긴다.

통키니즈 Tonkinese 캐나다의 육종가가 샤미즈와 버미즈의 교배를 통해 만든 품종이다. 단단한 근육질의 중형 품종으로 활기차고 영리하며 사교적이다.

발리니즈 Balinese 돌연변이로 태어난 장모의 샤미즈로 처음에는 '실패작 샤미즈'라고 조롱당했으나, 번식가들의 노력으로 30년 후부터는 인정받기 시작했다. 활발하고 애정이 깊다.

브리티시 숏헤어 British Shorthair 대형 품종에 속하며 뼈가 굵으며 단단한 근육질로 이루어져 있다. 볼이 통통하고 짧은 코가 주둥이 위쪽에서 일직선으로 뻗어 있어 심술궂어 보이지만, 조심스럽고 인내심이 강하다. 《이상한 나라의 앨리스》에 등장하는 '체셔 고양이'의 모델이다.

그 밖에 생각해야 할 것들

🐾 고양이의 성별

수고양이는 암고양이에 비해 입양 비용이 낮고 중성화도 쉽게 할 수 있다. 수술도 간단해 회복이 빠르며 비용도 부담이 없다. 중성화를 하지 않을 경우 스프레이, 공격, 가출 등 야생성이 강해 길들이기가 힘들다. 또한 수고양이는 영역 본능이 강하고 체구가 암고양이보다 큰 편이며 체력이 더 좋다. 암고양이는 수고양이에 비해 얌전하며 중성화 수술이 복잡하고 비용도 상대적으로 높다.

🐾 고양이의 연령

손이 많이 가는 새끼 고양이를 보살필 시간적, 경제적 여유가 없다면 다 자란 고양이를 입양하는 것도 좋은 방법이다. 성묘는 인터넷 커뮤니티나 유기 동물 보호소를 통해 입양이 가능하다. 이러한 경우는 품종이 좋아도 입양 비용이 그리 높지 않다. 성묘에 대한 거부감이나 두려움이 있을 수 있으나 고양이들은 자신의 보호자를 귀신같이 알아보는 특성이 있다. 적응기가 지나면 고양이도 보호자를 알아보고 다시 마음을 줄 것이다. 그러나 입양과 파양이 반복되면 고양이의 마음에 상처가 생겨 성격이 이상한 고양이가 될 수 있으니 반드시 끝까지 책임질 생각으로 입양해야 한다.

🐾 묘종과 그에 따른 질병

순종 고양이를 키우고 싶다면 전문 브리더를 통해 입양해야 하며, 흔한 품종이 아니라면 시간이 걸려도 자신이 원하는 품종이 들어오거나 태어날 때까지 기다리는 게 좋다. 단, 대부분의 전문 브리더들은 입양 시 중성화시키는 것을 조건으로 걸어 혈통을 보존하므로 이는 염두에 두어야 한다.

순종 고양이는 몇 가지 종 특이적인 질병이 있을 수 있으니, 동물 병원에 방문하여 점검해야 한다. 최근에 유전병 검사를 할 수 있는 연구소가 생겨 수의사와 상담을 통해 검사를 할 수 있게 되었다. 메인쿤과 페르시안은 고관절 이형성증을 확인해야 하며, 브리티시 숏헤어는 심장을, 스코티시 폴드와 페르시안은 신장을, 아비시니안과 소말리는 안구 검사를 통해 망막 질병이 없는지 확인해야 한다. 혈통보다는 인간과의 교감을 중시한다면 동물 보호소 등을 통해 유기묘를 입양하는 것이 가장 좋은 방법이다.

> **🔍 나는 어떤 고양이와 어울릴까?**
>
> - 아이들이 있다면 샤미즈같이 붙임성 있고 성격이 활발한 고양이를 추천한다.
> - 집에 있는 시간이 많지 않은 사람에게는 빗질을 매일 해 주어야 하는 페르시안이나 히말라얀은 키우기 힘들다.
> - 애교 많은 고양이를 좋아한다면 샤미즈나 러시안 블루, 아비시니안이 좋다. 도도한 고양이를 좋아한다면 페르시안이나 터키시 앙고라를 키우면 좋다.
> - 천식이나 비염이 있어 털 많은 고양이가 부담스럽다면, 털 없는 고양이인 스핑크스를 길러 보길 추천한다. 털이 없어 보호 본능을 자극하는 외모에 성격이 매우 좋다.
> - 고양이와의 정서적 공감을 중요시하는 사람이라면 코리안 숏헤어를 추천한다. 보호자의 마음을 읽어 내는 능력이 있어, 때로는 보호자를 위로해 주는 좋은 친구가 될 것이다.

고양이 건강 체크

고양이를 데려올 때 우선해야 할 것

고양이를 입양하러 가면 대부분의 사람들은 고양이의 귀엽고 깜찍한 외모에 반해 무작정 데려온다. 그러나 무엇보다 중요한 것은 고양이가 자란 환경을 확인하고 건강 상태를 체크하는 것이다. 어디서 어떻게 입양을 하느냐에 따라 상황이 조금씩 다르겠지만, 가능하면 새끼 고양이가 생활하던 환경을 눈으로 직접 확인하는 것이 좋다. 또 기존에 어떤 사료를 먹었는지, 어떤 모래를 사용했는지 알아보고 조금 얻어 오는 것이 좋다. 예민한 고양이는 갑작스러운 환경 변화에 사료를 먹지 않거나 소변을 보지 않는 경우가 발생하기 때문이다. 원래 쓰던 사료와 모래를 그대로 사용하다가 서서히 바꾸어 주는 방법을 이용한다.

고양이 건강 체크 리스트

🐾 태어난 지 8주 이상 된 고양이

태어난 지 8주가 안 된 고양이는 입양하지 않는 것이 좋다. 어미로부터 모유를 충분히 섭취하지 못하면 건강하게 성장할 수 없기 때문이다. 적어도 태어난 지 8주 이상이고, 체중이 500g 이상 나가는 고양이를 입양해야 건강하게 키울 수 있다.

🐾 동물 병원 검진

동물 병원을 방문해 간단한 건강 검진을 받는 것이 좋다. 수의사는 변을 채취하여 현미경으로 상태를 확인한다. 물론 육안과 냄새로 확인할 수도 있지만 간혹 병균이 많음에도 불구하고 정상적인 변으로 보일 수도 있기 때문에 정확한 변 검사를 하는 것이 필요하다. 최근에는 연구소에 PCR 검사를 의뢰해 정확한 진단을 받을 수 있다.

고양이 데려올 때 체크할 것

움직임

고양이를 키우던 사람에게 고양이의 성격은 어떤지, 밥은 잘 먹는지, 설사를 하지는 않는지 꼼꼼히 체크해야 한다. 고양이가 활발하게 움직이는지, 혹시 구석으로 숨어서 웅크리고 있지 않은지는 그 자리에서 직접 확인할 수 있다. 새끼 고양이가 구석에 웅크리고 있다면, 성격이 소심해서일 수도 있고 컨디션이 좋지 않아서일 수도 있다.

코

코가 촉촉해야 건강한 고양이이다. 콧물이 있다면 호흡기 감염이 있을 수 있다.

모질

털에 윤기가 있는지 확인해야 한다. 좋은 사료를 먹어 건강 상태가 좋으면 모질이 좋다. 피부병은 없는지, 벼룩이나 기생충 등은 없는지 확인해야 하며, 귀가 깨끗한지도 점검해 보아야 한다. 만약 귓속에 검은 분비물이 많다면 진드기가 있을 수 있으니 동물병원에 내원하여 검사를 받아야 한다.

눈

눈이 맑고 깨끗한 고양이를 선택해야 한다. 간혹 여러 마리를 한 곳에 넣고 키우는 사육 환경으로 인해 고양이 감기 같은 바이러스성 질환에 감염되어 있는 경우도 있다. 그럴 때는 고양이의 눈에 눈곱이 많이 끼어 있다.

복부

배가 올챙이처럼 빵빵하다면 밥을 잘 먹는 고양이이다. 아기들의 배가 올챙이처럼 볼록한 것처럼 새끼 고양이도 항상 배가 빵빵해질 때까지 밥을 먹는다.

항문 주변

항문 주변이 깨끗한가를 확인해야 한다. 만약 설사를 했다면, 항문 주변이 지저분하거나 빨갛게 부풀어 있거나 짓물러 있을 것이다. 고양이 설사는 새끼 고양이의 삶과 죽음을 결정하는 중요한 단서가 되므로 입양한 후에도 일주일 정도 변 상태를 꼭 확인해야 한다.

PART 1
고양이는 처음이죠?

고양이 용품 준비

필수적인 것과 부수적인 것 구분하기

고양이는 개와 달리 고양이 모래와 화장실 등이 반드시 필요하다. 가장 핵심적인 용품은 사료, 모래, 모래 삽, 화장실, 이동장, 사료 그릇이다. 그 이후에 필요에 따라 발톱깎이, 칫솔과 치약, 장난감, 잠자리용 쿠션, 캣타워, 브러시, 목욕 샴푸 등을 준비하면 된다.

고양이 모래

🐾 고양이 모래 종류

고양이 모래를 처음 사용하는 사람은 약간의 공부가 필요하다. 응고형, 흡수형, 분해형 등 종류가 다양하므로 내 고양이에게 맞는 모래를 찾아서 사용하는 지혜가 필요하다.

형태	응고형	흡수형	분해형
성분	시멘트	실리카겔, 목재	콩, 쌀, 옥수수, 나무 등
특징	오줌과 섞이면 굳어 덩어리가 된다.	입자가 크다.	자연 친화적이다.
가격	비싸다.	저렴하다.	비싼 편이다.
냄새	매우 잘 잡는다.	냄새를 잘 잡지 못한다.	냄새를 잘 잡지 못한다.
사막화의 정도	사막화가 된다.	사막화가 거의 없는 편이다.	응고형에비해 사막화가 덜하다.
처리의 용이성	고체로 바뀌어 편리하다.	그때그때 치워 줄 필요가 없어 편리하다.	변기에 버릴 수 있어 용이하다.
기타	변기에 버리면 막힌다.	목재의 경우 거름망이 필요하다.	사람에게 해롭지 않다.
추천	냄새에 예민한 사람, 작은 공간에서 고양이를 키우는 사람	사막화에 예민한 사람, 모래를 자주 치울 시간이 없는 사람	호흡기가 예민한 사람, 아이가 있는 가정

🔍 사막화를 방지하는 노하우

- 화장실 발 매트를 고양이 화장실 앞에 둔다.
- 화장실 앞에 울타리를 쳐서 한 번 털고 나올 수 있는 시간을 번다.
- 화장실을 상자 안에 두어 상자를 빠져나올 때 모래가 털리게끔 한다.
- 인조 잔디를 이용한 발판을 만든다.
- 화장실 하수구에서 직접 볼일을 보도록 훈련한다.

*사막화란? 고양이 화장실 모래가 고양이의 발에 묻어 온 방바닥이 모래로 버석거리는 현상

PART 1 고양이는 처음이죠?

고양이 사료

🐾 사료의 중요성

웰빙, 웰다잉 열풍으로 우리가 늘 먹고 바르는 것들의 유독성에 관심을 가지기 시작하면서, 동물 사료에 대한 관심도 높아졌다. 특히 고양이는 사료 의존도가 높은 동물 중 하나로 사료에 관심을 기울일 필요가 있다.

🐾 어떤 사료가 좋은 사료인가

좋은 사료를 구분하는 공신력 있는 기관이나 기준은 아직까지 없다. 참고할 만한 기관은 미국의 AAFCO the Association of American Feed Control Officials 이다. AAFCO는 정부 산하 기관이 아니라 동물 사료의 제조, 판매, 레이블에서의 기준을 정하는 협회이다. 때로는 사료 제조 회사 측의 입장을 대변하는 듯한 입장을 취하여 소비자로부터 비난을 받기도 하기 때문에 '좋은 사료'의 기준을 제시하기보다는 '위험하지 않은 수준'만을 제시하는 정도라고 생각하면 된다.

통상적으로는 사료를 오가닉organic, 홀리스틱holistic, 슈퍼 프리미엄super premium, 프리미엄premium, 보급용 사료grocery brand까지 5단계로 구분하지만 편의를 위한 구분일 뿐 공식적인 구분은 아니다. 참고는 하되 맹신할 필요는 없다.

> **사료 안전성에 경각심을 일깨우는 사건**
>
> **페디그리 사건** 2004년 한국 마스터 푸드 사에서 수입한 페디그리(Pedigree) 사료를 먹은 많은 개와 고양이가 신부전으로 생명을 잃거나 집중 치료를 받게 된 사고가 있었다. 회사 측에서는 생산 과정에서 사용한 태국산 닭고기에서 치명적인 신독성을 유발하는 곰팡이균(오클라 톡신)이 검출되었다고 밝혔다.
>
> **멜라민 사건** 2007년 중국에서 만들어 미국으로 수출된 사료에서 멜라민이 검출되었다. 이 때문에 미국의 수많은 개와 고양이가 신장 질환으로 죽었다. 멜라민은 그 자체로는 크게 해롭지 않지만, 다른 물질과 결합하면 신장 질환을 일으키게 된다.

❶ 유기농

질 ★★★★☆ 가격 ★★★★★

성분에 따라 분류된 등급으로 유기농 재료를 사용했다는 것을 표시한 등급이다. 고양이는 탄수화물 섭취보다 단백질 섭취가 중요하기 때문에 유기농이라고 해서 전적으로 고양이의 몸에 이롭다고 생각할 수는 없다.

성분 합성 비료이나 농약, 항생제, 유전자 조작 식물(GMO), 환경 호르몬을 사용하지 않는다.

인증 재료명(Ingredient)에 오가닉(Organic)이라는 표현이 들어가고, 공신력 있는 인증 기관으로부터 오가닉 인증을 받은 사료이다.

❷ 홀리스틱

질 ★★★★★ 가격 ★★★★☆

사료 내에 성분이 잘 보존되고 흡수가 잘 되는 킬레이트Chelated 형식의 미네랄을 이용한 최고급 사료이다.

성분 가공하지 않은 곡물을 통째로 사용하고, 옥수수·콩·밀과 같은 알레르기 유발 가능성 작물을 사용하지 않는다. 환경 호르몬이 함유되어 있지 않고, 허브·과일·야채 등을 이용해 영양가가 파괴되지 않게 저온으로 조리했다.

인증 미국 농무성(USDA)의 인증(Human Grade 또는 From USDA Approved Plant라고 표시)을 받았다.

❸ 슈퍼 프리미엄

질 ★★★☆☆ 가격 ★★★☆☆

비타민 C, 비타민 E 등으로 보존된 고급 사료를 지칭한다.

성분 육류 함량이 곡물보다 높고 부산물By Product, 육분Meat Meal, 육골분 Meat and Bone meal을 포함한다. 합성 보존료, 합성 항산화제를 사용하지 않지만 옥수수, 콩, 밀 같은 성분이 알레르기를 유발할 수 있다. 영양분은 부족하지만 양을 채우기 위해 쓰는 보충제로 사용한다.

❹ 프리미엄

질 ★★☆☆☆　가격 ★★★☆☆

프리미엄 사료부터는 부산물을 사용하는 것이 특징이다. 부산물은 뼈, 가죽, 내장, 털 등 사람이 먹지 않는 것까지 포함한다.

성분 부산물(By Product)을 사용하고 영양가 없는 보충제의 비중이 많다. 출처가 불분명한 재료를 사용하기도 하며 합성 방부제를 사용한다.

❺ 보급용 사료

질 ★☆☆☆☆　가격 ★★☆☆☆

각종 부산물과 색소가 포함되어 있는 것이 특징이다.

성분 저가의 재료를 사용하고 고열로 처리했으며, 육류보다 곡물 비중이 높다. 인공 방부제, 색소, 향미료, 소취제 등을 사용하고, 식육 부산물, 내장, 육골분, 소 육골분을 사용했다. 곡물 가공 찌꺼기를 포함한다.

 고양이 사료에서 볼 수 있는 성분

- **Meat** 닭, 소, 양, 칠면조 등의 신선한 고기
- **Meat By-products** 고기를 제외한 동물의 부산물
- **Poultry By-products** 가금류의 부산물
- **Fish Meal** 말린 생선을 갈아 만든 어분
- **Beef Tallow** 소 혹은 양의 기름
- **Ground corn** 빻거나 잘게 부순 옥수수
- **Corn Gluten Meal** 옥수수 시럽이나 전분을 제조한 후, 껍질과 싹, 전분을 제거하여 말린 찌꺼기
- **Brewers rice** 도정 과정에서 분류된 깨진 쌀 부스러기와 덜 자라 작은 쌀알
- **Brown rice** 벼의 겉 껍질만 제거한 쌀, 현미
- **Soybean meal** 콩기름을 만들고 남은 찌꺼기

⚠ **특히 주의해야 할 성분**

BHA, BHT, 프로필 갤레이트Propyl Gallate, 소르빈산 칼륨Potassium Sorbate, 소르빈산Sorbic acid, 프로필렌글리콜Propylene Glycol, 에톡시퀸Ethoxyquin, 프로피온산나트륨Sodium Propionate, 안식향산나트륨Sodium benzoate, 합성 보존료, 합성 항산화제

🐾 고양이에게 좋은 사료를 먹여야 하는 이유

❶ 고양이는 사료 의존도가 높다
경우에 따라 생식을 먹이는 사람도 있고, 영양제를 넣은 생고기를 가끔씩 먹이는 사람도 있다. 그러나 고양이는 다른 동물에 비해 사료에 의존하는 경우가 큰 편이며 고양이도 길들여진 사료 이외의 음식은 입에 대지 않는 경우가 많다. 사료 의존도가 높다 보니 사료에 따라 모질, 변 상태, 근육 등이 바뀌기도 한다.

❷ 등급에 따라 가격 차이보다 질 차이가 더 크다
한 달 사룟값은 고양이 한 마리당 평균 2만 5천 원 정도이다. 여기서 한 등급 올리면 3만 5천 원 정도가 된다. 그 정도면 충분히 홀리스틱 이상을 먹일 수 있다. 그런데 만 원 차이로 품질의 차이가 큰 편이다. 천연 방부제를 쓰느냐 합성 방부제를 쓰느냐의 차이, 식육 부산물을 쓰느냐 사람이 먹을 수 있는 재료를 쓰느냐의 차이가 만 원으로 결판이 난다. 때로는 삼사천 원 차이로 결판이 나기도 한다. 관심만 있다면 작은 차이로 훨씬 좋은 사료를 먹일 수 있다.

❸ 병을 이기는 힘을 키운다
좋은 사료를 먹인다고 해서 아플 고양이가 아프지 않은 것은 아니다. 다만 병에 걸렸을 때 이길 수 있는 기본적인 체력을 사료를 통해 평소에 기를 수 있다. 무조건 비싼 사료가 좋고, 저렴한 사료가 나쁜 것은 아니다. 좋은 사료를 사용하는 사람이 꼭 좋은 보호자라는 의미는 더더욱 아니다. 다만 사료에 대한 무관심 때문에 비슷한 돈으로 저급한 사료를 선택하는 우를 범하지는 말아야 한다.

🐾 사료, 이것만은 알고 구입하자

❶ 유명한 사료가 좋은 사료는 아니다

어느 병원에 가도 접할 수 있는 다국적 기업의 제품을 선택하는 보호자들을 나무랄 생각은 없다. 그러나 대한민국이든 아프리카든 세계 어디를 가도 먹을 수 있는 음식이 코카콜라와 맥도날드 햄버거이다. 그렇다고 콜라와 맥도날드 햄버거를 좋은 음식이라고 생각하지는 않는다. 동물 사료도 마찬가지이다. 내 고양이에게 좋은 사료를 먹이고 싶다면 노력해서 좋은 사료를 찾아야 한다.

❷ 무엇이 들어갔는가가 중요한 게 아니라 무엇이 빠졌는가가 중요하다

과자 봉지를 봐도, 빵 봉지를 봐도, 심지어는 사탕을 봐도 세상에 좋은 음식은 다 넣었다고 한다. 그러나 우리는 그 말에 현혹되기보다는 봉지를 뒤집어서 인공 색소나 화학 물질이 들어갔는지를 확인하는 자세가 필요하다. 사료나 간식도 마찬가지이다. 사료나 간식 포장지에는 치석에 도움이 되거나, 피부 질환에 도움이 된다는 등의 문구들이 쓰여 있다. 이런 것을 보고 좋은 것들이 많이 들어 있다고 생각하기보다는 봉투를 뒤집어서 인공 색소, 합성 방부제 등의 포함 여부를 먼저 살펴보아야 한다.

❸ 싸고 좋은 사료는 없다고 봐야 한다

싸고 좋은 사료를 찾겠다는 기대는 버려야 한다. 단언컨대, 비싸고 나쁜 사료는 있을 수 있지만 싸고 좋은 사료는 없다. 대부분의 사료는 가격에 정직하게 비례한다. 그러니 이름에 아무리 홀리스틱, 오가닉이 붙어 있어도 가격이 싸다면 저급한 사료라고 생각하면 틀림이 없다.

❹ 작은 글씨를 주의해서 읽어 보자

"사랑하는 고양이에게 주세요."와 같은 허황된 광고 문구보다는 뒤편에 깨알같이 쓰여 있는 영문 전성분을 눈을 부릅뜨고 읽어 보자.

고양이에게 생식이 필요한 경우

고양이에게 치료해도 낫지 않는 만성적인 피부 질환이나 신장 질환 또는 선천적인 질병이 있는 경우라면 생식을 권한다. 비용은 한 달에 5만 원 내외로 약 값보다는 적기 때문에 그나마 도움이 될 것이다. 생식을 하는 것이 기적의 만병통치약은 아니지만, 병을 견딜 체력을 기르는 데 분명 도움이 된다.

반면 사료에만 길들여진 고양이는 갑자기 생식을 시키면 거부하는 경향이 있기 때문에 평소에 사료를 먹이면서 간식으로 조금씩 주는 것이 가장 좋은 방법이다. 물론, 생식을 할 때는 기생충 구제를 평소보다 더 열심히 해야 한다. 고양이는 기생충에 어느정도의 저항성이 있어서 안전하지만, 고양이가 기생충을 옮기는 중간 숙주 역할을 할 수 있어 사람에게 해로울 수 있다. 고양이 생식을 만들 수 있는 시간적 여건이 없다면 생식을 판매하는 쇼핑몰을 이용하자.

고양이 생식 만들 때 고려할 점

- 타우린은 필수 아미노산으로 고양이의 생존에 반드시 필요한 성분이다. 만들어 놓은 생식은 냉동실에 보관하는데, 타우린은 변성 우려가 있으므로 먹이기 직전에 생식에 섞어 준다.

- 곡물을 통한 탄수화물 섭취는 필요하지 않다.

- 필수 지방산은 리놀산, 알파 리놀렌산, 아라키돈산까지 3가지인데 식물성과 동물성 기름에 모두 포함되어 있다.

- 간을 통해 비타민 A를 보충해 주어야 한다.

- 고양이는 닭고기나 생선을 통해 나이아신 필수 요구량을 맞추어 줄 수 있다.

고양이 생식 만들기

❶ 포장된 닭 가슴살, 간, 뼈를 구입하거나, 닭 한 마리를 통째로 구입하여 먹기 좋은 크기로 자른다. 뼈도 가위로 잘게 잘라 주어야 한다. 새끼 고양이는 뼈를 믹서기로 갈아 준다.

❷ 달걀 노른자, 생수, 타우린, 연어 오일, 씰리엄 허스크 파우더, 홀 허스크 파우더, 비타민 B, 비타민 E, 켈프와 덜스를 사용하여 섞는다.

❸ 한 끼 분량으로 나누어 냉동실에 얼린다. 얼리는 양이 많아 오래 보관해야 한다면, 변성 우려가 있는 타우린과 비타민은 먹기 직전에 섞어 준다.

❹ 12시간 전에 냉장실로 옮긴 후 중탕하여 먹인다.

주의할 점

재료는 성묘 기준으로 일주일에 2회 준다면 한 달, 매일 준다면 일주일 정도 먹일 수 있는 분량이다. 한꺼번에 많은 양을 만들어 오랜 기간 냉동실에 보관해야 한다면 영양소 파괴와 변성의 우려가 있으니 타우린과 비타민 E는 먹기 직전에 섞어 주는 것이 좋다. 칼슘이 과한 경우에는 변비를 일으킬 수 있지만 닭 뼈에 포함된 정도면 안전하다.

☞ 집사표 생식 재료

- 고기와 뼈 2kg
- 간 200g 또는 간 파우더 90ml
- 생수 2컵
- 연어 오일 4,000mg
- 씰리엄 허스크 파우더 4ts
- 달걀 노른자 4개
- 켈프(Kelp) 1ts
- 덜스(Dulse) 1ts
- 타우린 4,000mg
- 비타민 E 800IU
- 비타민 B 200mg

고양이 용품

🐾 고양이 화장실

화장실은 고양이를 입양 전에 반드시 준비해야 할 물품 중의 하나이다. 고양이 화장실은 크게 하우스형, 평판형, 변기형, 훈련용 화장실로 나뉜다.

	하우스형	평판형	변기형	훈련용
특징	뚜껑이 덮여 있어 고양이가 그 안으로 들어가 볼일을 본다.	뚜껑이 없는 오픈형 화장실 형태로 일반 박스가 변형된 것이다.	어린이 양변기 형태로 고양이가 일을 보면 대소변이 구멍으로 떨어진다.	변기에 직접 오줌을 누는 형태이다.
장점	보호자가 배설물을 직접적으로 보지 않아도 되고 냄새가 밖으로 퍼지지 않는다.	청소가 쉽고 경제적이다.	발이 바닥에 직접 닿지 않으므로 사막화를 예방할 수 있다.	대소변을 따로 치울 일이 없어 가장 편하다.
단점	뚜껑을 열어 청소하기 번거롭다.	냄새가 바로 퍼지고 배설물이 적나라하게 보인다.	제대로 조준이 안 될 경우 변이 묻어 나오기도 하며 고양이가 적응하는 데 시간이 걸린다.	훈련하는 데 시간이 필요하다.
기타	가장 많이 사용하는 화장실 형이다.	고양이의 배변 모습이나 배변 상태를 확인해야 하는 경우에 적합하다.	호흡기가 예민한 사람, 아이가 있는 가정에 좋다.	무리하게 요구하면 배변 장애가 올 수 있다.

🐾 고양이 브러시

고양이를 기르다 보면 단모종, 장모종 할 것 없이 털과의 전쟁을 치르게 된다. 고양이를 키울 때 가장 문제가 되는 것 중의 하나가 '고양이 털'이라는 것을 감안한다면, 고양이 용품 중에서 브러시의 비중이 얼마나 큰지 짐작할 수 있을 것이다. 브러시는 종류와 기능, 가격이 매우 다양하다.

브러싱은 죽은 털을 제거하여 털 날림을 방지하며, 모질을 개선하고, 고양이와 보호자와의 교감을 형성하는 데 중요한 역할을 한다.

자동 슬리커 브러시

실리콘 브러시

브러시는 종류나 요령에 따라 고양이가 골골거리면서 좋아하기도 하고, 털이 뜯겨서 깜짝 놀라 달아나기도 하므로 후기를 읽어보고 자신의 고양이에 맞는 브러시를 선택해야 한다.

추천할 만한 것은 '줌 그룸 실리콘 브러시'와 '자동 슬리커 브러시'이다. 실리콘 브러시는 단모종의 죽은 털 제거에 용이하고 자동 슬리커 브러시는 털 날림을 방지하며 뒤쪽의 레버를 올려 자동으로 털을 제거할 수 있는 장점이 있다.

🐾 고양이 이동장

개의 이동장을 고양이 이동장으로 이용하는 것은 위험한 행동이다. 개는 종종 여성들의 숄더백처럼 한 쪽이 오픈된 형태로 된 것도 많은데, 고양이를 이런 데다가 이동할 경우 여지없이 찻길로 뛰어나갈 수 있다. 그러므로 고양이는 꼭 박스형의 이동장으로, 앞이나 옆으로만 열리는 것보다 위에서도 열 수 있어 고양이를 위에서 꺼낼 수 있는 것을 선택하는 것이 좋다.

현재 새끼 고양이더라도 성묘가 돼서도 사용하려면 몸집보다 큰 이동장을 사용하는 게 좋으며, 어디에 가든 고양이를 이동할 때는 반드시 이동장을 이용해야 한다. 꼭 필요한 물건이다.

🐾 고양이 스크래처

고양이가 가진 특성 중 하나가 가구나 바닥을 긁는 행동인 '스크래칭'을 하는 것이다. 스크래칭을 통해 스트레스를 풀고, 자신의 냄새를 묻혀 영역을 표시하기도 한다. 따라서 스크래처를 놓아 주어 스크래칭할 장소를 마련해 주지 않으면 가구나 소파가 남아나지 않을 것이다. 스크래칭은 고양이마다 정도의 차이가 크며 좋아하는 재질, 장소가 다르다.

스크래칭을 심하게 하는 고양이라면 어떤 재질을 좋아하는지, 어떤 장소를 좋아하는지 관찰하여 놓아 주어야 하며, 비싼 제품보다는 값싼 골판지를 활용하여 여러 장소에 놓아 주고 자주 갈아주는 게 도움이 된다. 스크래칭을 방지하기 위한 방법으로 발톱에 캡을 씌우거나, 무엇보다 발톱을 자주 잘라 주고, 스크래처를 다양하게 설치해 주는 것이 좋다.

🐾 잠자리 쿠션

고양이를 입양하는 사람이라면 고양이 전용 잠자리를 위해 큰맘 먹고 쿠션을 구입하기도 하지만 금방 쓸모없다는 것을 깨닫게 된다. 고양이는 한 장소에서만 잠을 자지 않고 소파, 방석, 탁자, 책상, 창가 등 본인이 원하는 위치에서 그루밍을 하고 잠을 자기 때문이다. 새로운 공간이나 좁은 공간을 선호하며, 특이한 바닥

재질을 좋아하고, 책을 펼쳐 놓으면 반드시 그 위에 앉으며, 새로운 소파를 들여놓으면 꼭 소파에 있곤 한다. 밀폐된 공간도 좋아하기 때문에 박스 안에 들어가는 것을 좋아하고, 간혹 마트 비닐봉지 안에서 발견되기도 한다.

🐾 고양이 장난감

새끼 고양이에게 놀이는 근육을 발달하게 하고, 민첩한 움직임에 도움을 주며, 보호자와의 교감에 큰 영향을 미친다.

쥐 인형 새끼 고양이가 좋아하는 놀이 중에는 쥐가 들어 있는 상자를 굴려 가며 쥐를 빼내는 것이 있다. 안에 있는 공이나 인형을 마구 굴리면서 시간 가는 줄을 모르고 논다. 고양이의 반응이 매우 좋은 편이다. 낚싯줄에 연결한 쥐 인형도 고양이의 사냥 본능을 자극하는 놀이인데, 고양이가 좋아하는 장난감 중 하나이다.

레이저 포인터 고양이는 움직이는 물건이 포착되면 무조건 따라다니는 특징이 있는데, 그 특징을 반영한 것이 레이저 포인터를 활용한 놀이이다. 레이저 포인터의 불빛은 사람보다 시력이 현저히 떨어져서 무엇이든 희미하게 보이는 고양이의 눈에 굉장히 자극적이다. 그 불빛에 고양이들은 열광적으로 반응한다.

오뎅바 오뎅바는 보호자가 흔들어 주어야 하기 때문에 고양이의 민첩성보다 보호자의 민첩성이 더욱 요구되는 놀이이다. 손목의 반동을 이용해 잡힐 듯 말 듯 고양이의 시야 앞에서 역동적으로 움직여 줘야 고양이의 사냥 본능을 자극할 수 있다.

🐾 고양이 식기

물그릇과 밥그릇은 어떤 것을 사용해도 무방하다. 그러나 내 고양이의 그릇에 신경 써 주고 싶다면 다음을 참고하자. 고양이는 식기 재질을 유리 용기, 스테인리스, 플라스틱 순으로 선호한다. 고양이가 유리로 된 식기를 선호하는 이유는 식기에서 나는 냄새가 가장 적기 때문이다.

사료와 물을 나란히 담는 일명 '쌍 식기'는 사료와 물이 서로 섞이기 쉬워 고양이가 싫어하므로 추천하지 않는다. 흐르는 물을 좋아하는 고양이를 위한 분수대 형식의 식수기도 있고, 보호자 외출 시 일정량의 음식을 제공하는 타이머 급식기도 있으니 필요에 따라 이용할 수 있다.

고양이와 개, 함께 사는 법

 개와 고양이 사이 편견 깨기

고양이의 인기가 나날이 좋아지면서 기존에 개를 키우면서 고양이를 입양하려는 사람이 많아졌다. 고양이 보호자와 개 보호자의 성향이 다른 면이 있지만 결국은 동물을 좋아하는 사람이므로 요즘에는 둘 다 키우는 사람이 많다. 그러나 서로 견원지간처럼 사이가 좋지 않다는 편견 때문에 함께 키우는 것에 대한 두려움도 적지 않다. 초반의 적응기를 거치면 특별한 경우를 제외하고는 가깝게 지내는 개와 고양이를 발견할 수 있고, 심지어 개에게 그루밍을 해 주는 고양이까지 볼 수 있다.

 개와 고양이가 둘 다 어린 경우

둘 다 어릴 때 키우기 시작한다면 큰 문제가 없다. 둘 다 사회성이나 성격이 형성되기 전이므로 가깝게 지낼 수 있다. 함께 자고, 먹고, 장난치며 서로 기대어 있는 모습까지 볼 수 있다. 적어도 고양이와 개가 태어난 지 1년이 되지 않았다면 함께 키우는 데 큰 무리가 없을 것이다.

🔍 **고양이와 개가 가까워지는 법**

● **체취가 묻어 있는 물건을 이용한다**
서로의 체취가 묻어 있는 옷이나 쿠션, 수건 등을 상대방의 방에 미리 넣어 두어 그 냄새에 익숙해지도록 하면 도움이 된다.

● **함께 있는 시간을 서서히 늘린다**
각자 다른 케이지에 넣고 하루에 30분 정도 서로를 마주 보게 한다. 다음 날은 40분, 다음 날은 50분을 인사하게 하면서 서로를 자연스럽게 인식할 수 있는 시간을 만든다. 다음에는 같은 방에 넣고 30분, 40분, 50분씩 함께하는 시간을 가진다. 물론 목줄을 한 채로 마주 보게 해서 혹시나 있을 싸움에 대비해야 한다. 혹시 싸움이 나서 달려들 기세라면 짧고 강한 힘으로 목줄을 잡아당기며 "안 돼." 하고 말해 준다.

● **잠자리를 맞바꿔 준다**
서로의 체취가 묻은 잠자리에서 자고 나면 좀 더 빨리 상대방의 냄새에 익숙해져 서로에 대한 경계를 푸는 지름길이 될 수 있다.

● **갑작스럽게 단둘이 있도록 하지 않는다**
고양이는 개와 언어가 다르다. 고양이는 성미 급한 개의 존재가 성가실 수 있다. 고양이는 발톱으로 짖어대는 개에게 바로 응징을 하는데, 야간에 응급으로 내원하는 개를 보면 고양이에게 긁혀서 오는 경우가 많다. 서로의 존재를 충분히 인식할 때까지 중립 영역에서 생활하도록 해야 한다.

개를 키우는 상태에서 고양이를 들여올 때

키우는 개가 있는 상태에서 새끼 고양이를 들여오는 경우, 개의 성격이 너무 예민하지만 않다면 함께 사는 데 무리가 없다. 고양이는 금세 개를 잘 따를 것이며 잘 어울려 놀 것이다. 개의 덩치에 비해 작은 고양이가 치일 것이라고 생각할 수도 있지만 영특한 고양이는 금방 개를 따라잡는 면이 있다. 개가 아무리 사나워도 고양이는 공간 이동이 자유로우며 앞발을 사용하기 때문에 개와의 싸움에서 쉽게 지지 않는다.

 ### 고양이를 키우는 상태에서 개를 들여오는 경우

가장 문제가 많은 경우이다. 고양이가 어려서부터 많은 사람과 동물을 접하여 사회성이 강하고 무던하다면 문제가 없다. 주로 밖에서 키워졌거나 매장, 동물 병원 등에서 키워진 고양이가 이런 경우이다. 그러나 혼자 사는 가정에서 접해 본 사람이라고는 자기 보호자밖에 없어서 본인이 사람이라고 생각하는 소심하거나 까칠한 고양이의 경우에는 보호자가 강아지나 개를 가족으로 들였을 때 매우 스트레스를 받는다.

중성화를 하지 않은 고양이라면 온 집안에 영역 표시를 하며 하악질을 해 개와 고양이가 서로 적응하는 데 두 달 이상이 걸릴 수도 있다. 심지어 고양이의 스트레스성 질환인 특발성 방광염에 걸려 결국 개 입양을 포기하는 사람도 있다. 그러므로 예민한 고양이와 함께 사는 사람이라면 새로운 가족을 들이는 것에 대해 신중해야 한다. 고양이 성격이 예민한데 부득이한 이유로 새 식구를 들이게 되었다면 어떻게 해야 할까? 이런 경우에는 처음부터 둘이 함께 살게 해서는 안 되고 조금씩 서로를 알아 가게 해야 한다.

두 번째 고양이 들이기

몇 마리를 키우느냐에 따라 고양이와 보호자와의 관계가 달라진다. 한 마리만 키우는 경우 보호자와 고양이는 매우 밀착된 관계를 유지한다. 그러나 두 마리 이상을 키우는 경우 고양이 사이의 교류가 우선시되어 보호자는 순위가 밀리게 된다. 혼자 집을 지키는 고양이가 안쓰럽거나 혹은 한 마리보다는 여러 마리를 키우고 싶다는 생각에 집안에 다른 고양이를 들이게 되는 경우가 있다.

그러나 두 번째 고양이를 들일 때는 생각해야 할 것이 많다. 고양이에 따라 쉽게 다른 고양이의 존재를 인정하기도 하지만, 원래 고양이는 자신의 영역 내로 들어오는 다른 고양이를 쉽게 허락하지 않기 때문이다.

두 번째 고양이를 들일 때 고려할 점

고양이의 건강 상태 체크
접종 상태를 확인하고 건강 검진을 받은 후 설사, 구토, 식욕 상태를 충분히 확인한다. 전염병을 옮길 수도 있으므로 일주일에서 열흘 정도 다른 공간에 분리해서 키우며 몸 상태를 관찰한다.

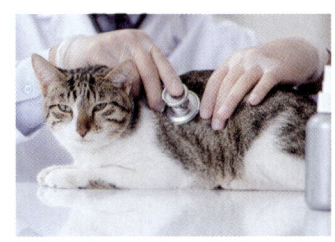

서로의 분비물 묻히기
두 번째 고양이가 나이가 어리거나 몸집이 작다면 관계 형성에 더 유리하다. 얼굴에서 나오는 분비물을 천 조각에 묻혀 상대방 고양이의 몸에 발라 냄새에 익숙해지도록 하면 도움이 된다.

서로의 영역 마련해 주기
며칠간은 서로 다른 구역에서 생활한다. 그리고 보호자가 있는 중립 영역에서만 밥을 먹거나 놀이를 한다. 날마다 잠자리를 서로 바꾸어 주면 서로의 냄새에 익숙해지는 데 도움이 된다.

첫 번째 고양이의 특권 인정하기
처음 며칠간은 먼저 키우는 고양이에게 먼저 말을 걸고, 식사를 챙겨 줌으로써 기존 고양이의 특권을 인정해 준다. 서로 익숙해지는 과정에서 싸움이 생기거나 한 쪽이 스트레스를 받는다면 모든 과정을 중단하고 일단 떨어뜨려 놓는다. 그리고 다시 처음부터 천천히 시작한다.

그래도 스트레스를 받는다면
동물 병원의 상담 내용 중 많은 부분을 차지하는 것이 다른 고양이의 등장으로 인해 심하게 스프레이를 하거나 스트레스로 인한 특발성 방광염에 걸리는 고양이에 대한 것이다. 이러한 경우 중성화 수술을 하면 도움이 된다. 대부분의 고양이가 처음에는 서로 싸우지만 시간이 지나면서 적절한 관계를 형성해 나가고 그러다 보면 친구가 된다.

그러나 고양이의 성격에 따라 다른 고양이의 존재를 절대 용납하지 못하는 고양이가 있을 수 있다. 이런 경우에는 보호자가 물러서야 한다. 그러므로 둘째 고양이를 들이는 일은 매우 신중해야 하며 가능하면 입양 전에 다른 고양이를 집에 초대해 자신이 기르는 고양이의 반응, 성격 등을 미리 파악할 필요가 있다.

나를 수의사로 키운 건 8할이 밍키

밍키는 생후 3개월경에 장 문합술이라는 큰 수술을 했다. 처음에는 밍키가 밥을 안 먹는 게 우울증이라고만 생각하고 나무라기만 했다. 어느 날 우리 집에 방문한 수의대 선배가 "고양이가 우울증이 어디 있니? 아픈 거야." 하고 말해 줘서 급히 학교 동물 병원을 방문했다. 이미 밍키는 일주일째 아무것도 먹지 못해 탈수로 혈관이 잡히지 않는 상태였다. 당시 겨우 본과 2학년이던 나는 탈수라는 단어조차 이해하지 못하는 애송이였다.

너무 어리고 탈수가 심해서 어쩔수 없이 목에서 혈관을 잡고 여러 가지 검사를 진행해야 했다. 엑스레이 촬영에서 밍키의 배에 쇠로 된 선이 보였다. 급히 응급 수술에 들어갔다. 수술을 맡아 준 학교 선배는 밍키가 너무 어리고 탈수가 심해서 마취로 인한 사망 가능성이 매우 높다고 했다. 수술 예후에 따라 5단계로 나누는데 마지막 5단계는 수술을 해도 죽고 안 해도 죽는 경우이고, 4단계는 수술을 해서 살 수는 있지만 죽을 가능성이 매우 높은 경우이다. 이때 밍키는 4단계였다. 밍키의 수술이 무사히 끝나길 기다리며, 태어나 가장 간절한 시간을 보냈다. 사람들이 키우던 개가 죽었을 때 애달피 우는 이유를 예전에는 몰랐다. '말 못하는 동물이 얼마나 괴로웠을까?', '나 때문에 죽는구나! 내가 잘못해서, 내가 무식해서 불쌍한 고양이를 죽이는구나!' 하는 생각들 때문에 끝도 없이 눈물이 났다.

밍키는 여러 번 호흡이 멈추는 응급 상황이 발생한 긴박한 수술을 견뎌 냈다. 밍키의 위와 장에서는 이어폰, 반창고, 실 등이 나왔다. 같이 키우던 강아지 마리가 늘 쓰레기통을 헤집어 놓았는데 그것을 밍키가 먹었을 줄은 상상도 못했던 것이다. 밍키가 이어폰을 매번 씹어 놓아서 아깝다는 생각만 했지 그걸 먹었을 거라고는 생각하지 못했다. 밍키는 이어폰이 무슨 맛이 난다고 그렇게 먹었을까?

동물 병원 응급실 방문 1순위가 이물 섭취이다. 자두 씨는 단골 메뉴이고 구슬, 오리 모양 고무 장난감, 고무 병마개까지 메뉴도 다양하다. 구슬이야 방사선으로 선명히 보이고 심지어 손으로 만져지기까지 해서 수술을 유도하는 것이 쉽지만, 자두 씨나 고무 재질은 방사선에도 거의 보이지 않기 때문에 우리 고양이(개)는 그런 거 먹었을 리 없다고 우기는 보호자를 설득하여 수술을 유도하는 것은 참으로 어려운 일이다.

상태가 좋아진 밍키는 퇴원하자마자 왕성한 식욕을 자랑했다. 그동안 밍키에게 잘못한 게 미안해서 밥을 많이 주었더니 결국 밍키 배가 축구공처럼 빵빵해졌다. 또다시 동물 병원을 찾았다가 수술을 해 준 선배에게 눈물이 쏙 빠지도록 혼쭐이 났다. 장 문합술을 한 고양이에게 밥을 많이 주는 것은 다리 수술을 한 사람을 뛰도록 하는 것과 같다는 것이다.

이제는 나도 어엿한 수의사가 되어 이물로 내원하는 많은 환자를 접하고 때로 위험한 수술을 하고 나면 예후가 궁금해 밤잠을 못 이루기도 한다. 특히 장 문합 수술을 한 동물이 구토를 하면 어찌나 가슴이 철렁한지 그때 수의사 선배의 심정이 이해가 간다.

밍키는 나를 수의사로 만든 일등 공신이다. 밍키를 사랑하는 마음이 클수록 훌륭한 수의사가 되고 싶은 마음이 커지기 때문이다. 더도 말고 덜도 말고 그때 밍키를 살려 준 수의사 선배처럼만 되고 싶다. 응급 환자들이 좋아져서 나가거나 수술 후 상태가 좋아졌을 때 보호자들로부터 고맙다는 인사를 들으면 '드디어 나도 수의사가 되었구나.' 하는 생각이 든다. 때로는 밍키가 나에게 교훈을 주기 위해 이어폰을 집어 삼킨 게 아닐까 하는 생각이 들 때도 있다. 밍키를 살린 수의사 선배의 마음으로, 실낱 같은 희망으로, 밍키의 수술을 기다리던 보호자의 마음으로, 언제나 동물을 대하고 치료하는 수의사가 될 것이다.

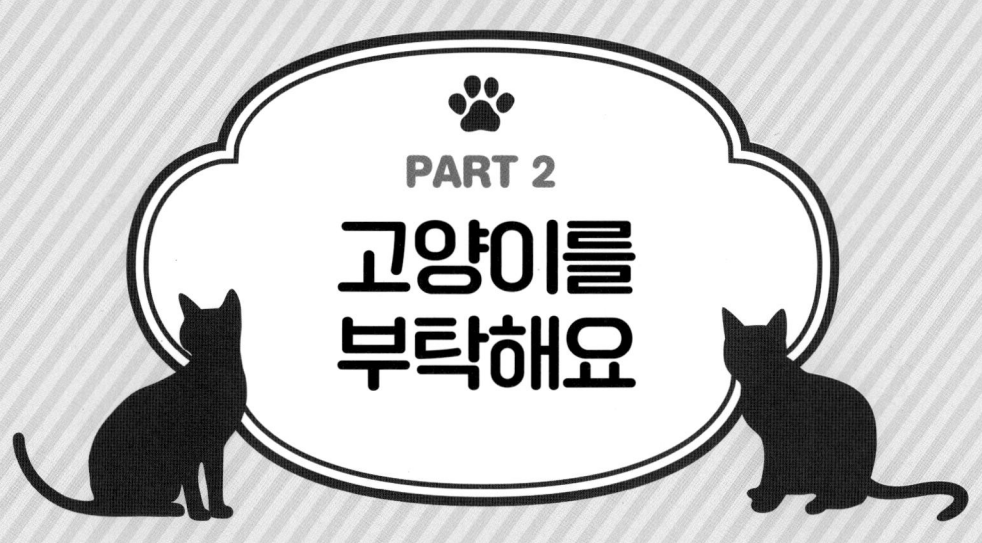

PART 2
고양이를 부탁해요

새끼 고양이 살리기

 페이딩 신드롬

강아지와 고양이가 태어난 지 12주 안에 15~40% 정도가 폐사하는데, 이 현상을 '페이딩 신드롬'이라고 한다. 임신 중 유산되기도 하고, 분만이 지연되어 사산되기도 하며, 생후 2주 안에 영양 섭취가 제대로 이루어지지 않아서 죽기도 한다. 이유식을 시작한 후 5주에서 12주까지는 폐사율이 높고 12주를 넘기면 이후부터는 사망률이 급격히 낮아진다. 주로 선천적·유전적인 원인, 부적절한 양육, 외상, 전염성 질병 등의 원인으로 사망한다.

선천적인 원인은 해부학적인 문제를 타고난다든가, 신경, 순환기, 호흡기 등이 불완전한 채로 태어나는 경우이다. 다른 형제보다 유난히 작은 고양이의 입을 열어 보면 입천장이 없는 경우가 있다. 사람으로 치면 언청이에 해당하는 질병인데 영양 섭취가 제대로 되지 않아 결국은 죽게 된다. 사람도 그렇지만 고양이도 임신 중에 먹은 약물로 인해 기형이 되기도 한다. 따라서 임신 중 질병으로 약을 먹어야 한다면 반드시 수의사와 상담하여 태반을 통과하지 않는 약을 복용해야 한다.

영양 장애 역시 조기 폐사의 주요 원인인데 특히 고양이는 타우린이 부족하면 유산, 태아 흡수, 성장 장애가 일어난다.

엄마 뱃속에 있는 태아 시기부터 생후 12주까지 수많은 고비가 찾아온다. 선천적인 문제나 바이러스성 질환과 같은 원인 모를 질병이야 어쩔 수 없지만 영양 부족과 같은 후천적인 원인으로 새끼 고양이를 잃는 실수는 범하지 말아야 한다. 아기를 처음 낳고 기르듯 새끼 고양이를 키울 때도 미리 공부하고 알아 두면 도움이 될 것이 많다.

SECTION 2
고양이 이동하는 법

 ## 주말을 이용하자

고양이의 입양을 결심했다면 가정 입양을 하든, 동물병원에서 입양을 하든 주말을 이용하여 데려오는 것이 가장 좋다. 온 가족이 모여 따뜻한 관심과 사랑을 주면 고양이가 새집에서 적응하는 데 도움이 된다.

 ## 페로몬을 이용하자

고양이의 턱에서 분비되는 안면 호르몬을 집 안 곳곳에 묻혀 놓으면 고양이가 낯선 곳에 적응하는 데 도움이 된다. 시중에서 파는 페로몬 제품을 이용하면 된다. 고양이가 행복하거나 편안함을 느끼면 수염 주변의 분비 기관에서 특별한 화합물이 배출된다. 그 상태에서 얼굴을 사물에 비비면 주변으로 퍼지게 된다. 따라서 고양이가 얼굴을 문지르는 행동을 하는 것은 행복하다는 의미이며 자신의 페로몬을 다른 곳에 퍼뜨리기 위한 행동으로 보면 된다. 이 페로몬을 제품화한 합성 페로몬으로 '펠리웨이'라는 제품이 있는데 24~48시간 전에 미리 뿌려 두면 고양이가 새집에서 편안함을 느끼는 데 도움이 된다.

 ## 이동장을 준비하자

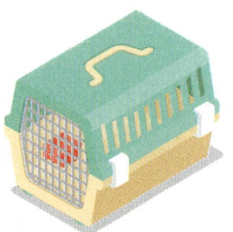

고양이를 데려올 때는 반드시 이동장이 필요하다. 특히 새끼 고양이인 경우 그냥 안고 와도 될 것이라고 생각하기 쉬운데, 고양이가 갑자기

품에서 뛰쳐나간다면 고양이는 물론 고양이를 붙잡으려는 사람까지 위험한 상황이 될 수 있다. 이동 자체가 고양이에게는 스트레스이기 때문에 이동장 안에 쿠션과 종이 패드를 깔아 최대한 푹신하고 안정감을 느낄 수 있도록 해 줘야 한다. 고양이 이동장은 반드시 뚜껑이 위로 열려야 안전하게 고양이를 꺼낼 수 있다.

미리 구역을 나누자

🐾 식사 구역

식사 구역은 용변 구역과 멀리 떨어져 있어야 한다. 그러나 주방이나 식당을 고양이의 식사 장소로 정할 경우, 고양이가 자기의 그릇과 사람의 그릇을 혼동하여 사람 음식을 먹는 실수를 범할 수 있으므로 주방과 떨어진 곳을 식사 구역으로 정하는 것이 좋다.

🐾 용변 구역

용변 구역은 고양이 밥그릇이나 보호자의 생활 구역에서 멀리 떨어져 있어야 한다. 그러나 고양이가 접근하기 어려운 곳이어서는 안 된다. 접근하기 어려운 곳에 배치하면 화장실을 찾아가기 어려워 배변 장애를 일으키는 경우가 종종 있다. 용변 구역은 고양이가 방해받지 않고 조용히 용변을 볼 수 있는 구석진 장소로 정하면 된다.

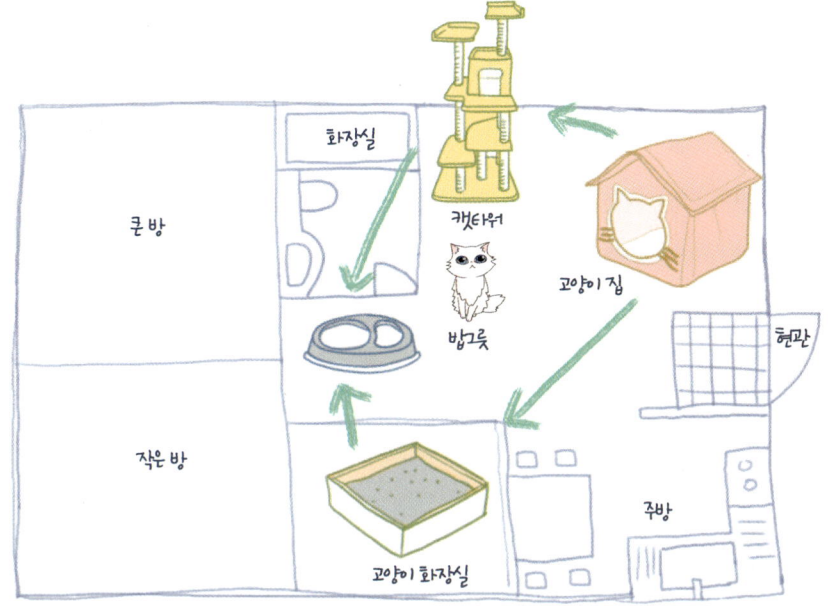

고양이 구역 배치도

😺 놀이 구역

놀이 구역은 고양이가 평소 가장 많은 시간을 보내는 곳이므로 가장 넓은 장소로 정하면 된다. 놀이 구역은 기어오르거나 숨을 수 있는 구멍과 달리고 오를 수 있는 공간 등 다양한 놀잇거리를 제공하는 곳이면 좋다. 시중에 판매하는 캣타워를 햇빛이 잘 드는 창가에 설치해 주면 도움이 되지만 대부분 비용이 고가이다. 캣타워 대신 창가, 책상, 소파를 내주어도 고양이에게는 충분하다. 고양이는 햇빛이 잘 드는 창가와 높은 장소, 그리고 폭신한 쿠션을 좋아하므로 고양이가 좋아할 만한 장소에 미리 쿠션을 깔아 두면 도움이 된다.

😺 휴식 구역

휴식 구역은 고양이가 잠을 자는 공간이다. 보호자와 같이 자도록 어릴 때부터 습관이 든 고양이가 많지만, 외출하는 고양이라면 침대에는 접근하지 못하도록 하는 게 좋다. 조용하고 폭신한 휴식 공간을 몇 군데 만들어 주면 잠자리는 스스로 정하는 편이다. 새끼 고양이라면 늘 보살핌이 필요하므로 보호자의 잠자리에서 가까운 곳에 마련해 주는 것이 좋다.

고양이를 안전하게 옮기는 법

고양이는 조심스럽게 안아서 이동해 주어야 한다. 꼬리나 머리를 잡고 들거나, 양손으로 앞발을 들고 올리면 절대 안 된다. 아주 작은 고양이라면 한 손을 편 채 손을 배 밑으로 넣어 받쳐 주는 것이 가장 좋으며, 약간 큰 고양이라면 다른 손으로 엉덩이를 받쳐 주면 된다. 어미 고양이가 새끼 고양이를 옮길 때처럼 목 뒷덜미를 부드럽게 잡고 옮긴다면, 새끼 고양이가 보호자를 가족이라고 느끼는 데 도움이 될 수 있다.

고양이를 위한 안전 장치

🐾 방충망

고양이는 높은 곳에 오르는 것을 매우 좋아하며 특히 창가에 앉아 많은 시간을 보내기 때문에 열린 창문을 통해 집을 나갈 수도 있다. 또 움직이는 물건을 보면 앞뒤 생각하지 않고 쫓아가는 습성이 있기 때문에 고층 아파트나 오피스텔에서는 떨어질 위험이 있다. 실제로 고양이 골절 환자 중에는 그런 사고가 나는 경우가 꽤 많은데, 이런 상황을 미연에 방지하기 위해 방충망을 만들어 두는 것이 좋다.

🐾 전선

집에 있는 전선은 숨겨 두어야 한다. 새끼 고양이는 줄을 보면 장난을 치면서 씹는 경우가 많은데 전선도 예외가 아니다. 최악의 경우 감전으로 사망할 수도 있으니, 고양이가 전선에 관심을 갖지 않을 정도로 성장할 때까지는 전선은 눈에 띄지 않게 가려 놓아야 한다.

🐾 옷장, 세탁기

옷장, 세탁기 문은 꼭 닫아야 한다. 고양이는 세탁기나 옷장 등 어둡고 좁은 공간만 보면 들어가 있는 습성이 있다. 고양이가 있는지 모르고 옷장 문을 닫으면 옷장 안에서 질식할 수도 있고, 세탁기 속에 고양이가 들어 있는 줄도 모르고 세탁기를 돌리는 끔찍한 사고가 발생할 수도 있다.

🐾 살충제

바퀴벌레 약, 쥐약, 살충제, 제초제, 살서제 등을 고양이가 접근할 수 없는 곳에 숨겨 둬야 한다. 새끼 고양이는 무엇이든지 혀로 핥는 습성이 있기 때문에 생명이 위험해질 수도 있다. 화장실의 락스나 세제도 물이라고 생각하고 먹을 수도 있기 때문에 조심해야 한다.

🐾 해로운 화초

고양이에게 해로운 화초들을 고양이가 접근할 수 없는 곳으로 옮기는 것이 좋다. 우리에게는 친숙하지만 고양이에게 위험한 화초가 의외로 많으므로 꼭 미리 확인해 두어야 한다.

주요 유해 식물 목록   시클라멘, 호랑가시나무, 겨우살이 식물, 위스테리아, 필로덴드론, 아젤리아, 철쭉속 식물, 예루살렘 벚나무, 포인세티아, 담쟁이넝쿨, 식나무, 완두콩

🐾 쓰레기통, 변기 뚜껑

쓰레기통이나 변기 뚜껑을 잘 닫았는지 반드시 확인하자. 호기심 많은 새끼 고양이가 쓰레기통을 뒤지고 놀다가 이물질을 삼킬 수도 있고, 변기의 물을 마실 수도 있다. 물론 그 속에 빠질 가능성도 있다.

🐾 그 밖의 물건

고무줄, 압정, 바늘 등 새끼 고양이에게 위험이 될 수 있다고 여겨지는 것들은 숨겨 놓는 것이 좋다. 노란 고무줄 하나도 새끼 고양이가 삼키면 생명에 지장이 있을 수 있다. 낚싯대 등의 장난감을 갖고 놀다가 물어뜯고 먹는 경우가 있으니 장난감 역시 놀이 시간 후에는 서랍 안에 보관해야 한다. 고양이는 줄을 좋아하며 먹는 특성이 있다. 이를 '고양이 선형 이물'이라는 질병명이 있을 정도다. 고무줄, 머리끈, 실 등을 먹고 장을 틀어막아 결국 수술을 하게 되는 고양이 특유의 질병이다. 실이나 고무줄 등은 꼭 서랍 안에 숨겨 두어야 한다.

적응할 때까지 기다리기

고양이와의 첫날밤은 보호자에게는 설레는 날이지만 새끼 고양이에게는 낯선 환경에 홀로 떨어진 긴장되고 불안한 날이다. 대부분은 밥을 먹지 않고, 변도 보지 않으며, 구석진 곳으로 가서 움직이지도 않는다. 스트레스로 간혹 설사를 하는 경우도 있다. 침대 밑으로 들어가서 나오지 않아 며칠 동안 고양이를 볼 수 없는 경우도 있다. 당황하지 말고 스스로 적응할 때까지 기다려 주는 것이 최고의 배려라는 것을 잊지 말자.

SECTION 3
고양이의 성격

 성격 테스트

고양이도 사람처럼 성격이 다양하다. 활발하고 사교적인 고양이가 사람과 함께 살기에 가장 적합하다. 고양이의 성격을 파악하는 간단한 테스트로 내 고양이의 성격을 진단해 보자.

 사회성 테스트

고양이가 구두끈을 가지고 놀거나 보호자에게 와서 몸을 비빈다면 사회성이 높다는 의미이다. 그러나 가까이 갔을 때 두려워하고 도망치려고 한다면, 고양이가 아직 적절한 사회성을 기르지 못했거나 새로운 장소에 대한 두려움이 큰 것이다. 고양이 주변에 장난감을 놓아 주고 같이 놀아 주면서 사회성을 길러 주는 것이 좋다.

은박지 공 테스트

은박지를 뭉쳐서 만든 공을 고양이에게 굴리면 대부분의 고양이는 은박지 공으로 달려들어 장난을 친다. 반응이 늦게 나타난다면 외부 세계의 움직임에 대단히 무관심하다는 뜻이다.

복종 테스트

고양이가 보호자에게 배를 쓰다듬도록 허용하면 보호자의 권위를 인지하고 있는 온순한 고양이이다. 반면 물고 할퀴

는 등의 반응을 나타내는 고양이도 있는데, 이때는 한순간에 고양이의 행동을 바꾸려 하지 말고 사랑과 훈련을 통해 서서히 보호자를 인식하게 하자.

소음 테스트

고양이가 보는 앞에서 손뼉을 크게 쳐서 고양이가 호기심을 보이면 자극이 충분한 좋은 환경에서 자란 것이라고 볼 수 있다. 그러나 도망을 치거나 무서워하는 모습을 보이면 가급적 빨리 소음과 사물에 노출해 주는 것이 지각과 감각을 발달하는 데 도움이 된다.

음식 주기

올바른 성장 관리

새끼 고양이 건강의 척도는 체중의 변화이다. 한창 자라는 3개월까지는 매일 같은 시각에 체중을 기록해 두면 도움이 된다. 종에 따라 다르지만 하루 10~30g 정도가 평균적인 체중 증가 폭이다. 6개월까지 거의 수직적인 체중 상승 곡선을 그리다가 이후부터는 상승 정도가 완만해지기 시작한다. 1년까지는 조금씩 성장한다고 보면 되며, 보편적으로 수컷이 암컷보다 더 성장한다.

🐾 고양이 소화 기관의 특징

아래의 표를 보면 그동안 고양이 사료의 냄새가 그토록 강렬했던 이유를 이해할 수 있다. 고양이는 미각이 사람의 1/10 이하로 매우 둔한 반면, 후각은 서너 배 이상 발달했다. 따라서 고양이는 다양한 맛을 추구하지 않으며 맛 자체보다는 냄새에 훨씬 더 큰 반응을 보인다. 또한 소화 기능이 매우 낮으므로 흡수율이 좋은 사료를 선택해야 한다.

	고양이	사람	고양이 행동에 미치는 영향
후각 세포의 수	6천만~6천 5백만	5백만~2천만	냄새에 매우 민감하다.
미뢰의 수	500	9,000	맛에 매우 둔감하다.
체중 대비 소화기 비율	2.8~3.5%	10%	소화 기능이 낮다.

새끼 고양이의 식사

생후 1주

생후 첫째 주의 고양이는 특별히 영양학적으로 필요한 성분이 있으므로 어미의 젖을 먹는 것이 가장 좋다. 그러나 이것이 여의치 않을 경우에는 초유 제품을 젖병에 담아 중탕으로 데워 먹여야 한다. 3시간 간격으로 수시로 먹여야 하며 우유가 기도로 넘어가지 않도록 새끼 고양이의 구강 반사를 확인하면서 먹여야 한다. 억지로 먹이는 것은 매우 위험하다.

생후 4~5주

이때가 되면 고양이에게 고형식을 줄 수 있다. 처음에는 고양이용 우유를 데워 사료를 불려 주거나 온수로 불린 사료를 주기 시작한다. 그 후 점차 우유나 물의 양을 줄여 가며 건식 사료를 먹도록 유도한다. 한 번씩 건식 사료를 내밀어 봐서 먹기 시작하면 그때부터 건식 사료를 주면 된다. 보통 치아가 나기 시작하는 시점과 비슷하므로 한 번씩 입을 열어 봐서 치아의 상태를 확인하는 것도 도움이 된다.

생후 1~2개월

이때는 25~35g 정도의 사료를 주면 적합하며 1개월마다 꾸준히 10g씩 늘리면 된다. 처음에는 종이컵의 1/2 정도를 하루에 4번 나누어서 주다가, 고양이의 몸이 서서히 커지면 사료의 양을 조금씩 늘려 가면 된다. 다 먹은 사료는 치워 주어야 하며 외출을 하거나 잘 때는 언제든 고양이가 먹을 수 있도록 물과 사료를 담아 둬야 한다. 40알을 세어서 줘야 한다거나 하루 두 번만 줘야 한다는 식의 잘못된 얘기를 듣고는 고양이를 저혈당증에 빠뜨려 응급으로 내원하는 보호자가 수없이 많다.

물론, 너무 많은 양을 주면 구토나 설사 등을 유발할 수도 있으나 새끼 고양이는 충분한 양의 사료를 자주 먹는 것이 매우 중요하다.

새끼 고양이 사료를 줄 때 주의할 점

- 새끼 고양이는 사료를 조금씩 자주 먹어서 사료를 남겨 두었다가 배고플 때 와서 먹는다. 그렇다고 캔 사료를 딴 채로 종일 두면 여름철에는 상하기 쉽고, 우유나 물에 불린 사료도 마찬가지로 변질될 우려가 있다. 캔 사료는 마르면 딱딱하게 변해 맛도 떨어지기 때문에 새끼 고양이가 한 번 먹을 만큼만 덜어 주고 나머지는 밀폐 용기에 담아 냉장고에 넣어 신선도를 유지한다. 그리고 사료를 줄 때마다 전자레인지에 10초 정도 돌리면 먹기 적당한 온도가 된다.

- 새끼 고양이는 음식에 대한 호기심이 왕성하기 때문에 보호자가 음식을 먹을 때 관심을 보이는 경우가 많다. 그러나 집에서 조리한 음식을 고양이에게 주어서는 절대로 안 된다. 염분이 높고 영양 균형이 깨질 뿐 아니라 사람이 식사할 때마다 식탁에 관심을 갖고 올라오는 좋지 않은 버릇을 들일 수 있다.

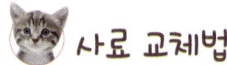 사료 교체법

사료마다 영양소 함량이 다르고, 고가의 사료일수록 단백질 함량이 높고 곡물 함량이 낮으므로 갑자기 사료를 바꾸면 소화 기관에 무리를 줄 수 있다. 따라서 사료를 바꿀 때는 최소한 일주일 이상 시간을 두고 조금씩 바꿔야 한다. 새끼 고양이를 입양했다면, 이전에 키우던 보호자나 브리더에게 먹이던 사료를 받아 오거나 사료 이름을 확인해서 바꾸려는 사료와 섞어 주면서 천천히 바꾼다.

사료 교체 비율

사료를 바꾸는 과정에서 변이 물러지거나, 변 냄새가 심하게 나거나, 기호성이 떨어지는 등의 문제가 생기면 기존의 사료를 더 많이 섞어서 며칠을 더 유지해 준다. 8일째까지 아무 문제가 없다면 새로운 사료를 100% 주어도 상관없다.

날짜별 사료 교체비율

1~2일째	기존의 사료 80%와 바꾸고자 하는 사료 20%
3~4일째	기존의 사료 60%와 바꾸고자 하는 사료 40%
5~6일째	기존의 사료 40%와 바꾸고자 하는 사료 60%
7~8일째	기존의 사료 20%와 바꾸고자 하는 사료 80%

고양이 사료의 종류

가정식 사료

가정식 사료는 집에서 직접 만든 사료를 아우르는 것으로 방부제나 첨가제가 들어가지 않은 신선한 재료로 고양이 음식을 만들 수 있다는 이점이 있다. 그러나 가정식 사료는 동물의 뼈와 내장까지 섭취해야 하는 고양이의 영양 균형을 완전히 맞추기 어렵고, 고가이며, 유통 기한이 짧은 단점이 있다.

제조 사료

제조 사료는 종류와 등급이 다양하다. 식품 첨가물, 방부제, 식육 부산물이 많이 첨가된 사료는 고양이의 건강을 위협하는 원인이 되므로 보호자는 늘 사료의 질에 관심을 가져야 한다. 좋은 사료를 먹일 경우 손쉽게 영양의 조화로운 균형을 유지할 수 있는 장점이 있다.

건식 사료와 습식 사료

캔이나 파우치로 되어 있는 습식 사료에는 수분이 80% 정도 함유되어 있어 사막에서 살던 습성으로 물을 잘 마시지 않는 고양이의 수분 섭취를 돕는 데 도움이 된다. 그러나 음식을 여러 번에 걸쳐 조금씩 나누어 먹는 고양이의 특성과는 잘 맞지 않으며 상대적으로 가격이 비싸다. 반대로 건식 사료는 수분 섭취를 돕지는 못하지만 상대적으로 가격이 저렴하고 오래 두기에 용이하다.

😺 완전식과 보충식

완전식은 고양이가 필요로 하는 모든 영양소의 균형을 맞추어서 생산된 제품으로서 일반 사료, 주식 캔이 이에 해당된다. 주식 캔은 입맛이 떨어져 후각을 자극해야 하는 경우, 물을 먹지 않는 고양이의 수분 보충이 필요할 경우 사료 대신 먹을 수 있도록 영양 균형이 맞추어진 것을 말한다. 보충식은 적당하게 균형 잡힌 식단을 제공하기 위해 다른 종류의 사료와 혼합하여 먹는 제품을 말하는데 대부분의 간식이나 통조림 캔이 이에 해당된다.

😺 마실 물

고양이는 깨끗한 물만 먹는 습성이 있다. 먼지가 있거나 냄새가 나는 물은 먹지 않으므로 물을 자주 갈아 주어야 하며, 때때로 흐르는 물만 먹는 고양이도 있다. 이런 고양이를 위해 만들어진 고양이 분수대도 집사들 사이에서 인기다.

배변 관리

🐱 화장실 만들어 주기

고양이는 어미 고양이로부터 자연스럽게 화장실 사용법을 배우기 때문에 따로 연습시킬 필요는 없다. 어미는 생후 2개월이 될 때까지 새끼의 항문 주변을 핥아 배변을 유도하고 배설물을 먹어 치운다. 그러다가 어미가 모래 위에 배변을 하는 것을 보면서 자연스럽게 따라 하게 된다. 고양이 화장실은 잠자리로부터 너무 멀지 않은 곳에 만든다. 연습에도 불구하고 고양이가 화장실을 거부한다면 화장실의 위치, 높이, 모래의 종류를 바꿔 보는 것이 좋다.

🐾 화장실 훈련시키기

고양이는 화장실이 급할 때 이리저리 냄새를 맡으면서 두리번거린다. 그때 얼른 모래 위로 올려놓으면 된다. 배변이 끝나면 고양이 앞발을 잡고 모래를 파헤쳐 준다. 이 과정을 몇 번만 반복해 주면 고양이는 금방 화장실 사용법을 익힌다. 그러나 입양한 첫날부터 새끼 고양이가 잘 먹고 배변도 잘 보기를 기대해서는 안 된다. 깨끗한 물과, 사료, 화장실을 준비해 놓고 기다리다 보면 어느 순간 고양이가 물을 마시고 사료를 먹기 시작한다. 그러나 기다려도 고양이가 화장실에 가지 못한다면 어미의 항문 마사지가 필요한 순간이다.

🐾 배변 유도 방법

의료용 라텍스 장갑을 끼고 초음파 젤을 묻혀서 항문 주변을 문질러 주는 것이 가장 좋지만, 대부분의 경우 가정에서는 재료를 구하기가 쉽지 않다. 그럴 때는 주방에서 사용하는 비닐장갑을 끼고 콩기름이나 바셀린을 묻혀 동일하게 마사지를 해 준다. 새끼 고양이라면 하루에 여러 번 해 주어야 하며, 배변을 가리기 시작한다면 더 이상 해 주지 않아도 된다.

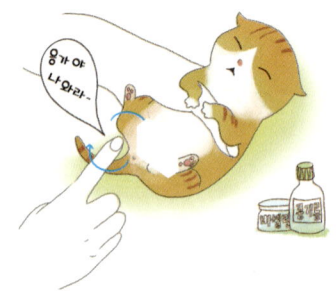

고양이가 편안해하는 자세로 눕힌 뒤 콩기름이나 바셀린을 묻힌 손으로 살살 마사지를 해 준다.

SECTION 6
청결 관리

 목욕 시키기

고양이는 물을 싫어하는 동물로 알려져 있다. 그러나 어릴 때부터 목욕에 익숙해지면 반신욕을 즐기는 고양이로 거듭날 수 있다. 동물병원에서 일하다 보면 고양이를 목욕시키지 못해 미용사에게 부탁하는 보호자를 많이 보게 된다. 드라이기로 말리는 과정에서 고양이가 과하게 반응해 말리지 못해서 데려오는 경우도 있다. 그러나 드라이기 소리도 익숙해지기 나름이므로 새끼 때부터 해 주는 것이 좋다. 목욕은 한 달에 한 번 정도가 적당하다.

고양이 목욕법

❶ 36~37℃ 정도의 물을 받아 놓고 몸의 끝부분부터 물을 조금씩 묻힌 후 조심스럽게 몸을 담가 준다.
❷ 큰 거부감이 없으면 몸통 부분에 살살 물을 부어 준다.
❸ 고양이 전용 샴푸를 이용해 거품을 내어 마사지를 해 준다.
❹ 물로 여러 번 깨끗이 헹구어 준다.
❺ 머리 부분은 마지막에 살짝만 비누를 묻히고 조심스럽게 헹군다. 한 손으로 고양이의 양 귀를 막고 물을 묻혀 헹군다. 고양이는 목욕할 때 몸통은 허락하는 경우가 많지만 머리에 물이 묻는 것을 두려워하고 싫어한다. 따라서 머리는 마지막에 살짝만 헹구어 주는 것이 중요하다.
❻ 준비해 둔 수건으로 물기를 제거한 후 드라이기로 완벽하게 말린다. 털이 얇은 고양이는 잘 마르지 않는 편인데 그렇다고 대충 말리면 감기, 피부병이 생길 수 있다.
❼ 털을 말릴 때는 빗질을 하면서 말리면 도움이 된다.
❽ 시중에 판매되는 드라이기 거치대를 이용하면 두 손을 사용할 수 있어 편리하다.

귀 청소하기

목욕 후에는 귀에 물이 들어가 있는지 꼭 귀를 확인해 주어야 한다. 면봉을 사용하는 사람이 많지만 고양이 귀에 매우 자극적이므로 절대 사용하지 말아야 한다. 면봉보다는 집에 있는 화장솜에 귀 세정제를 묻혀 손가락이 들어가는 곳까지만 가볍게 닦아 낸 후 드라이기의 찬바람을 이용해 귓속까지 말려 주는 게 좋다. 고양이의 귀는 개에 비해 통풍이 잘 되고 단순한 구조를 가지고 있기 때문에 귀 질환이 많지는 않다. 자주 귀 청소를 하는 것은 오히려 민감한 귀 피부를 자극하는 결과를 초래할 수도 있다. 다만 진드기 감염이나 염증성 외이염이 생기는 경우가 있으므로 까만색이나 갈색 귀지가 평소보다 많다면 진료를 받는 것이 좋다.

❶ 귀 상태를 확인한다.

❷ 귀 세정제를 화장솜에 묻힌다.

❸ 손가락을 넣어 가볍게 닦아 낸다.

 ## 발톱 깎기

집 안의 가구와 사람을 보호하기 위해 고양이의 발톱을 깎아 줘야 한다. 자신의 중요한 무기인 발톱이 잘리는 것을 쉽게 허락하는 고양이는 많지 않지만, 습관이 되면 발톱이 짧아도 살아가는 데 지장이 없음을 깨닫게 된다.

❶ 숨어 있는 발톱을 확인한다.

❷ 흰 부분만 살짝 자른다.

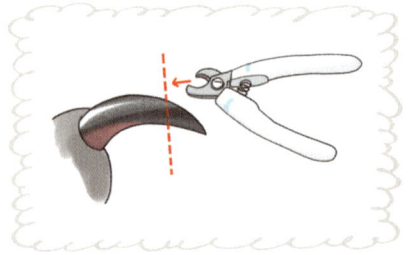
※ 혈관 출혈이 없게끔 끝부분만 살짝 자른다.

> **고양이 발톱 깎는 법**
>
>
>
> ❶ 고양이가 기분이 좋은 시간을 이용해 조용한 장소로 가서 고양이를 허벅지 사이에 끼운다. 세게 누르지만 않으면 고양이는 가만히 있을 것이다.
> ❷ 한 손으로 고양이 발바닥의 패드를 지그시 누르면 숨어 있던 발톱이 나온다.
> ❸ 발톱은 분홍색의 혈관과 하얀색의 발톱으로 이루어져 있는데 반드시 하얀색 발톱만 살짝 자른다. 혈관을 잘라 출혈이 생기지 않도록 끝부분만 조금씩 잘라야 한다.
> ❹ 너무 짧게 잘라서 출혈이 생겼다면 휴지나 거즈로 지혈해 주면 자연스럽게 멎는다. 다른 곳보다 발톱 출혈은 지혈이 안 되고 출혈량이 많은 편이라 놀라서 동물병원에 뛰어오는 보호자도 있는데 결국은 지혈이 되므로 너무 놀랄 필요는 없다. 시간을 갖고 침착하게 지혈을 해 주면 된다.

 털 관리

🐾 그루밍

고양이는 대부분의 시간을 그루밍을 하며 보내는데, 생후 15일 이후부터 까슬까슬한 혓바닥과 앞발로 스스로 털을 고른다. 그루밍을 통해 체온 조절과 피부 면역력을 유지한다. 기분 좋고 편안할 때 그루밍을 하므로 고양이가 그루밍을 하지 않는다면, 질병이나 스트레스 등을 의심해 봐야 한다. 평소보다 그루밍을 많이 해도 긴장감을 느끼거나 매우 따분한 경우일 수 있다. 혹은 소양감을 동반한 알레르기성 피부병도 의심해 볼 수 있다. 혀로 핥은 앞발을 이용해 안면, 등, 생식기 주변까지 스스로 몸단장을 하므로 특별히 목욕을 시키지 않아도 고양이 몸에서 냄새가 나는 일은 거의 없다.

🐾 헤어볼

그루밍으로 인해 고양이는 많은 양의 털을 먹게 되고 이것이 장 내에서 뭉쳐 모구, 즉 헤어볼이 된다. 고양이는 종종 헤어볼의 역류로 인해 구토를 하게 되는데 이것은 자연스러운 생리 현상이므로 질병에 의한 구토와 혼동하지 말아야 한다. 그러나 털의 양이 많아 단단해지면 심한 구토와 위장관 질환을 유발하므로 헤어볼 배출을 유도하는 영양제나 사료 등으로 관리해야 한다. 브러싱은 헤어볼을 줄이는 데 아주 중요한 역할을 한다.

🐾 브러싱

브러싱의 가장 큰 역할은 죽은 털을 제거해 헤어볼을 줄이는 것이다. 그 밖에도 털이 엉키는 것을 방지하고 집 안에 털이 날리는 것을 막아 줄 뿐 아니라 보호자가 고양이를 안고 브러싱을 함으로써 서로 감정을 교류하는 역할까지 한다. 능숙한 브러싱에 익숙해진 고양이는 보호자의 무릎 위에서 브러싱을 즐기며 눈을 감고 골골거리는 등 그 시간을 매우 즐긴다. 물론 알맞은 브러시의 선택과 브러싱 방법이 중요하다.

봄철과 여름철은 털갈이를 하는 계절이므로 자주 브러싱을 해 주어야 한다. 고양이의 혀가 닿지 않는 귀와 목 뒤쪽은 특히 엉킴이 많이 발생하는 부위이므로 세심하게 빗질을 해 준다. 마지막에 굵은 브러시로 털의 반대 방향으로 빗질을 해 주면 볼륨감이 살아나고 모질이 좋아 보인다.

털에 따른 브러싱 법

❶ 단모종의 브러싱

천연모로 만들어진 부드러운 솔을 이용해 피부에 손상이 가지 않도록 털 방향으로 마사지를 해 주고, 마사지 장갑으로 털의 반대 방향으로도 마사지를 해 주면 죽은 털이 제거되는 데 도움이 된다. 단모종은 주 1회의 브러싱으로도 충분하다.

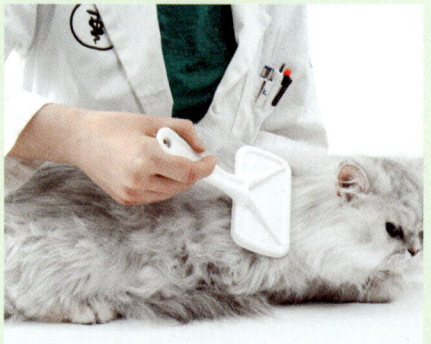

❷ 장모종의 브러싱

날마다 30분 정도 시간을 내어 빗질을 해 주어야 엉키지 않고 그때그때 죽은 털이 제거된다. 장모종은 빗살의 간격이 넓은 브러시를 이용한다. 털의 결과 반대 방향으로 한 번씩 번갈아가며 빗질을 해 주어야 빠진 털이 제거되고 엉킨 털이 풀린다. 엉킨 털은 억지로 잡아 뜯기보다는 굵은 빗을 이용하여 차분하게 풀어 주는 게 좋다.

SECTION 7
건강 관리

병원 선택하기

고양이의 건강을 책임질 동물병원을 선택해야 한다. 먼저 건강 상담을 하고 접종과 중성화 수술 등을 시킬 가정의학과와 같은 1차 동물병원을 선택한다. 그다음 밤에 아프거나 응급 상황이 발생 시 뛰어갈 수 있는 24시간 동물병원의 위치와 전화번호를 알아 둔다. 1차 병원은 집에서 가깝고, 친절하며, 조용한 곳이 고양이 정서에 도움된다. 입양해 오는 길에 간단한 건강 검진과 상담을 받고 차트를 만들어 두면 좋다. 병원 진료 시간과 전화번호를 알아 두고, 고양이가 병원에 공포를 느끼지 않게 자주 방문하면 좋다. 24시간 동물병원은 접근성이 좋은 곳으로 두 군데 정도 알아 두는 것이 좋으며, 방문 전에 전화를 해서 방문을 알리는 것이 도움된다.

> ### 🔍 행복한 병원 방문을 위한 노하우
>
> - 방문 20분 전에 캣닙, 마따따비, 질켄, 펠리웨이 등 스트레스 완화제를 이용하여 안정을 시킨다.
> - 이동장을 이용해야 하며 패드를 깔아 폭신하게 만들어 준다.
> - 병원에 도착하면 바로 이동장에서 꺼내지 말고 10분 정도 진정시킨 후에 꺼낸다.
> - 고양이는 높은 여자 목소리를 좋아하므로 고양이를 안정시킬 때는 목소리를 높고 상냥하게 내는 것이 좋다.
> - 이동장은 위에서 열 수 있어야 하며 이동장에 수건을 덮어 이동하면 안정감을 느낀다. 기침이나 걸음걸이 이상 등은 동영상을 촬영하여 수의사에게 보여 주면 도움이 된다.
> - 고양이를 안정시키는 데 실패했다면 진정제의 도움을 얻어야 한다. 그러나 혈관을 잡거나 채혈을 하는 모든 과정에 사용할 수는 없으므로 평소에 고양이의 사회성을 기르는 데 힘쓰고 병원에 익숙해지도록 노력해야 한다.
> - 응급 상황 시에는 병원에 미리 전화를 하여 고양이의 상태를 알린다.

동물병원에 적응시키기

아플 때만 병원을 찾는 시대는 지났다. 동물병원은 접종과 상담, 수술과 더불어 용품 구입이 가능하고 입양, 호텔까지 '원 스톱 숍'의 개념으로 운영된다. 고양이가 자라는 첫 일 년은 정기적으로 병원을 방문하면 병원에 대한 공포심을 없애는 데 도움이 된다.

 약 먹이기

🐾 물약 먹이기

고양이에게 가루약이나 물약을 먹이는 일은 쉬운 일이 아니다. 대부분 약을 삼키지 않아 입에 거품을 물고, 두 번 다시는 먹지 않으려 할 것이다. 그러므로 고양이에게는 억지로 먹이려 하기보다 고양이의 기호성을 파악하는 것이 중요하다. 고양이에게는 알약을 먹이는 게 가장 좋으나 도저히 안 되는 경우 올리브 오일이나 메이플 시럽에 약을 타서 먹이는 것이 물보다는 용이하다.

손가락을 입에 넣어 입을 벌리도록 유도한 후 손가락이 만든 공간을 이용해 물약을 먹인다.

🐾 알약 먹이기

동물병원에서는 보통 고양이 약을 알약으로 조제하는 경우가 많다. 보호자들은 고양이에게 약을 먹이는 방법을 몰라 당황하게 되는데 알약을 먹이는 일은 연습이 필요하다. 날카롭지 않은 앞니 부분을 이용해 입을 벌린 후 알약을 목구멍에 넣는데 2/3가량이 들어가도록 깊숙이 넣는 것이 중요하다. 재빨리 입을 닫고 2~3초 가량 코를 막으면 숨이 막힌 고양이가 알약을 삼키게 된다. 보호자가 동작을 재빠르게 하는 것이 관건이다. 고양이가 앞발을 이용하여 저항하면 다칠 수 있으므로 수건으로 고양이의 몸을 감싼 뒤 먹이는 것이 좋다. 알약을 먹이기 전에 알약을 휴지로 한번 닦은 후에 먹이는 것이 좋다. 아주 예민한 고양이의 경우 캡슐에 살짝 묻은 약 가루에도 거품을 물기 때문이다.

❶ 양손을 이용해 고양이의 머리를 단단히 잡는다.

❷ 손가락을 위아래로 넣어 고양이의 입을 벌린다. 송곳니 사이로 손가락을 넣으면 다칠 염려가 없다.

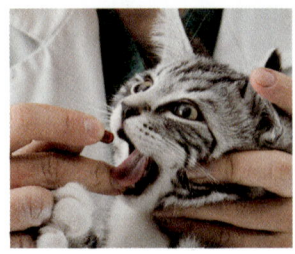
❸ 알약을 깊숙이 집어 넣는다. 그렇지 않으면 고양이가 약을 삼키기 더 어렵기 때문에 2/3가량이 들어가도록 넣는다.

❹ 입을 닫고 손가락을 이용해 2~3초 동안 코를 막으면 숨이 막힌 고양이가 알약을 삼킨다.

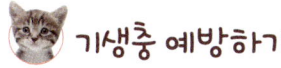 기생충 예방하기

🐾 내부 기생충

어린 고양이는 면역력이 약해 기생충에 취약하다. 따라서 생후 2주와 6주경에 구충제를 먹여야 한다. 그 후에는 매월 정기적으로 구충을 해야 한다. 장기에 사는 내부 기생충에는 선충, 촌충, 편모충 등이 있다.

회충 회충은 어린 고양이의 소장에 기생하는 벌레로 심하면 장폐색증을 일으킬 수 있다. 회충에 감염이 되면 몸무게가 늘어 배가 불룩하게 나오고 설사를 하며 변이나 항문 주변에서 충란이 발견된다.

촌충 고양이에게 벼룩이 있다면 촌충에 감염되었을 가능성이 높다. 촌충은 장 내벽에 기생하며 복부 팽만과 설사를 일으키며 피부 손상을 유발한다. 촌충에 감염되면 대변에 쌀알처럼 보이는 동그랗고 납작한 흰색 알갱이를 볼 수 있는데, 때때로 꼬리나 엉덩이 부위의 털에서도 발견할 수 있다. 촌충은 쥐와 같은 설치류를 중간 숙주로 사용하기 때문에 쥐를 잡아먹는 고양이라면 촌충에 걸릴 위험성이 훨씬 크다.

편모충 소장 점막에 기생하며 소화 불량과 설사를 일으키고 체중이 감소한다.

콕시듐 소화기 계통에 기생한다.

🐾 외부 기생충

고양이에게서 흔히 발견되는 외부 기생충에는 벼룩, 이, 진드기, 귀 진드기가 있다.

벼룩 고양이가 평소보다 몸을 자주 긁으면 털 사이에 작고 짙은 갈색의 벼룩을 찾아봐야 한다. 벼룩에 감염된 고양이는 심하게 긁거나 그루밍을 과하게 하므로, 많은 헤어볼을 토해 내고 벼룩에 물린 자리가 붉게 부풀어 올라 알레르기성 피부염이 발생하기도 한다. 봄과 여름에 집중적으로 나타나지만 겨울에도 따뜻한 실내에서 지내는 고양이 몸에 생기기도 한다. 고양이 몸에서 한두 마리의 벼룩이 발견되었다면, 머지않아 카펫이나 가구 내에 수천 마리의 벼룩 유충이 살게 된다는 것을 의미한다. 벼룩은 사람의 몸에 기생하지는 않지만 피부를 물 수는 있으므로 고양이 몸에 벼룩이 있다면 동거하는 사람도 매우 간지럽다. 벼룩 구제는 매년 실시해야 하며 벼룩이 발견되었다면 고양이 몸은 물론 담요 등을 중심으로 살충제를 뿌리는 등 주변 환경을 정비해야 한다.

이 귀나 다리 주변의 털에 매우 가까이 붙어 있으며 고양이 피부가 벗겨져 나가는 증상이 나타난다. 참빗으로 빗어 없애거나 살충제, 약용 샴푸를 이용해 목욕을 시켜야 한다.

참 진드기 실외에서 옮는 진드기는 새끼 고양이보다는 바깥을 돌아다니는 어른 고양이에서 발생 가능성이 높다. 고양이의 목과 귀 주변에서 발견되며 진드기가 붙었던 자리는 염증 반응이 나타날 수 있다. 고양이 피부에 진드기가 붙어 있다고 해서 억지로 잡아 뜯으면 안 된다. 주둥이 부분을 피부에 박고 피를 빨아먹는 흡혈 기생충이기 때문에 고양이에게 통증을 줄 뿐 아니라 피부에 주둥이 부분이 남아 종기가 생길 수 있기 때문이다. 그러므로 살충제를 이용하여 구제해야 한다.

귀 진드기 귓속에 기생하는 진드기에 의해 유발되며 검은색의 딱딱한 분비물이 육안으로 보인다. 심하게 가렵기 때문에 머리를 흔들거나 발로 귀 뒤를 문지른다. 심하면 귀가 빨갛게 되면서 염증성 부종이 생기는데 면봉 등으로 닦으면 증상을 심각하게 만들 수도 있으므로 동물병원을 방문하여 진료를 받는 것이 좋다.

🐾 구충제의 선택

살충제로 이루어진 기생충 구제제는 종류가 다양하다. 구충제는 크게 내·외부 구충이 함께 치료되는 종합 구충제와, 내·외부가 각각 따로 치료되는 개별 구충제가 있다. 종합 구충제로는 '애드보킷'과 '레볼루션' 등이 있고, 개별 구충제로는 '하트가드'와 '프런트라인' 등이 있다. 동물병원에서 비교적 쉽게 구할 수 있고 세계적으로 안전성이 입증된 제품이다.

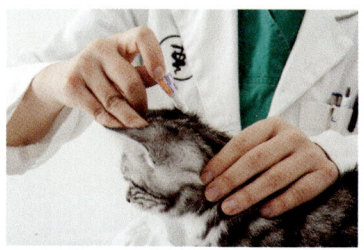

심장 사상충 예방제 도포하는 모습

애드보킷과 레볼루션 동물병원에 방문하여 수의사의 도움을 받아 적용하는 것이 좋다. 구충을 하면서 몸무게를 확인하는 등의 신체검사도 하고, 동물병원에 적응할 수 있는 기회를 만들 수도 있기 때문이다. 몸무게에 따라 가격이 몇 천 원 정도 차이가 나고 성분과 구충 범위의 차이가 있으나 모두 효과와 안전성이 입증된 제품이다. 고양이의 목 뒤쪽과 등이 만나는 부위에 털을 제쳐서 피부에 도포한다.

적용 후에는 빠르게 흡수가 되므로 3시간 후에는 목욕이나 야외 활동이 가능하다. 보호자의 손에 묻지 않도록 주의하고 묻었다면 비눗물로 깨끗하게 닦는다. 다른 고양이나 강아지가 핥지 않도록 주의해야 하며, 두 마리가 있다면 각각 한 마리씩 도포하고 최소한 3시간 이상은 떨어뜨려 놓아야 한다.

도포된 약품은 피부를 통해 혈류로 들어가 혈액과 소화계로 전달되고 피지선에 높은 농도로 저장되어 한 달간 심장 사상충을 예방하고 소화 기관의 기생충을 죽인다. 생후 7주 이후부터는 도포가 가능하지만 보통 9주 때 1차 접종과 함께 최초로 종합 구충제를 적용하는 것이 좋은 방법이다. 그 이전에는 생후 2주와 6주 때 구충제를 먹이면 된다.

하트가드 캣과 프런트라인 심장 사상충과 내부 기생충 구제제인 하트가드와 외부 기생충 구제제인 프런트라인은 각각 따로 적용해 주어야 하는 번거로움과 비싸다는 단점이 있는 대신, 구충 범위가 넓고 반응이 빠르다는 장점이 있다. 따라서 보호자가 기생충에 매우 예민하거나 집에 아이가 있거나 외출하는 고양이가 있다면 추천한다. 한 달에 한 번 적용하면 되는데 '하트가드 캣'의 경우 쇠고기 맛이 나서 기호성이 좋은 편이다.

프런트라인은 어깨뼈 위쪽으로 같은 방법으로 피부에 도포해 주면 되며, 빠른 시간 안에 벼룩과 진드기 구제가 가능하다. 벼룩의 라이프 사이클을 차단하여 집 안에 살충제를 도포하지 않고도 청정화할 수 있어 환경 개선에 효과가 있다.

예방 접종

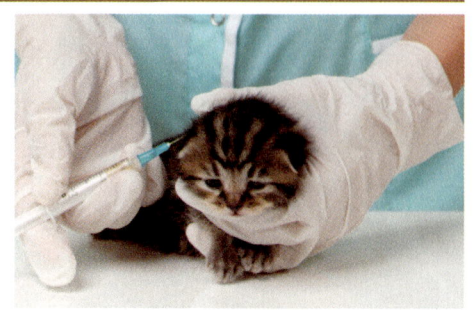

예방 접종은 왜 필요한가?

고양이가 세균에 감염되었을 때는 항생제를 쓰고, 곰팡이에 감염되었을 때는 진균제를 써서 치료를 하면 된다. 그러나 바이러스에 감염되면 치료약이 개발되어 있지 않다. 가장 진화한 치료법인 항혈청 요법이나 인터페론 역시 고양이 스스로 바이러스와 싸워 이길 수 있게 도와주는 역할을 할 뿐 치료제라고 보기는 어렵다. 낮은 치료 효과, 고가의 비용, 체력적인 소모, 오랜 치료 기간을 생각한다면 바이러스성 질환은 예방이 가장 좋은 치료법이라 해도 과언이 아니다.

예방 접종이란

바이러스, 세균 등의 항원이 침입하면 생체의 면역 체계에서 항원에 대한 수용체가 있는 B 림프구가 활동을 시작한다. B 림프구는 항원과 결합하여 활성화한 후 세포 분열을 시작하여 형질 세포를 만든다. B 림프구는 기억 세포로 림프구에 남아 있다가 기억해 두었던 항원과 다시 접촉했을 때 바로 형질 세포로 변하여 항체를 분비한다. 예방 접종은 이러한 기억 세포를 활용하는 방법으로 항원을 화학적으로 생독화 live vaccine, 독성을 약화시킨 백신 또는 사독화 killed vaccine, 독성을 죽이는 백신 시켜서 접종 시에 질병을 일으키지 않고 항체만을 생산할 수 있도록 한다. 질병 중에는 한 번 감염되면 평생 면역이 되는 것도 있지만, 대부분은 면역 체계의 기억이 소실되어 항체가 사라지므로 항상 일정 수준을 유지하기 위해서는 추가 접종을 실시해야 한다.

🐾 접종 시기

막 태어난 새끼들은 어미의 젖을 먹으면서 자연스럽게 어미가 가진 항체를 흡수하기 때문에 면역력을 가지게 된다. 그러나 생후 6~8주가 되면 흡수된 항체가 사라지기 때문에 이 시기에 예방 접종을 해야 한다. 보통 고양이는 8~9주에 첫 예방 접종을 시작한다. 너무 이른 예방 접종은 어미의 항체로 인해 백신 효과가 사라진다. 새끼 고양이에게 질병이나 기생충이 있거나, 영양 부족으로 쇠약하거나, 입양한 지 얼마 되지 않아 스트레스가 있다면 상태가 좋아질 때까지 예방 접종을 미루는 것이 좋다. 건강이 좋지 않다는 것은 새끼 고양이의 면역력이 떨어져 있는 상태를 의미하기 때문에 백신이 독으로 작용할 수 있다. 설사, 움직임, 구토, 밥의 양에 따라 건강 상태를 확인할 수 있다. 이 네 가지가 완벽히 충족된다면 병원에 방문하여 접종을 실시해도 좋다.

백신의 종류

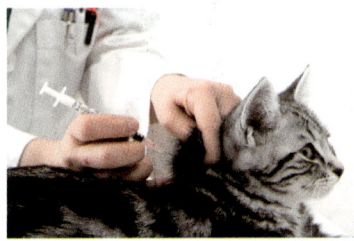

예방 접종을 통해 생명을 위협하는 치명적인 질병으로부터 고양이를 보호할 수 있다. 생후 8~9주가 되면 1차 접종을 시작하게 되며 3~4주 간격으로 총 3회 접종한다. 예방 접종의 종류에는 3종, 4종, 5종 종합 백신이 있는데 동물 병원에서 가장 보편적으로 사용하는 백신은 3종 종합 백신, 또는 4종 종합 백신이다. 3종 종합 백신은 고양이 범백혈구 감소증Feline Panleukopenia, 고양이 바이러스성 비기관염Feline Viral Rhinotracheitis, 고양이 칼리시바이러스Feline Calicivirus를 예방할 목적으로 사용한다. 4종 종합 백신은 고양이 허피스 바이러스Feline Herpesvirus-1, 고양이 칼리시 바이러스Feline Calicivirus, 범백 바이러스Feline Parvovirus, 고양이 클라미디아Chlamycia Psittaci를 예방한다. 5종 종합 백신은 4종 종합 백신에 고양이 백혈병Feline Leukemia이 포함된다.

백신으로 예방 가능한 질병들

고양이 범백혈구 감소증 Feline Pa nleukopenia 범백으로 불리는 범백혈구 감소증은 감염된 고양이의 소변과 대변으로 배출되는 바이러스에 의해 전염된다. 구토, 설사, 식욕 감소, 발열, 침울 등의 증상이 나타나며 혈액 검사에서 백혈구 수치의 감소가 나타난다. 수많은 어린 고양이가 피 설사를 하며 죽는 질병이므로, 고양이 보호자는 반드시 이 질병에 대한 지식을 숙지하고 있어야 한다. 다행히 고양이 범백혈구 감소증은 진단과 예방이 수월한 질병이다. 잠복기를 제외하고는 키트 검사로 매우 정확도가 높은 진단이 가능하며 백신 접종으로 예방이 가능하다. 그러나 특별한 치료약이 없기 때문에 오로지 예방만이 최선의 치료약이다.

고양이 바이러스성 비기관염 Feline Viral Rhinotracheitis 헤르페스 바이러스에 의한 전염병으로 바이러스가 결막과 콧속 점막에 증식하여 염증을 일으킨다. 주로 콧물을 흘리거나 눈곱이 많이 끼는 증상으로 내원한다. 초기에는 맑은 눈물과 콧물을 흘리다가 점차 화농성 분비물로 변한다. 심하면 결막염, 각막염까지 일으킨다.

 고양이 키트 검사란?

고양이 질병을 신속하게 진단하기 위해 만들어진 테스트 프로그램

바이러스성 비기관염에 걸린 고양이는 눈병에 걸린 것처럼 눈이 붓고 콧물이 난다.

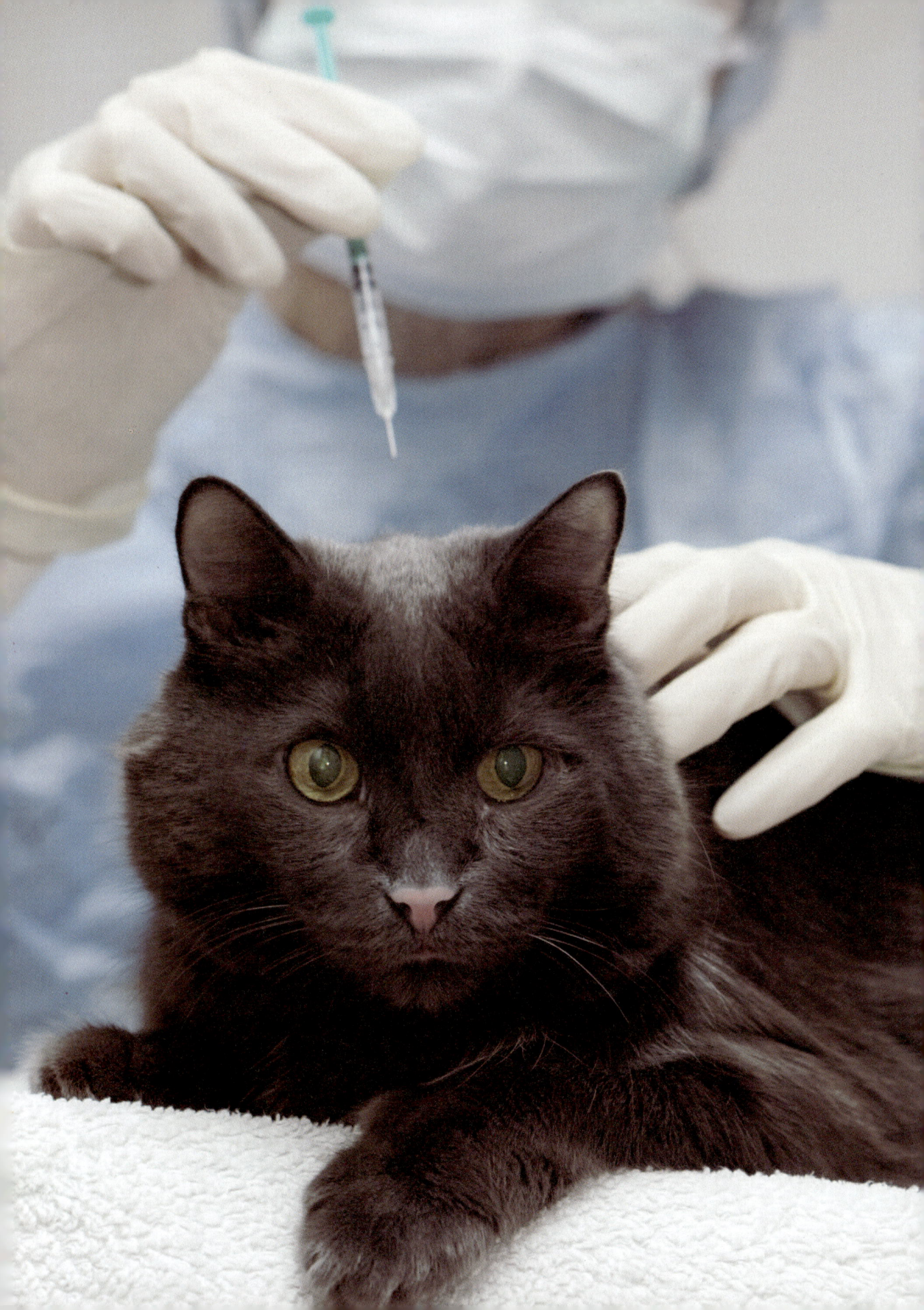

다 자란 고양이는 잘 걸리지 않으며 발병해도 1주일 정도면 자연스럽게 회복된다. 그러나 접종하지 않았거나 면역력이 약한 어린 고양이에게 쉽게 발병하고 발병되면 위험한 결과를 초래할 수 있으니 반드시 조기 치료한다.

고양이 칼리시 바이러스 Feline Calici Virus 고양이 인플루엔자라고도 하며 병원체가 입을 통해 몸으로 들어와 입, 코, 눈 등의 점막에 침투하는 것이다. 주로 입과 혀 아래쪽에 수포가 생기는 것이 특징이며 눈곱이 많이 끼고 입 주위나 입안에 궤양성 설염이 생긴다. 기침, 발열, 식욕 부진의 증상을 보인다. 바이러스를 보균하고 있거나 발병한 고양이의 타액, 눈물, 콧물 등의 분비물에 의해 직접적으로 감염이 되기도 하지만 간접적인 매개물에 의해서도 전파가 된다. 헤르페스 바이러스와 중복 감염이 되는 경우가 많으며 어른 고양이의 경우는 발병한다 해도 자연스럽게 낫는 경우가 많지만, 어린 고양이는 위험하기 때문에 조기 치료가 중요하다. 건강한 고양이는 가벼운 호흡기 증상만 보이고 스스로 치유되지만 감염 형태와 면역 상태에 따라 오래 지속되기도 한다.

고양이 클라미디아 Feline Chlamydia 바이러스성 상부 호흡기 감염증과 재채기, 결막염 등의 증상과 매우 비슷해 구별이 어렵다. 5주~3개월 사이의 새끼 고양이에게 주로 발병하는데 한 쪽 눈에만 결막염이 오거나, 노란 눈곱, 결막 부종 등의 특징이 나타난다. 감염에서 회복되어도 다시 감염이 되는 등 재발 가능성이 높아 적어도 2~3주는 안약을 넣어 주어야 한다. 백신의 지속 효과가 길지 않고 예방 효과가 불완전하다.

고양이 백혈병 Feline Leukemia 레트로 바이러스라는 장내 바이러스가 원인이 되는 이 질병은 장, 림프계, 골수 등 증식이 빠른 곳에 우선적으로 감염되어 퍼진다. 장 상피 점막의 파괴로 인하여 설사를 일으키게 되고 악성 종양을 유발하기도 한다. 안타깝게도 백신 접종을 한다 해도 100% 예방되는 것이 아니기 때문에 백신 접종을 한 고양이가 감염되는 경우도 있다. 따라서 백신 접종을 완료했다 해도 노출 위험을 방지하는 것이 더 중요하다. 백신 접종 후에는 반드시 항체가 검사를 통해 음성이 나왔을 경우에는 추가 접종을 실시해야 한다.

고양이 종합백신

고양이 종합 백신에는 범백, 허피스, 칼리시, 클라미디아와 같은 접종이 포함되어 있다. 따라서 개별적인 접종이 아닌 종합 백신 1대만 맞으면 모두 예방이 되는 것이다. 단, 범백의 경우 예방 효과가 뛰어난 편이지만 허피스나 칼리시 등은 예방 효과가 뛰어나다고 볼 수는 없다. 접종 후에도 걸리기도 한다. 하지만 접종한다면 걸리더라도 감기 수준으로 가볍게 지나가기 때문에 걱정할 필요는 없다.
매년 접종하는 것이 부담스럽다면 항체가 검사를 통해 항체 형성 여부를 확인하는 것이 좋으며 어릴 때 3차까지 접종을 한 후에도 항체가 검사를 통해 항체 형성 여부를 확인해 볼 수 있다.

🐾 광견병 예방 접종

가장 위험하고 치명적이며 치료법이 없는 바이러스로 뇌와 신경계를 공격하는 무서운 질병이다. 이 질병은 감염된 동물로부터 물렸을 때 타액에 의해 전파가 일어난다. 고양이 역시 감염 숙주로 사람에게 치명적인 질병을 일으킬 수 있기 때문에 생후 13주 이상의 고양이에게는 반드시 접종을 해 주어야 한다. 우리나라에서는 오랫동안 광견병이 발견되지 않았지만 야생 동물의 경우 광견병 백신 접종을 할 수 있는 방법이 전혀 없기 때문에 장담할 수는 없다. 0.00001%의 가능성이라도 있다면 반드시 예방을 해야 할 만큼 치명적인 질병이기 때문에 외출하는 고양이라면 매년 추가 접종을 해 주어야 하며 집고양이라도 반드시 접종하는 것이 국가에서 반려동물 보호자에게 권고하는 사항이다.

백신 프로그램

연령	종합 백신 (3종 혹은 4종)	고양이 백혈병	고양이 복막염	광견병
8~9주	1차	🐾	🐾	🐾
12주	2차	1차	🐾	🐾
15주	3차	2차	🐾	1차
17주	🐾	🐾	1차	🐾
19주	🐾	🐾	2차	🐾
접종법	3주 간격으로 총 3회 접종한다. 접종 후 항체가 검사를 통해 추가접종을 할 수 있다.	3주 간격으로 2회 접종한다.	3주 간격으로 2회 접종한다.	🐾
기타	사전 검사가 필요 없지만 매년 추가 검사가 필요하다. 범백혈구 감소증의 경우 접종 효과가 매우 좋다. 종합 백신 접종은 반드시 하는 것이 좋다.	접종 시마다 사전 검사가 필요하다. 접종 효과가 불완전하여 접종 후에도 감염될 수 있으므로 반드시 추천하는 접종은 아니다.	코안에 투여하는 백신으로 접종 시마다 검사가 필요하다. 접종 효과가 불완전하며 접종으로 인해 감염되는 경우가 생길 수 있으므로 신중하게 결정해야 한다. 반드시 추천하는 접종은 아니다.	🐾

★ 백혈병과 복막염 백신은 보편적으로 하는 백신은 아니다. 수의사와의 상담이 꼭 필요하다.

백신 부작용

백신 접종을 하고 나면 일주일간 미용, 산책, 운동, 외출, 목욕 등을 삼가고 가능하면 스트레스를 주지 않는 것이 좋다. 1시간 내에 눈이 붓거나 입 주변이 부을 경우 바로 병원에 가서 수액과 주사 등의 처치를 받으면 된다. 백신 접종 후 미열, 식욕 감소, 의기소침 등의 증상이 보인다며 백신 부작용이 아니냐고 문의 전화를 하는 경우가 많은데, 백신의 매우 자연스러운 현상이다. 영국의 외과 의

사 제너는 소젖을 짜는 처녀들이 유독 천연두에 걸리지 않는다는 사실에 주목했다. 제너는 처녀들이 소로부터 우두라는 병에 감염되었다가 가볍게 병을 앓고 난 후 천연두에 대한 저항이 생겼다고 판단하고 우두의 고름을 천연두 백신으로 사용했다.

이처럼 백신은 병원체를 정제하여 몸속에 주사하고 약하게 그 병을 앓게 해 결국 병이 다시 걸리지 않도록 항체를 생성하는 원리이다. 이후 재감염이 되면 몸은 재빨리 더 많은 항체를 만들어 내어 신속한 대처를 할 수 있게 된다. 그러나 백신이라는 것이 병원체를 정제하여 주사하는 것인 만큼 부작용도 존재한다. 백신의 부작용은 크게 급성 작용과 만성 작용으로 구분된다.

🐾 급성 부작용

약물 복용 시나 주사를 맞을 때 드물게 반응하는 급성 알레르기 반응으로 쇼크, 호흡 곤란, 심장 이상, 급성 빈혈 등을 일으켜 죽음에 이를 수 있다. 보통은 접종 후 1~2시간 이내에 일어나며 24시간 내에 반응이 일어난다. 눈과 입 주변이 붉게 부어오르거나, 동공이 풀리거나, 잇몸이 하얗게 되거나, 몸에 붉은 반점이 올라오는 등 반응이 제각각, 혹은 동시에 일어난다. 따라서 접종 후 집에 가는 길에 고양이를 잘 관찰해야 하며 적어도 하루 정도는 계속 돌봐 주어야 한다. 따라서 접종은 오전에 하는 것이 좋다. 접종 후 이상이 생기면 동물병원에 다시 뛰어가야 하기 때문이다. 동물병원에 도착해 어느 정도 안정을 취한 후에 접종하고, 접종 후에도 조금 앉아 있다가 집에 가는 것이 좋다. 부득이 늦은 시각에 접종한다면 야간에 달려갈 수 있는 병원을 확보해 두어야 한다.

🐾 만성 부작용

간혹 주사를 맞고 나서 주사 부위에 작은 멍울이 생기는데, 대부분 시간이 지나면 흡수되므로 큰 문제는 없다. 그러나 몇 주가 지나도 없어지지 않고 점점 커진다면 주사 관련 육종일 가능성이 크다. 5천 마리당 한 마리 꼴로 발병하는 이 부작용은 아직까지 정확한 원인이 밝혀지지 않았다. 만약 주사 후 멍울이 잡힌다면 크기 확인이 중요하다. 접종 후 한 달이 지나도 멍울이 커지고, 3개월이 지나도 남아 있으며, 지름이 2cm 이상이라면 육종으로 진단할 수 있다. 이때는 접종 12주 이내에 주변 조직까지 제거하는 수술을 해야 한다. 제거한 종양은 연구실에 의뢰하면 양성인지 악성인지 구분해 준다. 방치할 경우 종양으로 진행될 수 있어 조기 진단과 제거가 중요하다. 발생 빈도는 매우 낮다.

🐾 림핑 신드롬 Limping Syndrome

접종 후에 체온이 오르고 다리를 저는 현상이 나타나는 것을 일컫는다. 특히 어린 고양이가 백신 접종 1~3주 후에 사지 관절과 근육의 통증을 호소하는 부작용이다. 수의사를 찾아 접종과 관련한 현상인지 먼저 확인해 봐야 하지만 대부분 자연적으로 경과하므로 크게 걱정할 필요는 없다.

> **Dr. No's 백신 부작용 이야기**
>
> 급성 부작용은 1/15,000의 비율로 일어난다는 미국의 보고가 있다. 보고에 의하면 이러한 반응은 광견병, 고양이 백혈병 등 주로 바이러스 사독 백신에서 관찰되는데 일반적으로 사독 백신에는 1회 복용량보다 많은 수의 바이러스 입자가 포함되어 있다. 이것이 신체 내의 면역 작용을 강화시켜 백신의 효과를 높이는 화학 물질을 배출하기 때문인 것으로 추정된다. 백신 후 갑자기 호흡 곤란과 빈혈 등의 쇼크가 오면 보호자는 당황한다. 그러나 산소를 공급하고 수액을 주며 지켜보면 좋아지는 경우가 많다. 한 번 그런 일이 있으면 두 번 다시 접종하기를 꺼리기도 하지만, 꼭 필요한 접종이므로 다음 접종 시에는 수의사와 상담하여 미리 혈관을 잡고 응급 약물을 투여한 후 적은 양의 백신을 접종하고 하루 정도 수액을 주며 지켜보는 것이 도움이 된다.

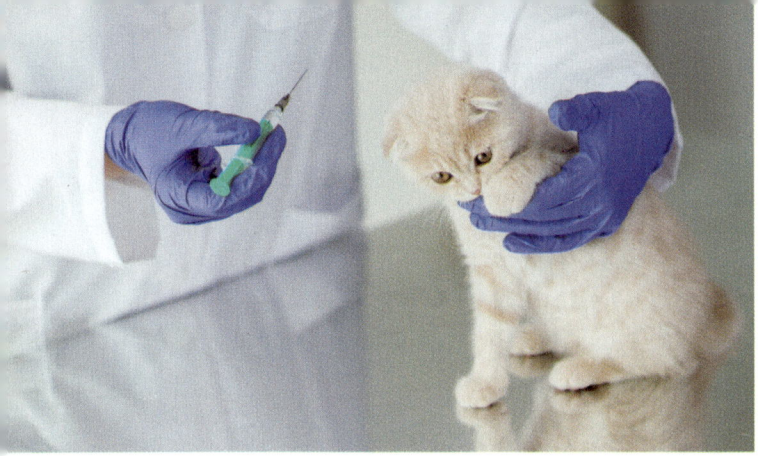

매년 백신을 해야 하나?

백신은 필수적으로 접종해야 하는 코어 백신과 백신이 가진 부작용 때문에 꼭 필요할 때에만 접종하는 논코어 백신으로 나뉜다. 고양이는 종합 백신과 광견병 백신이 코어 백신에 속하며 그 밖의 백신은 논코어 백신에 속한다. 논코어 백신은 수의사와 상담 후에 꼭 필요하다고 생각될 때에만 접종해도 된다. 그러나 코어 백신은 반드시 접종해야 하고, 추가 접종 또한 적극적으로 해야 한다. 고양이 백신의 지속성은 종합 백신의 경우 3년 정도이지만 범백혈구 감소증 발병률이 높은 우리나라에서는 1년 간격으로 항체가 검사를 하는 것이 좋다. 항체가 있으면 추가 접종을 할 필요가 없다. 지병이 있어 병원에 자주 가는 고양이, 병원이나 호텔에 가는 고양이, 여러 마리가 함께 크는 고양이, 바깥출입을 하는 고양이, 미용사에게 미용을 하는 고양이, 몸이 약하거나 면역력이 약하다고 생각되는 고양이라면 적극적인 추가 접종이 필요하다. 만약 백신을 맞히고 싶지 않다면 항체가 검사로 매년 항체를 확인하면 된다. 키트를 이용해 항체가를 측정하여 항체가 충분하면 기간에 무관하게 추가 접종은 필요 없다.

Dr. No's 백신 접종 이야기

많은 사람이 백신 접종과 중성화 수술이 수의사의 수입 증가를 위한 수단이라고 생각한다. 물론 수입에 도움이 되는 것은 사실이지만 반대로 백신 접종과 중성화 수술을 하지 않으면 그만큼 질병과 사고가 잦을 테니 마찬가지로 수의사의 수입에는 도움이 될 것이다. 야간에 응급으로 내원한 보호자에게 백신 접종을 하지 않은 이유를 물으면 백신에 대해 워낙 좋지 않은 말을 많이 들었기 때문이라고 한다. 그러나 중성화를 하지 않아서 발정만 나면 외출하는 고양이에게 백신 접종을 해 주지 않는 것은 위험한 일이다. 집고양이의 수명이 15년인 데 비해 길고양이의 수명은 2~5년 이하로 매우 짧다. 물론 백신 접종으로 인한 부작용이 없는 것은 아니다. 천 마리 혹은 만 마리당 한 마리꼴로 발병하지만 내 고양이가 그 한 마리가 될 수도 있으니 방심할 수는 없다. 그러나 백신 접종으로 지킬 수 있는 건강은 그 이상이다. 그러므로 보호자는 무조건 백신 접종에 대해 부정적으로 생각할 게 아니라 어느 쪽이 고양이의 건강에 도움이 될 것인지를 냉정하게 판단해야 한다.

나이별 핵심 체크

1개월
- 2주가 되면 눈을 뜨기 시작한다.
- 1개월 전에 젖을 떼고 사료를 먹기 시작한다.
- 2주가 되면 첫 번째 구충제를 먹인다.

2개월
- 6~7주 정도에 완전히 젖을 뗀다.
- 6주 때 두 번째 구충제를 먹인다.
- 7~9주 정도 되면 건사료를 줄 수 있다.
- 보호자는 고양이를 맞을 준비를 하고, 고양이를 만나면 동물병원에 가서 기본적인 건강 검진을 받는다.

3개월
- 9주가 되면 첫 예방 접종을 실시한다.
- 심장 사상충을 포함한 종합 구충제 접종을 실시한다.
- 12주가 되면 2차 예방 접종을 실시한다.
- 목욕, 빗질, 손톱 손질, 배변 훈련, 장난감 놀이 등 기본적인 연습을 실시한다.

4개월
- 15주가 되면 3차 예방 접종을 실시한다.
- 광견병 예방 접종을 실시한다.
- 3차까지 접종을 마친 후 1주일부터는 고양이와 함께 외출할 수 있다.
- 고양이의 사회성을 기르기 위해 함께 노는 데 많은 시간을 할애한다.
- 많은 사람을 만나게 하고 동물병원에 방문하는 연습도 실시한다. 고양이의 성격 형성에 중요한 시기이다.

5개월
- 수컷의 경우 중성화 문의를 시작할 수 있으며 암컷은 원치 않는 새끼를 가지지 않도록 실내에 두어야 한다.
- 성 성숙이 빠른 수컷이라면 중성화 수술을 하지 않을 경우 바깥 탈출을 시도한다.

6개월
- 수컷의 중성화 수술을 실시한다.
- 젖니가 빠지고 영구치가 나기 시작한다.
- 첫솔질을 시작한다.

8개월
- 생리적으로 교미가 가능한 시기이다.
- 암컷의 중성화 수술을 시작한다. 6~8개월 사이에 하는 것이 좋다.
- 대부분 크기 성장은 멈춘다. 물론 12개월까지 성장을 하지만 눈에 띄게 성장하지는 않는다.

12개월
- 이제 완전히 성장했다.
- 이제부터는 어른용 사료를 먹여야 한다.
- 15개월이 되었을 때 추가 예방 접종을 실시한다.

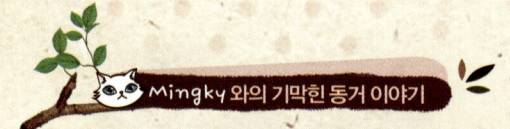

목숨과 바꿀 뻔한 밍키의 미용

페르시안 고양이는 털이 가늘기 때문에 날마다 빗질을 하지 않으면 쉽게 뭉친다. 그루밍할 때 혀가 잘 닿지 않는 목이나 등 쪽은 더욱 잘 뭉치는 부위이다. 응급실 수의사로 있다 보면 뭉친 부분을 가위로 잘라 주다가 살까지 숭덩 잘라서 허둥지둥 내원하는 사람들을 많이 보게 되는데 대부분 페르시안 보호자들이다.

밍키도 예외 없이 털이 자주 뭉쳐서 미용을 해 주곤 했다. 어릴 때는 마취 없이도 그런대로 미용이 되었는데 나이가 들수록 마취 없이는 미용이 어려웠다. 그렇다고 6개월이 멀다 하고 털 외투를 만들 만큼 털이 자라는데 매번 마취를 하기도 부담스러웠다.

그날도 어쩔 수 없이 마취 후 미용을 했다. 미용이 끝나고 목욕과 드라이도 끝이 났는데 밍키는 일어나지 않았다. 숨도 쉬고 심장 소리도 정상적으로 들렸지만 일어나지 않았다. 드라이로 체온을 올려 줬는데도 일어나지 않자 수액을 놓기 위해 황급히 혈관을 잡았다. 겁이 덜컥 나면서 끝도 없이 눈물이 났다. 날마다 하는 마취, 날마다 보는 응급 상황인데도 쓰러져서 숨만 쉬고 있는 밍키 앞에서는 냉정함을 찾을 수가 없었다. 2차 병원에서 일하는 선배에게 전화를 해서 조언을 구해도 수액과 타우린을 투여하는 것 외에는 특별한 방법이 없었다. 제정신이 아닌 상태로 진료를 보며 밍키의 체온을 올려 주고 수액 속도를 조절해 가며 간절히 기도했다.

밍키는 다행히 어둑어둑한 밤이 되어서야 서서히 고개를 들기 시작했고 퇴근 시간이 한참 지나서야 겨우 깨어났다. 그 아찔한 사건이 있은 후로는 다시는 미용을 위해 마취를 하지 않는다. 그 대신 평소에 열심히 빗질을 하고 직접 미용을 한다. 쉽지 않은 일이라 때때로 부상을 당하기도 하고 미용이라 말하기 부끄러울 정도로 예쁘지도 않다.

페르시안은 미용을 해 주지 않으면 털이 끝도 없이 자라 온 집 안에 털이 날리고 매번 헤어볼을 토해 낸다. 밍키도 미용을 하지 않으면 헤어볼 영양제를 주어도 이틀이 멀다 하고 헤어볼을 토해 낸다.

병원에서 일하다 보면 미용을 위해 마취를 하는 경우를 많이 본다. 물론 고양이는 낯선 사람의 손길이 닿으면 매우 예민해지고 발톱을 세우며 물기 때문에 마취 없이 미용을 하는 것은 거의 불가능하다. 마취를 하지 않고 미용을 하려면 고양이의 성격이 순해야 하고 무엇보다 보호자의 손길을 마다하지 않아야 한다. 그러기 위해서는 어릴 적부터 손톱을 깎고, 빗질을 하고, 목욕을 하고, 미용을 시키는 일들이 습관화되어야 한다. 클리퍼 소리에 민감하게 반응하지 않게 하기 위해서는 자주 소리를 들려줘서 그 소리가 자신을 위협하는 위험한 소리가 아니라는 것을 인식하게 하는 것이 좋다.

빗질은 매일, 손톱 관리는 2주에 한 번, 목욕은 1달에 한 번, 집에서 하는 미용은 3개월에 한 번 정도가 적당하다. 물론 더 자주 하거나 덜 해도 무관하다. 미용은 털이 너무 길지 않을 때 해 줘야 손쉽게 할 수 있다. 또 고양이가 기분이 좋은 시간을 선택하여 4일이나 5일에 걸쳐 조금씩 미용을 하는 방법이 있다. 난리를 치는 고양이를 붙잡고 전신을 박박 밀어 놓는 것은 서로에게 소모적인 일이니 잘 드는 클리퍼를 장만하여 오늘은 오른쪽 앞다리와 오른쪽 어깨, 내일은 왼쪽 앞다리와 왼쪽 어깨, 또 다음 날은 등……. 이런 식으로 조금씩 미용을 해 나가는 것도 집사들이 즐겨 이용하는 노하우이다.

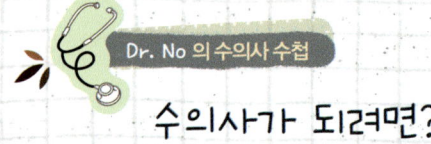

수의사가 되려면?

인기가 높아진 직업, 수의사

내가 처음 수의대에 지원하던 1990년대 중반에는 수의사라고 하면 "장의사와 다른 건가요?" 하는 질문을 받기 일쑤였다. 나는 오랜 고민 끝에 수의대를 포기하고 일반 대학교를 선택했다. 그리고 7년 후 다시 도전해서 늦깎이 수의대생이 되었다. 7년 동안 세상이 많이 바뀌어서 경쟁률과 입학 점수도 많이 높았고, 편입한 동기 중에는 명문대 석사 출신도 있었다. 2005년 전북대학교 수석 입학생은 의대가 아닌 수의대에서 나왔을 정도로 수의대의 인기가 높았다. 그런 사회적 분위기 때문인지 수의사에 대한 어린 학생들의 관심도 꽤 높다. 무심코 블로그에 수의대 생활에 대한 글을 썼는데 어느 날 확인해 보니 일일이 답변할 수 없을 정도의 메일과 쪽지가 와 있어서 깜짝 놀랐다. 지금도 꾸준히 "수의사가 되고 싶은데 어떻게 해야 하나요?"와 같은 식의 메일이 오고 있다. 이런 질문을 하는 유형은 크게 둘로 나뉜다. 동물이 무척 좋아서 수의사가 되고 싶다는 어린 학생의 동경 어린 질문들과, 편입해서 수의대에 가면 어느 정도의 수입이 보장되는지 궁금한 현실적인 질문들이다. 안타깝게도 나는 이 두 부류 모두에게 긍정적인 대답은 할 수 없다.

동물을 좋아하는 사람이 수의사가 되면 행복할까?

수의사는 기본적으로 동물을 좋아해야 한다. 동물과 함께하는 시간이 즐거워야 하고 동물의 똥이나 털에 대해 무던해야 한다. 하지만 동물을 무척 좋아해서 온 동네 유기견들을 집에 데리고 와야 직성이 풀리는 스타일이라면 수의사보다는 동물 보호 운동가를 추천한다.

수의대는 동물 애호가가 버티기는 어려운 공간이다. 본과 1학년 때의 해부학 실험, 본과 2학년 때의 동물 실험, 본과 4학년 때의 수술 실습, 게다가 졸업 후 연구소에 취직을 한다면 수많은 동물 실험을 해야 한다. 결국 수의사란 동물을 좋아하는 집단이 아니라 동물을 공부하고 연구하는 전문가 집단인 것이다.

수의사가 되면 돈을 잘 벌까?

안정적인 직업이라는 현실적인 이유 때문에 수의사가 되길 원한다면 그 역시 반대하고 싶다. 수의사는 매우 안정적이긴 하지만 동물병원 원장일 때의 이야기이고 페이 닥터는 경제적으로 넉넉하지 못하다. 원하는 만큼의 수익을 창출하기 위해서는 개원을 해야 하는데 이때부터는 개인 사업에 해당된다. 이 또한 무조건적인 안정을 보장할 수만은 없다는 얘기다.

그렇다고 수의사라는 직업에 내가 만족하지 않는다는 것은 아니다. 나의 경우는 동물을 좋아해서 선택한 직업이 아님에도 불구하고 할수록 적성에 잘 맞다. 결국은 돈을 벌기 위한 일일지라도 나에게 치료받거나 수술을 받고 좋아져서 돌아가는 환자를 볼 때 큰 보람을 느끼며, 집에서도 직장에서도 늘 동물과 함께하는 삶이 만족스럽고 행복하다. 애초에 고액의 연봉을 바란 게 아니어서 수입에도 만족한다. 어디에 만족도를 두느냐에 따라 수의사라는 직업은 매우 행복하면서도 보람을 느낄 수도, 그렇지 않을 수도 있다. 다만, 후배들이 너무 큰 환상이나 잘못된 정보를 가지고 왔다가 의사나 대기업의 고액 연봉과 비교하며 좌절하지 않기를, 맞지 않는 적성으로 인해 힘들어하지 않기를 바랄 뿐이다.

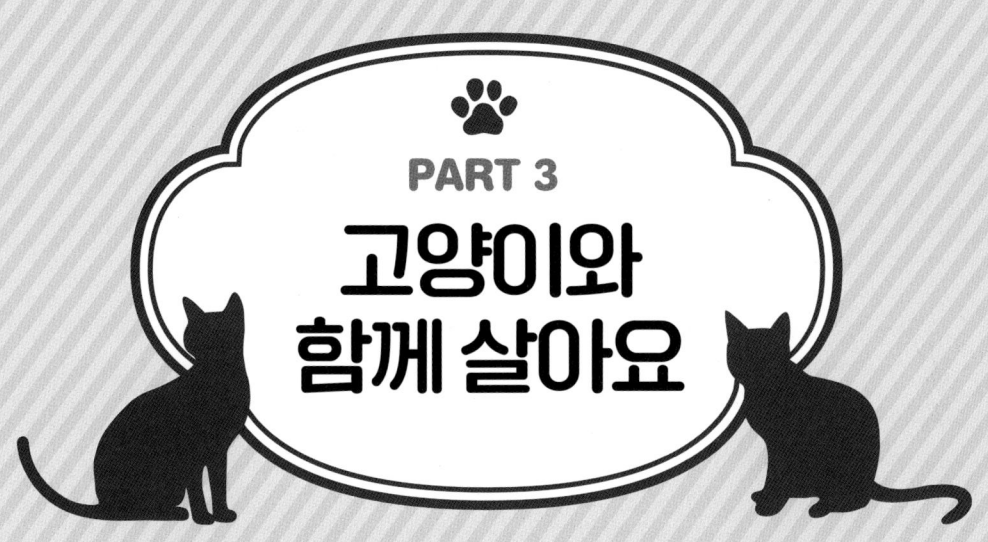

SECTION 1
고양이 나이 계산법

고양이와 사람의 나이 비교

고양이의 나이 계산법은 경우에 따라 조금씩 차이가 있다. 그러나 일반적으로 성장과 성 성숙이 완성되는 1살까지를 사람의 20세로, 그 이후부터는 고양이의 1년이 사람의 4년이라고 생각하고 계산하면 된다. 좀 더 세밀하게 나이를 구분하려면 치아의 맹출 시기, 영구치로 바뀌는 시기, 성 성숙이 일어나는 시기를 고려하면 된다. 가령 고양이 나이가 7세라면 1세까지 20세로 보고, 2세부터 7세까지 1년에 4세씩 증가한다고 생각하면 사람 나이로 44세가 된다.

SECTION 2
고양이 언어

 ## 고양이의 의사 표현

많은 사람이 의리가 강하고 충성심이 뛰어난 개를 반려동물로 선택한다. 그렇다면 고양이를 선택하는 사람들은 고양이의 어떤 면에 매력을 느끼기 때문일까? 다양한 이유가 있겠지만 고양이의 명확하고 풍부한 의사 표현 능력도 한몫한다. 고양이는 눈과 귀, 꼬리, 냄새, 소리까지 온몸으로 말한다. 고양이와의 원활한 의사소통을 위해 고양이 언어를 알아보자.

 ## 고양이의 눈 언어

🐾 동공의 크기

사람에게 눈이 감정을 표현하는 중요한 수단이듯이 고양이의 눈은 고양이의 가장 중요한 의사 표현 기관이다. 영화 〈슈렉〉에서 장화 신은 고양이의 커다란 눈망울은 동정심을 유발하기 위해 지은 표정이지만, 실은 고양이가 겁먹었을 때의 표정이다.

반대로 고양이의 동공이 수축되어 있다면 매우 위협적이고 공격적인 상태이다. 한편 평온한 상태일 때 고양이의 동공은 빛의 양에 따라 커지거나 작아진다. 빛의 양이 적으면 동공은 커지고, 빛의 양이 많으면 이를 조절하여 받아들이기 위해 작아진다.

겁먹은 고양이의 눈

위협하는 고양이의 눈

🐾 시선

고양이가 무언가를 노려보고 있다면 공격하겠다는 의도이다. 만약 눈을 깜박인다면 노려보기를 그만하겠다는 의미, 즉 공격하지 않겠다는 뜻이다. 사람은 인사를 하거나 대화를 할 때 서로 눈을 마주치는 것이 예의이

공격을 나타내는 고양이의 눈

지만 고양이는 그렇지 않다. 고양이는 사람과 달리 눈의 중심보다는 가장자리에서 많은 정보를 얻는다. 사냥이나 공격을 위해 시선을 고정해야 할 때를 제외하고는 대부분 멍하니 앉아 마치 아무것도 보고 있지 않는 듯한 표정을 하고 있지만 실제로는 많은 것을 보고 있다.

고양이의 귀 언어

🐾 귀를 뒤로 젖히는 경우

고양이는 불안하면 귀를 뒤로 젖힌다. 다른 동물의 공격으로부터 자신을 숨기기 위해 몸을 작게 만드는 본능적인 행동이다. 고양이가 공격을 할 때도 귀를 눕히는 경향이 있는데, 이때는 동공이 매우 작아지고 하악질을 하는 등의 행동이 동반된다.

불안함을 나타내는 고양이 귀

🐾 귀를 양옆으로 기울이는 경우

고양이의 귀는 무려 20~30개의 근육으로 이루어져 있어 180도 회전까지 가능하다. 편안한 상태에서는 고양이의 귀가 양옆으로 살짝 기울어진 것을 확인할 수 있다.

편안한 상태의 고양이 귀

고양이의 수염 언어

🐾 윗입술 근처의 수염이 양옆으로 늘어지는 경우

고양이 수염은 고양이 감각 기관의 안테나 역할을 한다. 긴장을 푼 상태에서는 안테나도 작동하지 않으므로 양옆으로 늘어진다.

🐾 수염이 뺨에 붙는 경우

고양이가 공포나 두려움을 느낄 때는 귀를 눕히는 것과 같은 이치로 적으로부터 자신의 몸을 숨기기 위해 수염을 뺨에 붙인다.

 **Dr. No's 동물 수명이야기**

보통 동물의 수명과 몸 크기는 비례한다. 즉 몸이 큰 동물은 오래 산다. 포유류 중 가장 큰 흰긴수염고래는 수명이 110년, 코끼리는 60년, 참새는 2~3년, 하루살이는 하루이다. 코끼리보다 몸집이 작은 인간은 문명과 의학의 힘으로 수명을 연장한 것이다. 고양이 수명은 15년 정도다. 그러나 전염병과 추위, 배고픔에 노출된 길고양이의 수명은 5년 이하고, 질병에 걸리지 않고 안전한 환경에서 산 집고양이는 18세까지 살기도 한다.

고양이의 입 언어

🐾 하악질을 하는 경우

고양이는 화가 나면 '하악' 하는 소리를 내며 송곳니와 목젖까지 보이도록 입을 크게 벌리는데 이것을 '하악질'이라고 한다. 고양이 언어 중에 가장 중요하고 기본적인 언어이다. 상황에 따라 다르지만 사람 언어로 번역을 하면 '싫어!' 정도이다.

하악질하는 고양이의 입

🐾 입맛을 다시는 경우

하품과 조금은 다른 방식으로 입맛을 반복적으로 다신다면 따분하다는 감정의 표현이다.

🐾 입술을 핥는 경우

불안함을 나타내는 표현이다.

입맛을 다시는 고양이

🐾 메롱을 하는 경우

흡족함, 만족함의 표시로 고양이를 싫어하는 사람의 마음도 녹일 만큼 강력한 애교이다. 그러나 흔히 볼 수 있는 표정은 아니다.

🐾 하품을 하는 경우

사람들은 흔히 졸리거나 따분할 때 하품을 하지만 고양이는 자고 일어나서 기지개를 켜며 하품을 한다. 피곤해서라기보다 안도감이나 흡족함의 표현이다.

메롱을 하는 고양이

고양이의 꼬리 언어

🐾 꼬리를 천천히 흔드는 경우

고양이가 꼬리를 양옆으로 흔든다면 생각을 하고 있다는 증거이다. 상념에 젖어 있는 정도일 때는 천천히 움직이지만 머릿속이 복잡할수록 더욱 분주하게 움직인다. 동물병원 진료대 위에 올려놓은 고양이가 몸은 비록 가만히 웅크리고 있어도 꼬리가 바람소리가 날 만큼 빠르게 움직인다면 "뭐지? 어떻게 하지?" 하고 머릿속으로 수없이 생각하고 있다는 증거라고 해도 무방하다.

🐾 꼬리를 격렬히 흔드는 경우

매우 흥분한 상태이거나 곧 공격을 하겠다는 노골적인 표현이므로 긴장해야 한다.

🐾 꼬리와 꼬리털이 모두 설 경우

고양이가 위협을 느껴서 방어 태세를 취할 때는 꼬리를 바짝 세우고 꼬리에 난 털마저 전부 서서 마치 젖병을 닦는 솔과 같은 모양이 된다. 적에게 자신을 좀 더 크게 보이기 위한 본능적인 행동이다.

화가 난 고양이의 몸

고양이의 몸짓 언어

🐾 털 세우기

고양이가 정말 싫거나 무서운 대상을 접했을 때는 몸을 최대한 크게 보이게 몸 전체의 털을 부풀리고 등을 활 모양으로 구부린 후 마치 게가 움직이듯 옆으로 폴짝폴짝 뛰면서 상대를 위협한다.

🐾 그루밍

평화로움과 만족스러움을 표현하는 고양이의 대표적인 감정 표현이다. 그래서 병원에 입원 중이거나 탁묘 중의 불안한 상태에서는 그루밍을 잘 하지 않는다. 수의사는 고양이가 그루밍을 시작하면 건강 상태가 나아지고 있다고 짐작하기도 한다. 고양이가 그루밍을 시작하는 부분은 수염인데, 혀로 핥은 앞발로 수염을 문지르는 행동을 반복하다가 수염이 깨끗해지면 세수하며 서서히 몸쪽으로 이동한다. 체취를 없애 적으로부터 자신을 보호하던 야생 습성이 남아 있는 행동으로 대소변 후 배설물을 흙으로 덮어 감추는 행위와 비슷하다.

그루밍하는 고양이

🐾 가르릉거리기

고양이는 기분이 좋으면 '가르릉' 하고 소리를 낸다. 이를 '퓨어링Puring'이라고 하는데 아직 그 소리가 어디에서 나는지 밝혀지지 않았다. 보조 성대에서 나는 소리라는 설과, 두개골의 공동 안에서 공명하여 나는 소리라는 설, 횡경막과 후두 근육에서 일어나는 수축 운동 때문에 발생하는 소리라는 설까지 있으나 명확하지 않다. 고양이가 이 소리를 내면서 눈이 초승달 모양으로 변한다면 마치 개가 꼬리를 흔드는 것과 같은 의미로 이해하면 된다. 하지만 고양이가 꼭 행복할 때만 가르릉 소리를 내는 것은 아니다. 고양이를 유심히 관찰한 사람이라면 상처를 입었거나, 새끼를 낳을 때처럼 매우 힘든 순간에도 이 소리를 낸다는 것을 알 것이다. 심지어 죽어 가는 순간에도 가르릉거리기도 한다.

🐾 꾹꾹이

기분이 좋을 때 하는 행동으로 일종의 놀이이다. 새끼 때 엄마 젖을 짜기 위해 누르던 습성이 남아서 보호자의 팔이나 배, 이불, 쿠션 등을 양팔로 안마하듯이 꾹꾹 눌러대는 특유의 행동이다. 가르릉 소리를 내는 것과 같은 행동으로 이해하면 된다.

🐾 우다다

밤이 되면 고양이가 뛰어다니는 현상으로 아직 야생성이 남아 있는 고양이의 놀이 습성이다. 어린 고양이일수록 잦고 오래 하는 경향이 있다.

고양이의 행동 언어

🐾 부비부비

사람이나 동물, 벽이나 문 등에 몸을 비비는 행동으로 영역 표시라고 생각하면 된다. 고양이는 턱, 입술, 관자놀이, 꼬리 아래쪽에 있는 피지선에서 독특한 냄새를 가진 끈적끈적한 분비물을 만들어 낸다. 이를 자신의 영역에 묻혀 안정감을 느끼고 새로운 대상에게 자신의 냄새를 맡게 해서 인사하는 것이다. 또한 분비물이 분비되는 턱밑이나 이마, 목 뒷부분 등을 쓰다듬어 주면 다른 곳보다 더 좋아한다.

🐾 스크래치

고양이는 본능적으로 가구나 문 등 마음에 드는 사물을 긁는 행위를 하는데, 긁은 자국을 과시하고 자신의 냄새를 묻히기 위한 자연스러운 행동이다. 만약 열정적으로 스크래치를 하면, 자신의 영역을 쟁취하여 주도권을 가지기 위한 자신감, 즉 남성성의 표현이다. 고양이를 한 마리만 키우거나 중성화를 하면 스크래치 문제는 심하게 발생하지 않는다.

 플레멘 Flehmen 행동

고양이는 종종 무언가 냄새를 맡고는 입을 약간 벌리고 윗입술을 내민 후 아래턱 쪽의 이를 드러낸 채 실눈을 뜨는 묘한 표정을 짓는다. 음식 냄새 외에 사람이나 다른 동물의 체취를 맡았을 때 이런 반응이 나타나는데 이것을 '플레멘 행동'이라고 한다.

입으로 냄새를 맡는 이 행동은 양서류 이상의 척추동물에서 볼 수 있다. 야콥슨 기관(후각 기관)은 앞니 쪽 두 개의 작은 구멍과 연결되어 코로 들어온 냄새 분자를 뇌로 전달하는데, 이때 야콥슨 기관에 냄새 분자가 들어갈 수 있도록 입을 반쯤 벌리고 윗입술을 내밀고 있는 것이다.

고양이뿐 아니라 말, 소, 양 등에서도 볼 수 있는 행동으로써 이성의 엉덩이에서 발산되는 페로몬을 감지하는 일종의 성적 행동이기도 하지만 사육되는 동물은 다른 냄새에도 반응을 보인다.

🐾 스프레이

꼬리를 높이 세우고 뒷발을 들어 수직 면에 소량의 소변을 뿌리는 행위이다. 항문 피지 분비선에서 나는 특유의 냄새는 같은 고양이의 경우 12미터 밖에서도 맡을 수 있으며 2주 후에도 그 냄새가 사라지지 않는 경우도 있다. 자신의 존재를 알리기 위한 수단이므로 중성화를 시키면 눈에 띄게 감소한다. 냄새로 적의 존재를 감지하는 고양이는 새로운 냄새를 가진 물체가 들어오면 스프레이를 시작한다. 특히 외부의 냄새를 묻혀 오는 자전거, 신발 등을 조심해야 한다.

🐾 죽은 쥐 물어다 놓기

외출하는 고양이에게서 보이는 습성이다. 자신이 가장 좋아하는 음식인 쥐를 사냥해서 바친다는 것은 '당신을 좋아한다'는 의미이므로 고양이를 무조건 혼내지는 말아야 한다.

🐾 상자에 들어가기

고양이는 좁고 어두운 장소를 좋아한다. 작고 어두운 공간일수록 적의 눈에 띄지 않았던 야생의 습성이 남아 있는 행동이다.

🐾 땅 파기

대소변을 본 후에 모래로 배설물을 덮는 습성은 흔적을 없애 적으로부터 자신을 보호하기 위한 행동이다. 때로는 화장실에서뿐 아니라 사료를 먹은 후에도 땅을 파는 행동을 하는데 음식을 숨겨 두었다가 나중에 먹으려고 했던 야생의 습성이 남아 있는 것이다.

Dr. No's 고양이의 보은

병원에 '빌'이라는 코숏이 있었는데 방사선 촬영실의 환풍기를 통해 자주 외출을 하곤 했다. 빌은 종종 죽은 쥐를 물어다가 병원에 놓고 가곤 했는데 그때 빌의 표정은 뭔가 대단한 것을 내놓듯 의기양양했다. 그러나 간호사들은 소리를 지르며 호들갑을 떨었고 남자 선생님들은 집게로 집어다가 버리기 바빴다. 그때 우리의 반응을 본 빌의 마음은 어땠을까? 혹시라도 밥을 주는 길고양이가 집 앞에다 죽은 쥐를 물어 놓으면 징그럽겠지만 불쾌하게만 생각하지는 않길 바란다. 고양이 입장에서는 십만 원짜리 스테이크를 친구에게 대접한 것과 같으니까.

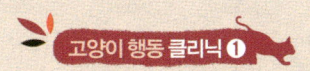

고양이가 자꾸 울어요

과잉 발성이란 고양이가 시끄럽게 우는 행동을 평소보다 심하게 하는 것을 의미한다. 특히 밤에 운다면 보호자뿐 아니라 온 동네 사람들에게 피해를 주게 되어 머지않아 이웃의 항의를 받을 수 있다. 과잉 발성을 할 경우 정상적인 행동인지, 질병에 의한 행동인지, 심리적 원인에 의한 행동인지를 구분할 필요가 있다.

정상적인 경우는 콜링이다. 고양이를 처음 키우는 보호자는 암컷이 발정기에 내는 울음소리인 콜링을 알아채지 못하는 경우가 많다. 콜링은 종마다 소리가 다르기 때문에 처음에는 알아채기 어려운 경우도 있지만, 중성화를 하지 않은 암고양이가 발정기에 소리를 낸다면 중성화를 해주면 해결된다.

품종에 대한 이해도 필요하다. 샤미즈는 시끄러운 고양이에 속한다. 특히 새끼일 때는 더욱 수다스럽고 보호자에게 말을 걸려고 한다. 정상적인 행동이므로 어쩔 수 없다.

갑상선 기능 항진증에 걸린 고양이는 갑상선 호르몬의 과잉 분비로 인해 갑자기 활동성이 증가하며 울음소리가 커질 수 있다. 갑상선 기능 항진증은 9살 이상의 고양이에게 드물게 발생하는 질병으로 위와 같은 증상을 보일 시 갑상선 질환에 대한 검사와 치료가 필요하다.

집 안에 다른 반려동물이 있거나 익숙하지 않은 물건이 있을 때 불안감의 증가로 인해 과잉 발성을 하기도 한다. 이럴 때는 불안감을 유발하는 요소를 제거해 주어야 한다.

조용한 겨울밤에 고양이가 내는 전투적인 울음소리를 들어 본 적이 있을 것이다. 고양이는 싸울 때도 큰 울음소리를 낸다. 그러므로 싸움을 유발하는 경쟁 요소를 없애 주고 수컷은 중성화 수술을 해 주면 싸움을 줄일 수 있다. 어린 고양이는 보호자의 관심을 끌기 위해 울기도 한다. 안아 달라거나 밥을 달라는 의미이다. 이럴 때는 울기 전에 미리 고양이에게 많은 애정을 보여 주고 집중적으로 놀아 준 후 놀이 시간이 끝나면 아무리 울어도 놀아 주지 않는다. 결국에는 고양이도 자신이 떼를 써도 소용이 없음을 눈치챈다.

	원인	해결 방법
정상 행동	암고양이의 발정기 콜링, 수고양이의 응답	중성화 수술
	샤미즈의 종 특이성	종 특이성의 이해
질병과 관련한 행동	갑상선 항진증 고양이	질병의 치료
심리적 원인에 의한 행동	낯선 동물이나 물건에 의한 불안감	불안감의 원인 제거와 훈련
	공격성에 의한 싸움 중의 울부짖음	격리 보호, 중성화
	관심을 끌기 위한 행동	울 때는 모르는 척해서 우는 것으로 보호자의 관심을 끌 수 없음을 가르침

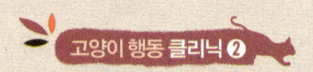

손가락을 자꾸 물어요

공격성을 가진 고양이의 주 무기는 발톱이다. 적이 나타나면 마치 로봇처럼 고양이 발가락 끝이 서면서 발톱이 나온다. 그러고는 바람과 같은 속도로 앞발을 이용해 상대방을 공격한다. 그러나 이가 나기 시작하는 어린 고양이의 경우에는 주로 이빨을 사용해서 상대를 공격한다.

고양이의 이러한 공격적인 행동은 야생에서 생활하던 그들의 사냥 본능에 의한 습성이다. 한마디로 사냥은 그들의 본능이자 놀이이다. 사냥의 기회를 박탈당한 고양이는 인간의 팔꿈치나 손 같은 빠르게 움직이는 물체에 대해 포식 행동을 보인다. 보호자의 손을 무는 고양이의 표정이나 행동을 보면 마치 사냥감을 쫓는 것처럼 공격 전후와 유사한 자세를 취한다. 이때 어린 고양이의 모습이 재미있어서 혹은 깜짝 놀라서 손을 이리저리 움직이면 고양이를 오히려 도발하게 된다. 소리까지 지르면 고양이에게는 보상으로 작용해 앞으로도 계속 손가락을 물라고 부추기는 의미가 될 수도 있다.

이러한 행동을 고치기 위해서는 무엇보다 고양이의 목표가 되는 손과 발을 이용한 모든 게임을 중단해야 한다. 고양이가 공격을 시작해도 움직이지 말고 소리도 내지 말며 시선은 다른 곳에 두는 것이 좋다. 어린아이나 공격받기 쉬운 사람은 공격적인 고양이 주변에는 접근하지 못하도록 해야 한다.

고양이는 어둠 속의 사냥꾼이므로 활동의 절정은 이른 아침과 저녁 시간이다. 고양이가 가장 활동적인 시간에 20~30분에 거쳐 놀아 주면 고양이의 사냥 욕구가 어느 정도 해소된다. 놀 때는 낚시 장난감이나 어묵 꼬치 장난감 등을 흔들어 주어 고양이의 사냥 본능을 자극한다. 단, 레이저 포인터의 경우 고양이가 실제로 대상을 잡거나 먹을 수 없기 때문에 자칫 고양이에게 좌절감을 안겨 줄 수 있으므로 단독으로 사용하는 것은 자제하고 다른 장난감과 함께 사용하는 것이 좋다.

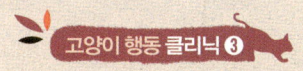

이상한 것을 집어 먹어요

이유를 알 수도 없고 근원을 알 수도 없으나 고양이는 실이나 옷과 같은 섬유에 대한 욕구가 강하다. 어린 고양이가 털실 등을 빨거나 씹는 것은 아주 일반적으로 볼 수 있는 모습이다. 그러나 이것을 삼켜 뭉친 털은 장폐색을 일으킬 수 있고 긴 실은 선형이물이 될 수 있으므로 조심해야 한다. 보통 생후 1년 이후부터 이런 증상이 서서히 줄어들기 때문에 그때까지는 집에 있는 이물들을 모두 치워 놓고 외출해야 한다.

이러한 문제를 줄이기 위해서는 씹는 본능을 충족시켜 주기 위한 물건을 주면 도움이 된다. 고양이용 장난감 중에 캣닙 성분이 들어 있는 방석이 있다. 이것을 주면 방석이 너덜너덜해지도록 레슬링을 하기도 하고 씹기도 하며 놀 것이다. 강아지용 장난감을 주는 것도 좋은데 고양이의 기호에는 잘 맞지 않을 수도 있으니 고양이가 좋아할 만한 폭신한 재질을 가진 것으로 준비하면 좋다.

또 고양이는 섬유소에 대한 영양 요구와 야생에서 헤어볼과 기생충을 제거하기 위한 본능적인 욕구로 인해 식물을 먹는 습성이 있다. 야생의 고양이는 식물을 먹음으로써 구토가 유발되어 헤어볼을 제거하고 식물의 독성을 이용하여 기생충을 예방한다고 한다. 이런 습성으로 인해 실내 생활을 하는 고양이도 화분의 화초에 관심을 갖곤 하는데 물론 먹어서 아무 탈이 없는 식물이 있기도 하지만 검증이 되지 않은 식물이 더 많다.

따라서 화분 주변에는 접근을 하지 못하도록 하는 것이 좋다. 안전성이 입증된 몇 가지의 화분을 제외하고는 화분을 치우거나, 베란다로 화분을 옮기고 문을 닫아 두는 것이 가장 손쉬운 방법이다. 이것이 안 된다면 화분 주변에 은박지를 깔고, 찍찍이를 붙여 놓아야 한다. 그리고 고양이가 화분 주변으로 갈 때마다 물 스프레이를 뿌려 고양이의 머릿속에 화분에 관한 좋지 않은 기억을 심어 준다.

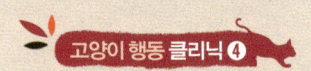

밤만 되면 뛰고 난리가 나요

고양이는 철저한 야행성 동물이다. 낮에는 16시간 정도를 움직이지도 않고 자다가 어둑어둑해지면 슬그머니 일어나서 사람들이 자려고 할 때 본격적으로 활동을 시작한다. 고양이는 온 집 안을 폭풍처럼 휩쓸고 지나가는 '우다다'라는 행동을 한다. 이 행동은 배변을 하기 전과 후에 더 심하다. 야생에서 살던 고양이는 적에게 자신을 노출시키지 않기 위해서 배변을 할 때는 늘 긴장을 해야 했다. 이제 더 이상 긴장을 하지 않아도 되는 생활을 하면서도 고양이는 늘 배설물을 모래로 감추고 우다다를 하며 냄새를 날려 보낸다.

그러나 고양이도 시간이 지나면 사람과 생활 사이클이 비슷해져서 이러한 특성이 사라지는 경향이 있다. 특히 사람이 집에 있는 시간이 길수록 사람의 생활 리듬과 비슷해져서 낮에 활동하고 밤에는 자는 보호자의 생활을 따라 하게 된다. 그런데 나이 든 고양이가 갑자기 밤에 심하게 돌아다닌다면 갑상선 기능 항진증을 의심해 볼 수 있다. 갑상선 호르몬이 과잉 분비되면 불안감으로 인해 밤새 안절부절못하고 뛰어다니기 때문이다. 샤미즈나 아비시니안처럼 보호자에 대한 의존도가 높은 고양이는 낮에 하루 종일 집에 있다가 밤에 보호자를 만나면 반가운 마음에 관심을 끌기 위한 행동으로 더 뛰어다닐 수가 있다. 이럴 때는 저녁 시간에 충분히 놀아 주고 밤에는 철저히 관심을 끄면 어느새 고양이도 보호자의 생활 리듬을 따르게 된다.

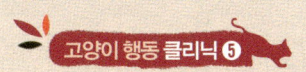

아무 데서나 소변을 봐요

고양이의 큰 매력 포인트 중의 하나는 뭐니 뭐니 해도 선천적으로 타고난 배변 습관에 있다. 태어난 지 두 달도 안 되는 솜뭉치 같은 고양이를 집에 데려다 놔도 신기하게 모래 상자에 대소변을 보고는 모래를 덮어 놓고 나오기 때문이다.

그러나 반대로 어느 날 나의 고양이에게서 부적절한 배뇨 습관이 발견되면 보호자는 굉장히 당황하게 된다. 강아지가 소변을 아무 데나 본다고 해서 그것을 큰 문제라고 생각하는 사람은 없다. 번거롭지만 훈련을 다시 시작하거나 소변 냄새를 묻힌 휴지나 종이를 패드에 깔고 소변 장소로 유도하는 훈련을 시작하면 되는 일이다.

그러나 고양이의 부적절한 배뇨 습관은 생각보다 복잡한 문제이다. 행동학적인 문제이기도 하고 의학적인 문제이기도 하며, 대부분은 이 두 가지를 포함한 문제이기 때문에 행동을 하는 근본적인 원인을 체크해야 한다. 가장 기본적인 것이 영역 표시 스프레이의 구분이다. 중성화를 하지 않은 고양이나 때로는 중성화를 한 고양이에게서 나타나는 고양이의 정상적인 습성이므로 일단 부적절한 장소에서의 소변 행동이 스프레이라면 별 문제는 아니다. 스프레이인지 배뇨 장애인지를 구분하는 방법은 소변 시의 자세인데 고양이가 뇨를 높게 수직으로 뿜고, 수직 상태의 표면에 흔적이 남는다면 이것은 스프레잉이다. 반면 바닥을 긁어서 뇨 흔적을 묻으려고 하는 행위가 있다면 영역 표시를 위한 스프레이가 아니다. 스프레이도 너무 자주 나타난다면 고양이를 자극하는 어떤 불안 요인이 있는 것이다. 이때는 불안 요소나 스트레스 요소를 제거하는 것이 중요하다. 불안감 완화를 위해 사용할 수 있는 것은 고양이 페로몬 제품이다. 마따따비나 캣닙 등의 고양이 환각제를 사용하거나 항우울제를 추가로 사용하기도 한다.

영역 표시 스프레잉과 비슷한 행동으로 성적 마킹이 있다. 이것은 성 호르몬의 증가에 의한 행동으로 수컷의 경우는 중성화 수술로 해결이 되며 암컷은 임신 시에 나타나기도 하지만 매우 드물다. 중성화를 한 후 수고양이의 경우 90%, 암고양이의 경우 95%가 부적절한 배뇨 습관이 개선된 것으로 보고되었다.

어린 고양이가 부적절한 배뇨 습관을 보인다면 여러 개의 화장실을 방 곳곳에 놓아 줘야 한다. 어린 고양이는 침실을 가로질러 화장실을 찾아가기 어려워 배뇨 문제가 발생하는 경우가 종종 있기 때문이다.

부적절한 배뇨라고 생각된다면 고양이 화장실의 크기와 높이, 모래의 종류와 양을 다양하게 바꿔 가며 고양이가 좋아하는 화장실을 만들어 주는 것이 중요하다. 어떤 고양이의 경우 이러한 과정을 수없이 반복하다 결국 신문지를 깐 박스 트레이에서만 소변을 본다는 사실을 발견한 경우가 있다. 그만큼 고양이는 화장실과 모래에 대한 기호가 까다롭다. 포기하지 말고 고양이가 좋아하는 화장실 환경을 만들어 주어야 한다.

환경이 바뀌거나 새로운 가족의 등장으로 공포심을 느끼면 고양이가 받는 스트레스는 결국 병을 일으켜 비염증성 특발성 방광염에 걸리게 된다. 특발성 방광염은 고양이에게 가장 중요한 질병 중의 하나이다. 빈도수가 높으며 보호자와 수의사 모두에게 매우 주의를 요하는 질환이다. 수의사는 증상이 비슷한 감염성 방광염과 구분하기가 쉽지 않고 보호자는 스트레스로 인해 특발성 방광염에 걸린 줄도 모르고 고양이가 자신을 해코지하기 위해 일부러 하는 행동이라고 오해하는 경우가 많다.

고양이를 키우는 보호자들은 항상 고양이의 소변 습관을 체크하여 너무 늦게 병원을 찾는 일이 없도록 해야 하며, 혹시 부적절한 소변 행동이 관찰된다면 수의사의 조언을 받아 행동적인 부분을 교정해 주고 그래도 고쳐지지 않으면 약물의 도움을 받는 것이 현명하다.

스프레이와 부적절한 배뇨를 해결하는 방법들

스트레스 원인 제거	보호자의 부재, 식사의 변경, 이사, 다른 동물의 존재 등이 원인이 되므로 이 부분에 대한 해결이 필요하다.
중성화 수술	암, 수 모두에서 상당 부분 개선된다.
행동 요법	테이프나 은박지를 깔아 놓거나 배뇨하는 곳에 물이나 식사를 놓아 둠으로써 배뇨하는 장소를 싫어하게 만든다.
화장실 위생과 기호성 체크	화장실의 청결도를 체크하고 화장실의 종류, 모래의 종류를 다양하게 사용해서 기호성을 파악한다.
약물 요법	마따따비, 캣닙 등 스트레스를 해소해 줄 수 있는 페로몬 물질을 이용한다.

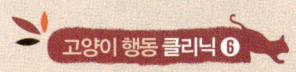

비싼 가구랑 소파를 막 긁어 놓아요

스크래칭은 스프레이와 더불어 고양이의 대표적인 표식 행위이다. 행동학자 중에는 스프레이 행동을 줄이기 위해 스크래칭을 유도하는 경우도 있다. 그만큼 스크래칭은 고양이가 자신의 영역을 표시하기 위해 이용하는 중요한 수단이다.

고양이는 소파와 같이 사람의 눈에 잘 띄는 부위에 스크래칭을 하는데 수직으로 긁어 놓는 시각적인 효과와 자신의 냄새를 묻혀 놓는 후각적인 효과를 동시에 노린 표식 방법이다. 스크래칭 역시 중성화를 하면 암수 모두 줄어드는 효과를 얻을 수 있다. 새로운 반려동물의 등장이나 이사 등의 스트레스 요인은 스크래칭을 자극할 수 있다.

스크래칭 장난감인 스크래처는 고양이에게 중요한 장난감으로 문기둥이나 가구 기둥 등 고양이가 스크래칭을 하는 부분에 설치해 두면 가구를 보호하는 데 도움이 된다. 고양이는 자고 일어나서 스크래칭을 하며 기지개를 켜는 습관이 있기 때문에 잠자리 옆에 설치하는 것도 좋은 방법이며 새끼 고양이 때부터 사용하는 것이 좋다.

사람에 따라 다르겠지만 발상을 전환하는 방법도 있다. 가령 고양이의 손톱 자국으로 너덜해진 소파를 보면서 '이 고양이 스크래처는 내가 편히 앉을 수도 있게 되어 있네.' 하고 생각하는 것이다. 집도 마찬가지이다. 내가 이 집의 주인이 아니라 고양이의 집사라는 생각을 하는 순간 이제까지의 모든 고민은 큰 문젯거리가 아닌 것이 될 수도 있다.

SECTION 3
고양이에게 해로운 음식들

 고양이에게 해로운 음식 체크하기

🐾 초콜릿

고양이는 소량의 초콜릿을 먹고도 죽을 수 있다. 초콜릿 중독은 테오브로민Theobromine과 카페인Caffeine에 의해 유발된다. 색이 어두운 카카오 초콜릿일수록 더 많은 테오브로민을 함유하는 것으로 생각할 수 있다. 개는 40~50mg/kg에서 심한 임상 증상을, 60mg/kg에서 발작을, 100mg/kg에서부터 생명에 치명적 위험을 유발한다. 제빵용 초콜릿은 테오브로민을 10배 이상 함유해 더욱 위험하다. 고양이는 초콜릿의 흡수에서 개보다 훨씬 치명적이며 용량과 증상이 비례하거나 일치하지는 않는다. 즉, 어떤 고양이에게는 적은 양의 초콜릿 정도는 별 문제를 일으키지 않지만 어떤 고양이는 죽음에 이를 정도로 치명적으로 작용할 수 있다.

🐾 우유

고양이나 개에게 우유는 매우 유익한 음식이라고 생각하기 쉽지만 고양이와 개는 '유당불내증'으로 젖당을 분해하는 효소가 없어 오히려 우유를 먹으면 설사를 한다. 새끼 고양이에게 우유를 먹이고 싶다면 동물병원에서 파는 고양이용 우유를 먹여야 한다.

🐾 각종 뼈

동물병원의 응급 내원 사례 중에 많은 부분을 차지하는 것이 고양이가 닭 뼈, 감자탕 뼈 등 각종 뼈를 삼킨 경우이다. 보호자가 방심하는 틈을 타서 삼키는 경우도 있고 보호자가 고양이에게 직접 주는 경우도 있다. 인간은 다양한 뼈를 발라낼 수 있는 능력이 있지만 고양이는 그렇지 않다는 것을 명심하자.

🐾 날고기, 날생선

고양이는 쥐를 잡아먹고, 널어놓은 생선을 훔쳐 먹기도 한다. 그렇다고 해서 익히지 않은 날생선, 날고기, 생닭 등을 고양이에게 주면 안 된다. 살모넬라 등 병원균의 감염 위험이 있다.

🐾 참치

몸에 좋은 오메가 3가 풍부해 위해함이 간과되는 경우가 많은데, 불포화 지방산은 고양이 몸에서 잘 대사되지 않으며 비타민 E를 파괴하기 때문에 질병을 유발할 수 있다. 고양이의 민첩성이 떨어지고 열이 나며 조금만 만져도 아파한다면 비타민 E 부족증을 의심해 볼 수 있으니 병원에 방문해야 한다.

🐾 화초

야생에서 고양이는 기생충이나 헤어볼을 토해 내기 위해 본능적으로 풀을 뜯어 먹었다. 끝이 뾰족한 볏과 식물은 목구멍을 자극하여 헤어볼을 토하게 하는 역할을 하지만 독성으로 인해 구토, 설사를 일으키거나 환각, 호흡 곤란, 심지어 사망에 이르게 하는 식물도 있으니 화분은 되도록 멀리하는 것이 좋다.

> ⚠️ **고양이에게 위험한 식물**
>
> 나팔꽃, 아마릴리스, 붓꽃, 산달래, 사프란, 카라, 도라지, 미나리 아재비, 크리스마스 로즈, 양귀비, 극락조화, 은방울꽃, 담쟁이덩굴, 토마토, 석산, 히아신스, 포인세티아, 백합꽃 등

🐾 양념이 된 음식

사람 음식이 고양이에게 해로운 이유는 염분 농도의 차이가 크기 때문이다. 사람과 달리 발바닥에만 땀샘이 있는 고양이는 염분을 배출할 수 있는 통로가 제한되어 있어서 여러 가지 질병을 유발할 수 있다.

🐾 감기약

사람에게는 안전한 감기약이 고양이에게는 작은 용량으로도 해롭게 작용한다. 특히 감기약에 포함된 아세트아미노펜은 고양이에게 독성 작용을 일으키는 대표적인 성분이다. 고양이가 약물을 실수로 먹었다면 당장 병원에 가서 중독에 준한 치료를 받아야 한다. 약은 수의사의 처방 없이는 먹이지 말아야 한다.

SECTION 4
털 관리와 미용

털과의 전쟁

🐾 고양이 털 알레르기

본인이나 가족 구성원 중에 고양이 털 알레르기가 있는 사람이 있다면 키우는 것을 포기해야 한다. 그래도 고양이가 좋다면 고양이 카페를 이용할 것을 추천한다. 알레르기는 고양이에 대한 사랑만으로는 극복할 수 없는 심각한 부분이기 때문이다.

🐾 장모종보다는 단모종을 선택

페르시안과 같은 장모종보다는 털이 빳빳한 단모종이 털을 관리하기가 수월하다. 물론 단모종이라고 해서 빗질을 해 주지 않는 것은 아니지만, 페르시안 같은 장모종은 밤낮으로 빗질을 해서 죽은 털을 꾸준히 제거해야 한다. 모질과 관련한 영양제로 오메가 3, 6가 포함된 것 하나 정도는 먹이는 것이 도움이 되며, 생식을 하는 고양이가 사료를 먹는 고양이보다 털 빠짐이 덜한 것으로 알려져 있다.

🐾 헤어볼

고양이는 그루밍을 하면서 혓바닥에 붙은 털을 먹게 되는데 이것의 양이 많아지면 대변으로 배출되지 못하고, 위 안에 털 뭉치인 헤어볼을 형성하여 토사물로 나오게 된다. 집 안 곳곳에 떨어진 누런 덩어리를 자세히 보면 젤리 형태로 털이 뭉쳐 있는 것을 볼 수 있다. 털갈이 시기에만 하는 것은 아니지만 털 빠짐이 심한 봄철에 횟수가 급격히 증가하므로, 이 시기에는 헤어볼 전용 사료나 영양제를 주거나 '캣 글라스'라는 구토 유도 식물을 준비해 두는 것도 좋은 방법이다.

헤어볼 전용 제품을 주면 헤어볼이 대변과 함께 배출된다. 대부분의 성분이 맥아유, 글리세린 등이며 1년 내내 먹이기보다는 털갈이 시기에만 먹이는 것이 좋다.

고양이 털갈이

털갈이 기간은 봄과 가을이다. 일 년 내내 조금씩 빠지고 자라나기를 반복하지만 특히 봄에는 더운 여름을 대비해 더 많은 털이 빠진다. 고양이는 밖으로 난 긴 털과 안쪽으로 난 솜털이 있는데, 가을에는 긴 털이 빠지고 솜털이 빽빽하게 자라나 추운 겨울을 대비한다. 모피 코트를 입은 듯 털이 풍성해진다.

미용과 마취

미용을 위해서는 마취를 해야 한다

고양이는 미용을 하려면 개와 달리 마취가 필요하다. 하지만 마취는 고양이에게나 보호자에게나 무척 부담스러운 일일 수 있다. 어릴 때부터 클리퍼 소리나 느낌을 익숙하게 해 주면 집에서 보호자가 셀프 미용을 해 줄 수 있다. 요즘에는 방문 미용사도 있다. 하지만 예민한 고양이라면 무마취 미용 후 스트레스성 방광염이 생길 수 있어 무마취 미용이라고 무작정 안전하다고 생각할 수도 없다.

> ⚠️ **고양이 마취 시에 지켜야 할 수칙**
>
> 1. **혈액 검사** 혈액 검사로 고양이의 건강 상태를 모두 알 수 있는 것은 아니며, 정상으로 나왔다고 해서 마취가 무조건 안전한 것도 아니다. 그러나 간과 신장에 관한 기본적인 정보를 제공받을 수 있기 때문에 권한다.
> 2. **나이 든 고양이의 경우** 7세 이상이라면 흉부 방사선, 요 검사 등 검사 항목을 늘리는 것이 좋다.
> 4. **마취가 깨면 집에 데려가기** 미용 후에는 반드시 마취가 다 깨어난 다음에 집에 데려가야 한다.
> 5. **마취 전후 8시간 절식하기** 마취 전후 8시간 이상은 절식을 시켜야 한다. 마취 중에 구토할 경우 음식물이 기도로 넘어갈 수 있어 위험하다.
> 6. **체온 조절하기** 마취 중에는 체온 조절을 못하기 때문에 마취에서 깨어날 때는 고양이 몸을 따뜻하게 해 준다.
> 7. **엎드리게 하기** 마취에서 깨어날 때는 엎드린 자세가 좋다. 구토를 할 때 기도로 넘어가지 않도록 하기 위해서이다.

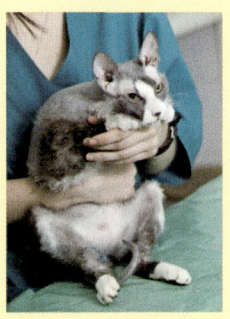

훈련

단독 생활을 하는 동물의 특성

고양이는 단독 생활을 한다. 무리 생활을 하는 동물은 리더를 기준으로 질서가 잡힌 생활을 한다. 그래서 서열이 높은 동물에게 복종하고 양보하며 때로는 힘든 상황도 참는 능력을 본능적으로 타고 태어난다. 단독 생활을 하는 동물은 자신을 스스로 지켜야 하기 때문에 먹이를 찾고, 지키고, 방어하고, 공격하고, 즐기는 기전이 뛰어나다. 그러나 다른 동물이나 사람과의 관계에서 서열을 정하고 협동하고 양보하거나 충성하는 모습을 기대할 수는 없다.

보호자로 인식시키기

🐾 따뜻하게 보살피기

고양이에게 밥과 물을 제시간에 챙겨 주고, 화장실을 치워 주며, 놀아 주고, 빗질을 해 주는 등 계속해서 꾸준하게 보살펴 주면 고양이는 그 사람을 자신의 보호자로 여긴다.

상황별 훈육법

🐾 보호자가 싫어하는 행동을 한다면

그 행동과 불쾌한 기분을 연관해서 기억하도록 해야 한다. 가령 고양이가 식탁이나 신발장에 자꾸 올라갈 때는 깡통 소리처럼 고양이가 싫어하는 소리를 들려주거나 레몬즙을 분무기에 담아 뿌려서 못하게 한다. 중요한 것은 고양이의 행동과 동시에 이루어져야 한다는 것이다. 이런 경험들이 축적되면 고양이의 기억 속에 식탁이나 신발장에 올라가는 행동과 듣기 싫은 날카로운 소리 등의 불쾌한 기억과 연결되어 보호자가 싫어하는 행동은 하지 않게 된다.

스프레이 훈련을 할 때 주의할 점은 고양이와 직접 눈이 마주치지 않도록 해야 한다. 자칫 고양이가 집사가 자신을 괴롭힌다고 생각하면 오히려 고양이와의 관계만 나빠진다. 스프레이 훈련은 조심스럽게 그리고 잽싸게, 꼭 필요할 때만 해야 한다.

🐾 높은 선반에 자주 올라간다면

이 행동을 못하게 하려면 선반에 물건을 가득 놓아서 고양이가 올라가지 못하게 하면 된다. 고양이는 자신이 수용할 수 있는 공간을 잘 파악한다. 화장대에 화장품이 있어도 요리조리 잘 피해 다니지만 물건을 가득 올려놓는다면 절대 올라가지 않는다.

🐾 고양이를 '무릎 고양이'로 만들고 싶다면

난방기를 끄고 집을 춥게 만들면 따뜻하고 폭신한 곳을 좋아하는 고양이의 습성상 보호자의 무릎 위로 온다. 반대로 자꾸 안아 달라고 치대는 고양이라면 여름에는 냉방기를 꺼 보자. 더위에 약한 고양이는 시원한 곳을 찾아 타일 바닥이 있는 화장실이나 신발장 쪽으로 피한다.

🐾 손가락을 무는 버릇이 있다면

만약 새끼 고양이라면 치아가 올라오는 시기라 간지러워서 무엇이든 물려고 할 수 있다. 이 시기에는 아기에게 치아발육기를 주듯 물고 놀 만한 무언가를 주어야 한다. 고양이용 육포를 잘게 잘라 주거나 장난감을 주는 것도 도움이 된다.

새끼 고양이라고 귀엽다며 손가락으로 놀아 주는 보호자가 종종 있다. 손을 물려고 하는 고양이가 귀엽다고 손으로 놀아주는 것은 나쁜 버릇을 오히려 고착화하는 역할을 한다. 이때는 손을 주머니에 넣고 숨기거나 그래도 자꾸 손을 물려고 하면 잠시 자리를 피하는 게 좋다.

함께 여행하기

외출 필수품, 이동장

동물을 데리고 이동할 때는 반드시 이동장에 넣어야 안전하다. 특히 소리나 진동, 새로운 공간에 예민한 고양이는 자동차 여행 시 불안한 나머지 밖으로 뛰쳐나가는 경우가 많다. 고양이가 뛰쳐나가서 찻길을 돌아다니면 큰 사고로 이어질 수 있고, 다른 사람들로 하여금 불안한 마음이 들게 할 수도 있다.

국내 여행

🐾 버스와 택시 타기

과거에는 반려동물을 데리고 대중교통을 이용할 때에는 이동장에 넣어 짐칸에 넣어야 했다. 그러나 2009년 12월 2일 이후로 법이 개정되어 더 이상 개와 고양이를 짐칸에 넣지 않아도 된다. 대신 뛰쳐나갈 수 없는 이동장을 사용해야 한다. 최근에는 이러한 법 규정에 대한 인식이 보편화되어서 버스에서 승차 거부 등의 문제를 겪는 경우는 드물다. 그러나 택시의 경우 운전자의 개인적인 취향에 따라 승차 거부를 할 수 있으므로 반드시 양해를 구하고 탑승을 해야 한다. 스마트폰 어플로 택시를 호출하는 경우에는 미리 전화로 반려동물이 있다고 알려 주는 것이 좋다. 최근에는 펫 택시가 활성화되어 있어 편리하게 이용할 수 있다.

🐾 지하철과 기차 타기

지하철 공사 여객 운송 규정 및 도시철도공사 여객 운송 규정에 의하면 현재로서는 동물을 지하철이나 열차에 데리고 탈 수 없다. 그러나 용기에 넣은 조류나 곤충류 등 사람에게 피해를 끼칠 염려가 없는 애완용 작은 동물과 시각 장애인을 위한 인도견은 예외로 한다. 또한 철도법에는 동승자에게 불쾌감을 주는 동물을 열차 내에 들여보낼 수 없도록 되어 있다. 현실적으로는 지하철과 기차도 동승자의 합의만 있다면 이동장에 넣은 고양이와 함께 탑승을 하기도 한다. 그러나 광견병 접종 기록과 예방 접종 기록을 요구하기도 하므로 미리 동물병원에서 접종 기록을 받아 두어야 한다. 고양이 보호자는 불쾌한 냄새가 나지 않도록 물티슈, 방향제 등을 동원하여 청결을 유지해야 하고, 장시간 여행을 하는 기차에서는 가능하면 옆 좌석의 차표까지 구입하면 고양이를 싫어하는 동승자가 옆에 앉는 불상사를 예방할 수 있다.

국외 여행

🐾 비행기 타기

먼저 항공사마다 요구하는 크기나 무게 등 규격에 맞는 이동장을 준비해야 한다. 대부분 항공사가 이동장에 넣은 작은 동물은 동반 탑승할 수 있다. 일부 항공사는 한 비행기에 태울 수 있는 동물 수가 정해져 있어 동반 탑승 가능 여부를 미리 확인하는 것이 좋다. 만약 화물칸으로 이동해야 할 때에는 기압과 온도가 유지되는 화물칸에 싣도록 항공사 측에 부탁해야 하며, 보호자도 온도를 유지할 수 있도록 담요 등을 깔아 주어야 한다. 이동장에 물통을 달아 주고 멀미를 할 수 있으므로 이륙 서너 시간 전에는 음식을 주지 않는다. 오랜 시간 여행을 한다면 평소의 절반 이하로 주도록 한다.

🐾 국가별 검역 제도

인수 공통 전염병 예방을 위해 각 국가마다 검역을 강화하고 있기 때문에 동물이 국경을 넘는 것은 사람이 국경을 넘는 것보다 절차가 까다롭다. 일반적으로 섬나라는 광견병 유입을 막기 위해 검역을 매우 철저히 하는 편이며, 섬나라가 아니라면 비교적 절차가 간단하다. 우리나라는 철원, 화성 등 일부 지역에서 가끔 광견병이 발병하므로 야생동물로 인한 감염 가능성을 배제할 수 없기 때문에 다른 나라로 들어가는 절차가 까다로운 편이다.

> **반려동물과 대중교통을 이용하려면**
>
> ● **버스**
> '여객자동차운수사업법'에 의해 관리받는데 '다른 여객에게 위해를 끼치거나 불쾌감을 줄 우려가 있는 동물을 차 안으로 데리고 들어오는 행위'를 제지할 수 있도록 규정하고 있다. 하지만 '장애인 보조견 및 전용 운반상자에 넣은 애완동물'은 예외로 규정하고 있으므로 반려동물을 이동장에 넣으면 버스에 함께 탈 수 있다.
>
> ● **지하철**
> 서울 지하철 '서울 메트로 여객운송약관'에 따르면 동물을 휴대할 수 없지만, '애완동물에 한정하여 용기에 넣고 겉포장을 하여 용기 안이 보이지 않게 하고 불쾌한 냄새가 발생하지 않도록 한 경우는 동반 탑승을 허용하고 있다.
>
> ● **기차**
> '한국철도공사 여객운송약관'에 따라 '가방 등에 넣어 보이지 않도록 하고 광견병 예방접종 등 필요한 예방접종을 한 애완동물'만 동반 탑승을 허용하고 있다.
>
> ● **비행기**
> 기내 동반 탑승의 경우, 소형 반려동물의 기내 동반 탑승을 허용하고 전용 케이지까지 제공하기도 하지만, 항공사 약관에 따라 다르니 여행 전 미리 확인해야 한다. 기내 동반 탑승을 허용하지 않더라도 관련 서류가 구비되면 케이지에 넣어 화물칸을 통해 이동이 가능하다.

미국 검역 제도

미국에 개를 데리고 가기 위해서는 광견병 접종 증명서가 필요하지만 고양이는 필요 없다. 그러나 괌이나 하와이는 개, 고양이 입국 시 수입 허가 등의 특별 조건이 있을 수 있으므로 해당 주에 확인해 볼 필요가 있다. 특히 하와이는 검역 절차가 매우 까다롭다. 최소 2회 이상의 광견병 접종, AVID라는 9자리 마이크로칩 시술, 미국 검역 기관에서 시행하는 광견병 항체 검사까지 실시해야 한다.

검사는 하와이 입국 120일 전에 해야 하고 36개월이 지나면 안 된다. 항체가 검사 후 120일은 대기 기간이고 입국 전에는 하와이 현지 동물병원에 등록해야 한다. 출국 14일 이내에 진드기 치료를 해야 하며 이 치료제 역시 하와이에서 인정하는 치료제를 사용해야 한다. 이 모든 서류는 하와이에 도착하기 10일 전에 제출해야 하며 검역 비용도 미리 지불해야 한다.

관련 정보 웹사이트
www.aphis.usda.gov/vs/ncie
하와이
www.hawaiiag.org/hdoa

⚠️ 항공사별 동물 조항

대한항공 비행기 한 대에 6마리, 화물칸에는 4마리까지 접수한다. 1인당 1개의 이동장만 가능한데 이동장 안에는 2마리까지 허용한다. 객실용 이동장의 크기는 높이 22cm 이하이며, 화물칸용 이동장은 88cm 이하로 제한한다. 그 밖에 건강 증명서와 출발 30일 이전에 접종한 광견병 예방 접종 확인서가 필요하다.

아시아나 항공 승객 1인당 1마리의 동반 탑승이 가능하며 하나의 이동장에는 1마리만 허용한다. 화물칸을 이용할 경우에는 1인당 2마리까지 가능하다. 객실용 이동장은 세 면의 길이를 더해 115cm 이하로 제한한다.

⚠️ 카운터 투 카운터

일반 화물과는 별도로 전용 카운터에서 이륙 30분 전에 체크인을 하고 착륙 후에도 화물처럼 오래 기다리지 않고 금방 동물을 인수할 수 있는 제도이다. 약간의 비용만 추가되면 화물칸으로 이동하는 것에 비해 훨씬 안전하고 편리한 방법이다.

🛂 일본 검역 제도

섬나라 일본은 입국이 매우 까다로운 나라 중의 하나이다. 일본 당국이 요구하는 여러 조건을 만족시키지 못하면 180일까지 계류되거나 입국을 거부당할 수도 있다.

일본에 입국하기 위해서는 준비 기간이 7개월 정도 걸리지만, 이를 완벽히 준비하면 일본에 도착하고 1~12시간 이내에는 입국이 가능하다. 준비하는 과정에서 무엇보다 순서와 시기가 중요하다.

먼저 ISO라는 국제 표준화 기구의 규격에 따른 마이크로칩을 시술하는데 국내에는 '백홈'이라는 상표가 이에 해당된다. 마이크로칩을 장착한 후에는 광견병 예방 접종을 실시해야 하는데 사독백신을 사용해야 하고 생독백신은 인정하지 않는다. 91일 령 이상의 개, 고양이에게 실시해야 하며 첫 접종 후 31일 이후 면역 지속 기간 이내에 재접종을 해야 한다.

마이크로칩 장착과 2회 이상의 광견병 백신 접종을 마친 후에는 광견병 백신에 대한 항체가 검사를 실시해야 한다. 일본 당국이 인정하는 검사 기관에서 혈액을 체취하여 검사를 해야 하며, 이 유효 기간은 2년이다. 항체가 검사에서 유효한 결과가 나오고 혈액 체취일로부터 180일이 지나면 일본으로 입국이 가능하다. 이때 입국 40일 전에 일본에 동물과 함께 입국한다는 사전 통보를 해야 하고, 이 통보에 대해 승인을 받아야 한다. 다시 출발일로부터 2일 이내에 고양이가 광견병 증상이 없다는 증명서를 수의사로부터 받아야 하며, 일본 도착 30일 이전에 실시한 접종 기록을 챙겨야 한다. 고양이는 3종 이상의 종합 예방 접종을 하면 되고, 출발 4일 이내에 국제적으로 통용되는 종합 구충제를 사용하여 내·외부 기생충 구충을 실시해야 한다. 운반 용기는 IATA 규격에 맞아야 하며 동물이 자유롭게 서고, 앉고, 자고, 돌 수 있을 만큼 공간이 충분하고 코와 발이 밖으로 나올 수 없어야 하며 환기가 잘 되는 것이어야 한다. 도착 1~4일 전에 전화, 팩스, 이메일 등으로 승인 번호, 항공편 명, 도착 시간 등의 정보를 일본 검역소에 보내야 한다.

이때 너무 어리거나, 나이가 많거나, 임신 중이거나, 질환이 있는 동물은 검역 대상 동물에서 제외된다. 일본에 도착한 후에는 해당 검역소에 찾아가 수입 검사 신청서와 증명서, 광견병 항체가 검사 결과지 등을 검역소에 제시하고 입국 허가를 기다린다.

SECTION 7
탁묘

 짧은 여행

고양이에게는 보호자의 존재만큼이나 밥을 먹고, 잠을 자고, 생활을 하는 공간이 중요하다. 고양이는 보호자의 짧은 부재에 대해서는 큰 스트레스가 없는 반면, 여행이나 이사 등 장소의 이동에는 스트레스를 많이 받는다. 따라서 너무 어리거나 나이가 많지 않다면 1박 2일의 여행은 굳이 탁묘(장시간 외출 시 지인이나 호텔에 고양이를 맡기는 일)를 할 필요는 없다.

🐾 고양이가 혼자서 집을 보는 데 필요한 몇 가지

❶ 계절에 따라 집 안 온도를 적절히 맞추고 가야 한다. 겨울에는 따뜻하게 보일러를 틀어 주고, 여름에는 방충망이 설치된 창문을 활짝 열어 주고 간다.

❷ 물과 사료는 여러 군데 충분히 준비해 둔다. 타이머가 장착된 자동 급식기를 이용하면 적당한 양의 사료를 시간마다 챙겨 줄 수 있다.

❸ 2박 3일이라면 화장실은 깨끗한 모래로 2개 정도 충분히 준비한다.

❹ 집 안에 있는 위험한 물건을 깨끗이 치우고 간다. 바늘, 실, 화분, 유리, 노끈 등 고양이가 삼킬 만한 것, 먹을 만한 것이 없어야 한다. 이런 사고가 일어났을 때 보호자가 있으면 바로 동물병원에 갈 수 있지만 보호자가 없으면 큰 사고로 이어질 수 있다.

❺ 하루 한 번 정도 들여다볼 수 있도록 지인에게 부탁한다. 단 고양이에게도 친숙한 사람이어야 한다.

 긴 여행

주변에 고양이를 돌봐 줄 사람이 없다면 비용을 지불하고 '캣 시터'를 부르거나 다른 집에 탁묘를 보내야 한다. 그러나 이것은 그

다지 추천할 만한 방법이 아니다. 모르는 사람에게 키를 건네주고 내 고양이를 맡기는 것은 매우 불안한 일이다. 동물병원에서 제공하는 호텔 서비스를 이용하는 경우 전염병 예방 등에서 신뢰가 가며, 고양이 전용 호텔의 경우 넓은 공간과 CCTV로 고양이를 직접 볼 수 있는 곳도 있으니 장단점을 잘 살펴봐야 한다. 고양이를 맡길 때 가장 중요한 것은 전염병의 예방이다. 고양이의 접종이 완료되어 있어야 하며, 접종을 하지 않았다면 항체가 검사를 해서 항체의 형성 유무를 확인해야 한다. 다른 고양이들은 접종이 되어 있는지, 고양이들과의 접촉은 없는지, 전염병 예방은 철저하게 하고 있는지 또한 확인해야 한다.

🐾 고양이 호텔을 선택할 때 확인해야 할 점

❶ 사전에 보호자가 시설을 확인하게 해 주는 곳이 좋다.
❷ 위생적이어야 하며 통풍이 잘 되어 냄새가 나지 않아야 한다.
❸ 고양이들이 개별적인 칸을 차지하고 있는지 확인한다. 한집에서 온 고양이는 같은 공간에 두는 것이 더 좋다. 그러나 다른 고양이와 한 공간에 둘 경우 스트레스, 싸움, 전염병의 위험이 있다.
❹ 고양이가 탈출할 수 없도록 이중문이 되어 있는지 살펴야 한다.
❺ 위탁소에서 수의사의 서명이 들어간 예방 접종 증명서의 제시를 요구해야 한다.
❻ 위탁소에서 고양이의 식습관과 병력에 대해서 물어봐야 하며, 위탁 기간 발생할지 모르는 수의과적인 치료에 대한 동의서에 서명하도록 요구해야 한다. 건강한 고양이도 보호자와 떨어져 지내면 스트레스로 며칠이고 밥을 먹지 않는 일이 얼마든지 발생할 수 있기 때문이다.
❽ 장모종은 스트레스를 받지 않는 성격이라면 비용을 추가하더라도 그루밍 서비스를 추가하는 것이 좋다.

Dr. No's 고양이가 홀로 집에 남겨졌을 때 주의할점

외출할 때는 깨끗한 화장실과 충분한 사료, 깨끗한 주위 환경도 필요하다. 라디오를 틀거나 클래식 음악을 틀어서 너무 조용하지 않게 하는 것도 중요하지만 적어도 하루 한 번은 고양이가 잘 지내는 지 확인해 줄 지인이 필요하다. 이 때, 지인은 고양이와도 익숙해야 한다. 또한 여행을 가기 전에 집사와 고양이와 지인이 함께하는 자리를 마련하는게 좋다. 밍키가 어릴 때 아버지와 함께 살았는데, 여행을 간 사이 아버지가 밍키의 사료를 챙겨 주기 위해 문을 열고 들어가자 밍키가 공격을 했다며 어리고 순한 줄 알았던 밍키의 공격에 당황했다는 얘기를 하셨다.

중성화 수술

 고양이 중성화 수술이란

성호르몬과 관련한 질병을 사전에 예방하고 무분별한 번식으로 인한 유기묘의 증가를 방지하기 위하여 고양이의 생식 기능을 제거하는 것을 말한다. 암컷은 난소와 자궁을 제거하여 자궁축농증, 유방암, 난소 종양 등의 질환을 예방하고 발정기의 콜링calling이 사라지는 효과를 볼 수 있다. 수컷은 고환을 제거하는데 전립선 질환과 고환 질환을 예방할 수 있고 공격성, 마킹 행위 등이 사라진다.

 중성화 수술에 대한 논란

내가 처음 수의사를 하던 시절 중성화 수술을 위해 참 많이도 보호자들을 설득하고 언쟁을 했던 기억이 난다. 당시에는 중성화 수술이 익숙지 않은 보호자들이 중성화 수술 자체를 일종의 학대이자 과한 수술이라고 생각했다. 아마도 사람은 절대 하지 않는 수술이라 낯설었던 것 같다. 그러나 최근에는 보호자들도 중성화의 이점에 대해 공감하는 것 같다. 중성화는 고양이의 행동을 교정하고 스트레스를 줄이며 질병을 예방한다. 고양이와 사람의 행복을 위해 꼭 필요한 과정이다.

 고양이의 중성화

🐾 외출하는 ♂ 고양이

🔸 **번식력 억제** 한 마리의 중성화하지 않은 수컷 고양이가 1년간 번식하는 새끼의 수는 상상을 초월할 만큼 고양이는 왕성한 번식력을 자랑한다. 탄생은 축복이지만 음식과 잠자리가 마련되지 않은 길고양이의 숫자가 늘어나는 것은 축복이 아니다.

🔸 **싸움 억제** 수고양이의 싸움으로 인해 유혈 사태가 발생하는 것은 물론이고 싸울 때 생기는 교상에 의해 감염되는 고양이 에이즈는 확진과 백신이 모두 어렵다. 싸움으로 인해 상처가 생긴다면 매우 위험할 뿐 아니라 비용도 많이 나올 것이다.

고양이끼리 싸워서 난 상처이다. 중성화 수술을 하면 불필요한 싸움을 줄일 수 있다.

🐾 외출하는 ♀ 고양이

🔸 **원치 않는 임신 예방** 암고양이는 생후 8개월이면 임신이 가능하고 임신 기간은 고작해야 두 달이다. 일 년에 서너 번 임신한다고 가정하고 그 새끼들이 다시 임신을 하여 새끼를 낳는다고 생각하면 3년에 100마리까지 생산이 가능하다. 영국의 한 수의사가 한 마리의 암고양이를 추적한 결과 10년 동안에 그 자손이 1,400마리에 달했다는 기록도 있다. 그러나 이렇게 탄생한 고양이도 결국 길고양이의 운명에서 벗어날 수 없다.

🔸 **콜링 예방** 듣기 싫은 암고양이의 울음소리를 들어본 적이 있을 것이다. 창문을 열고 자는 여름밤에는 특히나 시끄럽게 들리곤 하며, 이런 민원으로 인해 안락사를 당하는 고양이도 있었다. 그러니 외출 고양이라 할지라도 중성화 수술은 꼭 해야 한다.

🐾 집에서만 사는 ♂ 고양이

🔸 **스프레이 억제** 집이나 집 근처에 암컷이 있다면 냄새를 맡고 집 안 곳곳에 영역 표시용 소변을 뿌리게 된다. 이 스프레이 냄새는 몇 달이 지나도 사라지지 않을 정도로 지독하다.

🔸 **성격 순화** 남성 호르몬은 공격성과 영역 본능을 강화하는 영향을 미치기 때문에 수고양이는 집 안의 다른 고양이나 동물과 원만하게 지내지 못할 수 있다. 따라서 다른 동물과의 관계, 보호자와의 유대감을 위해 중성화가 꼭 필요하다.

🔸 **가출 문제 해결** 발정기의 암컷이 발산하는 페로몬에 반응하여 틈만 나면 가출을 시도할 것이며, 가출을 못하는 고양이는 매우 불안해한다.

🐾 집에서만 사는 ♀ 고양이

😺 **콜링 방지** 암고양이는 중성화가 성격에 영향을 미치지는 않지만 발정기가 되면 마치 아기 울음소리 같은 콜링을 하기 때문에 중성화 수술이 필요하다.

🐾 ♂ 고양이의 중성화 수술

😺 **수술 방법** 수고양이 중성화 수술이라고 하면 생식기 즉, 교미하는 부분을 자르는 것이라고 오해하는 보호자가 간혹 있다. 호르몬이 분비되는 고환을 없애는 과정이다. 보호자들 사이에서 '땅콩'이라고 불리는 고환을 자르고 혈관을 묶으면 끝! 비교적 간단한 수술이라 고양이도 수술 후에 크게 힘들어하지는 않는다. 수술 후 호르몬이 분비 되지 않아 여러 행동학적인 교정이 이루어진다.

😺 **수술 시기** 생후 4~5개월이면 수술할 수 있다. 몸무게가 크게 수술에 영향을 미치지는 않지만 보통 2kg 이상 되면 하길 권한다.

😺 **수술 비용** 수고양이는 개복 수술을 하지 않기 때문에 암고양이보다 비용이 낮다.

🐾 ♀ 고양이의 중성화 수술

😺 **수술 방법** 암고양이의 중성화 수술은 수고양이의 수술과 비교하면 복잡한 편이다. 개복 후 자궁과 난소를 찾아서 자르는 과정인데, 자궁이 복부 아래쪽에 있기 때문에 찾기도 어렵고 자르기도 어렵다. 하지만 수의사가 가장 많이 하는 수술에 속하므로 대부분 능숙하게 해낸다.

😺 **수술 시기** 6개월 이후부터 수술을 권하며 발정 중에는 자궁과 난소가 부풀어 있는 특징이 있다. 고양이는 개와 달리 발정을 오래 하기 때문에 발정 중에 수술하는 경우가 아주 많다.

😺 **수술 비용** 소요 시간도 길고 어려운 수술이므로 수컷보다 수술비가 더 높은 편이다.

짝짓기

짝짓기 전에 생각해 두어야 할 것

새끼들의 분양

새끼 고양이가 3~5마리 태어날 경우 다 키울 생각인지, 아니라면 어떻게 입양을 보낼 것인지 임신 전에 반드시 계획을 세워야 한다. 길고양이는 원치 않는 임신을 하는 경우가 많으며 집고양이는 발정기에 집을 나갔다가 원치 않는 임신을 하고 돌아오는 경우가 많다. 이럴 때를 대비해서 조기에 중성화 수술을 해야 한다.

난산의 경우를 염두에 두기

모든 고양이가 쉽게 출산하고 새끼를 기를 것으로 생각하면 오산이다. 새끼의 머리가 끼인 채로 몇 시간째 어쩔 줄 몰라 하는 고양이도 있고, 하루가 지나도록 마지막 한 마리를 낳지 못해 쩔쩔매는 고양이도 많다. 그러므로 수많은 난산의 가능성을 염두에 두고 준비를 하는 것이 좋다. 출산 예정일 일주일 전후로는 임신한 고양이를 혼자 두고 외출해서는 안 되고, 출산 후에도 새끼 고양이를 돌보는 일에 동참해야 하므로 시간적으로나 금전적인 부분에 대해 반드시 생각해 두어야 한다.

 발정기

봄부터 가을까지 고양이의 발정기

일조 시간이 긴 봄부터 가을까지가 주로 고양이의 발정기이다. 연 4회 정도 발정을 하는데 2월 초순이 최대 발정기이다. 요즘에는 밤에도 불을 켜고 생활하는 집이 늘다 보니 발정기와 관련 있는 멜라닌 분비에 혼란이 생겨 한겨울에도 발정하는 고양이를 어렵지 않게 볼 수 있다. 발정은 한 번 할 때 한 달 반 정도를 하며 짝짓기를 하고 임신이 되지 않은 경우에는 10일 정도 멈추었다가 다시 발정하는 과정을 반복한다. 발정도 자주 오고 발정 기간도 길기 때문에 콜링 또한 심하다. 콜링으로 인해 여러 가지 문제가 발생하면 중성화를 해 주는 것이 사랑하는 고양이에게도, 보호자에게도, 잠을 이루지 못하는 이웃에게도 도움이 되는 일이다.

> **발정기에 달라지는 고양이 행동**
> - 식욕이 없어진다.
> - 소변 횟수가 늘어난다.
> - 평소와 다른 목소리로 울며 그루밍 시에 음부를 자주 핥는다.
> - 발라당 누워서 등을 바닥에 비비며, 보호자에게도 와서 자꾸 몸을 비빈다.
> - 상체를 낮추고 엉덩이를 들고는 꼬리를 몸 쪽으로 붙여 음부를 들춘다.

신방 차리기

🐾 신방은 수고양이 집에 차린다

임신은 생후 8개월 이후로 가능하지만 짝짓기는 적어도 두 번째 발정 이후, 즉 1살 이후에 해 주는 것이 좋다. 집고양이는 발정이 시작되면 신방을 차려 주어야 하는데, 주로 암고양이를 수고양이의 집으로 보낸다. 수컷이 적극적으로 행동할 수 있는 환경을 만들어 주기 위해서이다.

🐾 성공률을 높이려면 바람둥이 수고양이를 택하자

수고양이는 암고양이보다 나이가 많고 몸집이 크며 경험이 많을수록 성공률이 높다. 수고양이의 집에 도착한 암고양이는 장소의 변화와 다른 고양이의 냄새로 인해 매우 예민해진다. 발정한 암고양이의 냄새를 맡고 수고양이가 접근해 와도 이를 공격으로 받아들일 수도 있다. 수고양이가 초보라면 암고양이의 반응에 의기소침해져서 구석에 웅크린 채 시도해 볼 용기도 내지 못하는 경우가 많다. 능숙한 고양이라면 불안한 암고양이가 집 안 냄새와 자신의 냄새에 익숙해지도록 멀찍이서 바라보고 있다가 암고양이가 상반신을 납작 엎드리고 꼬리를 몸쪽으로 붙인 채 받아들일 준비를 하면, 그제야 암고양이의 뒤에 올라가 목덜미를 단단히 물고 짝짓기를 시작한다.

🐾 짝짓기 여부를 확인하고 싶다면?

암고양이의 짝짓기 여부를 확인하고 싶다면 목 뒷덜미를 만져 보자. 짝짓기 시 수고양이가 암고양이의 등 쪽 목덜미를 물기 때문에 타액이 묻어 털이 빳빳하다.

🐾 3~4일 동안의 신혼

한 번 짝짓기를 하고 나면 암컷은 발라당 뒤로 누워서 바닥에 등을 비비적거리고는 다시 수고양이를 받아들이는 행동을 반복한다. 이렇게 3~4일 정도 함께 둔 후 암고양이를 다시 데려오면 된다.

고양이는 생리를 하지 않는다

고양이는 짝짓기 자체가 자극이 되어 배란을 하는 교미 배란 동물이다. 다른 동물은 배란 시기에 맞추어서 짝짓기를 해야 임신이 되는데, 고양이는 그럴 필요가 없으니 번식을 위해서는 굉장히 합리적인 시스템이다. 짝짓기를 자극하는 역할을 하는 것은 수고양이의 생식기에 난 돌기인데 이것 때문에 짝짓기 시에 암고양이가 괴성을 낸다. 짝짓기 후 24~48시간이 지나면 난소에서 배란이 일어나고 정자와 난자의 수정이 이루어진다. 수정란은 12~14일 후 자궁에 착상한다.

 ## 임신을 해도 발정은 온다

고양이의 번식 시스템은 매우 효율적이다. 임신이 아닐 때는 시도 때도 없이 발정이 올 수 있고 심지어 임신 중에도 발정이 온다. 서로 다른 발정기에 여러 마리의 수고양이를 받아들이게 되면 아빠가 다른 새끼들이 동시에 태어날 수 있는데 난산과 기형아 출산의 원인이 될 수 있다. 10%의 고양이가 임신 3~6주에 발정을 하므로 임신 중에는 수고양이의 접근을 금해야 한다. 출산 후에도 곧바로 주기에 따라 발정이 시작되기 때문에 이때도 수고양이의 접근을 금해야 한다.

SECTION 10
임신과 출산

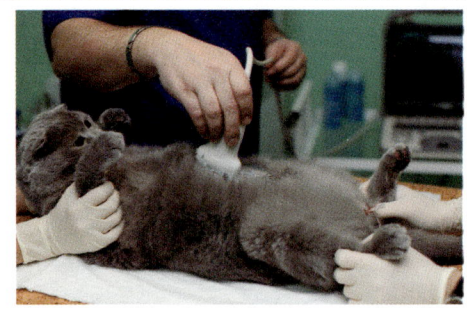

 임신 진단

고양이는 교미 배란 동물이므로 임신 확률이 매우 높다. 임신 후 25일 정도가 되면 초음파로 새끼의 심장이 보이기 시작하며, 45일이 되면 골화가 되므로 방사선으로 몇 마리가 임신이 되었는지 확인할 수 있다. 임신 초기에는 눈에 띌 정도로 몸무게가 늘거나 배가 커지지는 않으므로 육안을 통해 임신을 확인하기는 어렵다. 임신 3주 정도가 되면 유두가 분홍색으로 변하면서 고양이의 식욕이 떨어진다. 간혹 구역질을 하기도 하는데 이것은 입덧에 해당하며 며칠간 지속된다.

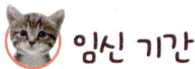 임신 기간

🐾 **임신 중 고양이의 증상**

25일
초음파를 통해 새끼의 심장 확인이 가능하며 간혹 입덧을 하는 고양이가 있다.

30~35일
유두가 분홍색으로 변하고 유방이 눈에 띄게 커지면서 어리광이 심해진다. 배가 조금씩 불러 온다.

40일 이후
배가 눈에 띄게 커지기 시작한다.

45일 이후
생식기와 유두 주변 털을 밀어 청결한 출산을 준비한다. 새끼 고양이용 사료를 먹인다. 방사선으로 임신 확인과 태아 수 확인이 가능하다.

60일
동물병원에 방문해 새끼 고양이의 건강 상태를 확인하고 방사선 촬영을 통해 정확한 태아 수를 확인한다. 출산 상자를 만들어 둔다.

🐾 임신 중인 고양이 관리법

① 영양 요구량이 증가하므로 새끼 고양이용 사료로 바꿔 주어야 한다. 시중에 임신부 전용 사료도 있다. 어느 쪽을 선택해도 무관하다. 그러나 비만은 난산의 원인이 되므로 평소 먹는 양에서 크게 늘려서는 안 된다. 출산 후에도 수유기인 한 달간은 새끼 고양이용 고열량 사료를 먹여야 한다.

② 칼슘을 비롯하여 비타민 요구량이 증가하므로 영양제를 한 가지 정도 먹이는 것이 좋다. 칼슘의 경우는 너무 많이 먹이면 결석의 원인이 될 뿐 아니라, 너무 일찍 먹이면 임신 후기에는 요구량이 더 증가하므로 임신 후기부터 먹이는 것이 좋다. 출산 후에도 수유를 하는 한 달간 계속 먹인다.

③ 임신 중인 고양이는 새끼들로 인해 장이 압박을 받아 변비에 걸리기 쉬우니 사료에 오일로 된 변비약을 살짝 뿌려 주면 좋다.

④ 높은 곳에 오르지 못하도록 잠자리나 장난감 등의 고양이 물건을 모두 낮은 곳에 배치해 둔다.

⑤ 장난을 치거나 들어 올리지 않는다.

 분만 준비

🐾 1주일 전부터 준비하기

① 분만 상자를 만들어 준다. 새끼가 태어난 후에도 분만 상자에서 생활하므로 넉넉한 크기로 준비하며, 고양이가 드나들 수 있도록 출입문도 만든다. 사과 상자나 택배 상자를 이용하여 청결하게 해 주고, 폭신폭신한 방석을 깔고, 그 위에는 종이 패드를 깐다. 종이 패드는 분만 때를 대비하여 여러 장 준비한다.

② 분만 상자는 어둡고 조용한 곳에 설치한다. 고양이가 드나들며 분만 장소를 마음에 들어 하면 상자 주변으로 화장실과 물그릇, 밥그릇을 옮겨 주어 동선을 짧게 해 준다.

③ 분만 1주일 전에는 반드시 병원에 방문하여 최종적으로 태아의 수를 확인해야 한다. 골화가 늦게 진행된 새끼의 경우 45일경에 찍은 방사선에서는 보이지 않는다.

④ 항문과 생식기, 복부의 털을 가볍게 정리해 준다. 출산 시에 피와 털이 범벅이 되면 비위생적이다. 새끼가 태어난 후에 어미의 젖을 잘 찾도록 유두 주변의 털도 정리해 준다.

❺ 약국에서 알코올을 준비하면 나중에 가위를 소독할 때 좋다. 깨끗한 가위, 실, 거즈, 종이 패드, 비닐장갑, 헤어드라이어, 핫팩을 준비한다.

❻ 난산 시를 대비하여 24시간 야간 진료를 하는 동물병원 전화번호를 두 군데 정도 알아둔다. 집에서 가까운 곳이어야 하며 미리 전화를 해서 진료 시간을 확인해 둔다.

🐾 분만 당일 준비하기

❶ 어리광을 심하게 부리고 밥을 먹지 않으며 자꾸 어두운 곳으로 가서 숨거나 분만 상자에 들어가서 나오지 않는다면 출산이 얼마 남지 않은 것이다.

❷ 야생성이 강한 고양이는 보호자와 떨어져 혼자 있기를 원하고, 의존도가 심한 고양이는 보호자 곁에 있기를 원할 것이다. 분만 징후가 보이면 외출을 자제하고 곁에 있거나, 멀리서 지켜본다.

❸ 진통이 시작되면 가르릉거리면서 숨을 가쁘게 쉰다. 진통 간격이 짧아지면 배에 힘을 주기 시작한다.

 정상 분만

🐾 분만 시에 알아야 할 상식

❶ 숨소리가 거칠어지면서 배에 힘을 주기 시작한 후 30분에서 1시간 정도가 지나면 첫 번째 새끼 고양이가 나온다. 첫 출산은 이 시간이 오래 걸리기도 한다. 양수가 터짐과 동시에 반투명한 양막에 싸인 새끼의 머리가 보이기 시작한다. 다 나온 후에는 태반이 딸려 나온다. 어미는 탯줄을 먹고 양막을 입으로 찢은 후 새끼를 열심히 핥아 준다.

❷ 어미가 새끼를 핥는 사이에 둘째, 셋째가 차례로 태어나며 태어난 새끼들은 스스로 기어서 어미의 젖을 빨아 먹는다. 새끼들이 태어나는 간격은 30분에서 1시간 정도이다.

❸ 어미는 태반을 전부 먹는다. 이는 수유 시의 영양 공급원이 되기도 하지만 너무 많이 먹으면 위에 부담이 될 수 있으니 조절해 주는 것이 좋다. 한두 개 정도면 충분하다.

❹ 어미가 능숙하지 않으면 보호자가 옆에서 도와줄 수 있다. 준비한 비닐장갑을 낀 후 양막을 벗기고 알코올로 소독한 가위를 이용해 탯줄을 끊어 준다. 배꼽 근처를 실로 묶은 후 탯줄을 자르는데 너무 짧게 자르면 나중에 출혈이 생길 수 있으므로 2cm 정도로 길게 자른다. 좀 길다 싶어도 나중에 다 말라서 정리된다.

❺ 새끼의 코를 입으로 쭉쭉 빨아서 양수를 빼낸다. 준비한 종이 패드로 새끼를 감싼 후 목 뒤를 마구 비비며 자극해 준다.

❻ 분만 전부터 방 안 온도를 올린다. 새끼가 태어나면 헤어드라이어로 털을 말려 주고 따뜻하게 해 준다. 새끼들은 체온 조절 능력이 없기 때문에 어미가 품어 주지 않으면 저체온증으로 죽는 경우가 많다. 새끼가 울거나 움직이면 안심해도 좋으며 꼬물거리며 움직일 때까지 계속해서 체온을 올려 주어야 한다.

❼ 분만 1주일 전에 방사선으로 확인한 새끼의 수와 일치하는지 확인해야 한다. 만일 분만 1주일 전에 방사선 촬영으로 확인하지 못했다면 출산 후 다 낳았는지 병원을 방문하여 확인해야 한다. 사산된 채로 어미의 배에 남아 있는 경우도 있다.

유도 분만

새끼 고양이가 늦게 나온다고 모두 난산은 아니다. 수의사는 초음파로 뱃속 태아의 상태를 확인하고 유도 분만을 할지 제왕 절개를 할지 결정한다. 제왕절개를 결정할 때는 과감할 필요가 있다. 시간이 오래 지체되어 어미 고양이의 체력이 소진된 후에 실시하면 위험성이 더 높기 때문이다.

거꾸로 나오는 새끼를 받는 방법

새끼가 거꾸로 나오더라도 산모가 자궁을 수축하는 데 문제가 없다면 크게 위험하지 않다. 그러나 산모의 자궁 수축이 지연되어 새끼가 산도에 끼어 있다면 질식할 수도 있으므로 보호자가 도와주어야 한다. 그러나 힘으로 빼다 보면 작은 힘으로도 새끼의 목뼈나 척추뼈가 꺾일 수 있기 때문에 산모가 힘을 주는 타이밍에 맞춰 식용유 등의 기름을 산도 주변에 묻힌 후 조금씩 꺼내야 한다.

언제 병원을 찾아가야 하는가?

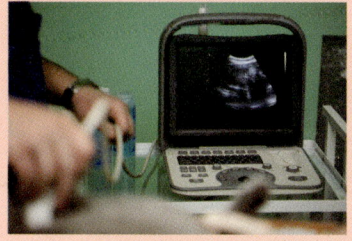

- 고양이는 분만일 전에 체온이 떨어지다가 분만하면서 정상 체온으로 돌아오는 것이 정상이다. 그러나 체온이 떨어졌다가 정상 체온으로 돌아왔는데도 분만의 징후가 보이지 않을 때는 병원에 방문해야 한다.
- 2~3시간 전부터 생식기에서 적갈색의 분비물이 나오는데도 태아가 나오지 않으면 태반이 미리 떨어져 나가 어미와 새끼 고양이가 위험에 처할 수 있으므로 병원에 방문해야 한다.

태반 조기 박리

- 태반은 출산 후에 자궁에서 떨어지는 것이 정상이다. 그러나 태아가 나오기 전에 태반이 착상 부위에서 부분적으로 떨어지거나 완전히 떨어지면 태반 조기 박리가 된다. 임신 후반기 출혈의 주요 원인이며, 심하면 태아 사망과 함께 혈액 응고 이상 현상이 나타나 산모도 위험할 수 있다. 유발하는 원인은 매우 다양하다.
- 분만의 징후가 나타난 후 2시간 이상 태아가 나오지 않거나 2~4시간 이상 미약하고 불규칙한 진동이 보이는 경우에는 태반 조기 박리 가능성이 있다.
- 20~30분 이상 강하고 지속적인 진통을 보이지만 분만의 징후가 보이지 않는 경우 태반 조기 박리 가능성이 있다.
- 태아의 신체 일부가 산도로 진입하였으나 나오지 않고 있는 경우 태반 조기 박리 가능성이 있다.
- 임신 중독증(전신 증상의 악화, 전신 부종, 쇼크 등)이 있는 경우 태반 조기 박리 가능성이 있다.

분만 후 관리

어미 고양이 관리

🐾 생식기 출혈

분만 후에는 태수와 태반의 잔류물이 3주 이상 배출되는데 양이 가장 많은 시기는 분만 후 1주이다. 적갈색을 띠는 배출물이 심하게 부패한 상태로 분비되거나, 지속해서 출혈량이 많아지거나, 4주 이상 분비물이 계속 나타나는 경우는 병원에 방문해야 한다.

🐾 무유증

분만 후 젖이 나오지 않는 증상을 무유증이라고 한다. 무유증은 제왕 절개나 초산일 때 나타난다. 아드레날린의 과잉 분비로 인해 옥시토신 호르몬의 방출이 억제되면서 일어난다. 불안과 통증을 동반하기 때문에 보호자는 어미 고양이를 안정시키는 것이 중요하며, 정상적으로 새끼가 젖을 빠는 자극을 줌으로써 젖이 분비되도록 유도해야 한다. 그래도 젖이 분비되지 않으면 치료가 필요하다. 무유증을 일으키는 기타 원인으로는 영양 장애, 쇼크, 유방염, 자궁염, 전신성 감염, 내분비 이상 등이 있다.

🐾 울유증

분만 후 젖 주변에 멍울이 잡히고 부어오르는 증상을 울유증이라고 한다. 만지면 딱딱하고 열감이 있으며 불안해하고 통증을 호소한다. 때때로 젖이 나오지 않는 경우도 있지만 젖이 많이 나오거나 새끼들이 빨지 못한 유두가 있는 경우에 발생한다. 유방이 부어오르는 것을 방지하기 위해 따뜻한 물수건으로 부드럽게 마사지하거나 빨지 못한 유두를 새끼가 빨도록 유도한다. 이 또한 심한 경우 치료가 필요하다.

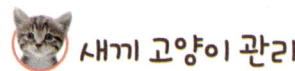 새끼 고양이 관리

새끼 고양이의 성장 변화

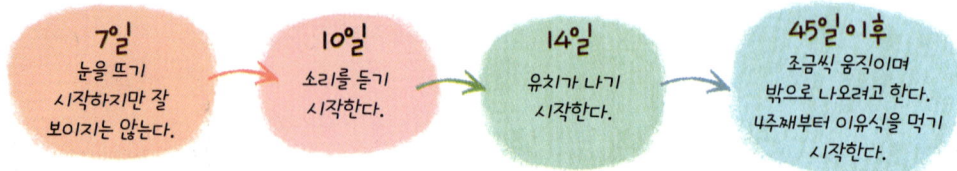

7일 눈을 뜨기 시작하지만 잘 보이지는 않는다.

10일 소리를 듣기 시작한다.

14일 유치가 나기 시작한다.

45일 이후 조금씩 움직이며 밖으로 나오려고 한다. 4주째부터 이유식을 먹기 시작한다.

초유 먹이기

출산 후 3~5일간 어미 고양이가 분비하는 젖을 '초유'라고 하는데 단백질과 지방이 풍부하며 새끼에게 필요한 면역 성분이 들어 있다. 이때 초유를 꼭 먹어야 바이러스성 질병에 대항할 항체가 생긴다. 건강한 산모는 새끼를 품고 핥아 주며, 건강한 새끼는 알아서 젖을 찾아서 빤다. 그러나 여러 마리가 태어나는 고양이의 특성상 도태되는 새끼가 생기기 마련이다.

도태되는 고양이까지 어미가 잘 보살펴 주기도 하지만, 기력이 쇠할 경우에는 새끼 돌보는 데 게으를 수가 있다. 도태되는 새끼를 어미가 제대로 돌보지 못한다면 보호자가 곁에서 도와주어야 한다. 어미가 새끼를 돌볼 수 있도록 계속 젖을 물려 주어야 하지만 상황이 여의치 않다면 보호자가 초유를 인공 수유해야 한다.

인공 초유, 분유 먹이기

여러 가지 상황에 의해 새끼가 초유를 먹지 못했다면 동물병원에서 파는 인공 초유를 3일 정도 먹여야 한다. 3일 이후부터는 고양이 전용 분유를 먹인다. 사람용 분유나 우유를 먹이면 안 되느냐고 문의하는 경우가 많은데 초유나 분유가 고양이의 평생 건강의 초석이 되는 만큼 꼭 고양이 전용으로 먹여야 한다. 동물병원에서 파는 고양이용 젖병을 구입하여 입구에 십자가 모양으로 칼집을 내면 새끼 고양이가 먹기 적당한 양으로 우유가 나온다. 입구를 가위로 자르면 많은 양이 나오며 바늘로 찔러서 뚫으면 너무 적은 양이 나온다.

분유를 탄 후에는 뜨거운 물에 젖병을 5분 정도 담가 두어 미지근하게 만든다. 분유를 손등에 한 방울 떨어뜨려 뜨겁지 않은 정도라면 사람의 체온과 비슷한 온도가 된 것이니 먹여도 좋다. 3~4시간 간격으로 먹어야 하며 30ml 정도부터 먹이기 시작해서 조금씩 늘려 준다. 생후 4주가 지난 고양이는 60ml 정도의 분유를 먹는다.

🐾 분유 먹이는 방법

새끼 고양이가 사망하는 많은 원인 중의 하나는 인공 수유 시 보호자들이 분유를 아기처럼 눕혀서 먹이기 때문이다. 그러나 이 자세는 고양이에게는 기도를 막을 수 있기 때문에 위험하다. 새끼 고양이는 엎드려서 젖을 먹는 자세가 가장 편하고 안전하다. 5분 후에는 등을 가볍게 토닥토닥 두드리고 문질러 트림을 시켜 준다.

사람과 같은 형태로 눕혀서 우유를 먹이는 것은 위험하다.

고양이는 엎드린 자세로 우유를 먹이는 것이 가장 안전하다.

🐾 고양이 배변 유도법

분유를 주고 1시간 정도 기다렸다가 부드러운 천이나 거즈에 따뜻한 물을 묻혀서 항문과 요도 주변을 살살 자극해 주면, 마치 어미가 새끼를 핥아 주는 것과 같은 효과가 나타나 배변을 유도한다. 새끼 고양이는 스스로 배변을 하지 못하므로 초기에 몇 번 해 주면 어느 순간에 스스로 배변을 한다. 길게는 4주까지 배변 유도가 필요할 수도 있다.

🐾 우유에서 사료로 교체하는 법

한 달 정도 되면 스스로 움직이며 우유를 핥아 먹기 시작한다. 접시에 따뜻한 분유를 타서 준비해 주고 서서히 사료에 적응시키기 위해 뜨거운 우유로 불려 주거나 갈아서 죽처럼 만들어 주면 된다. 사료에 대한 기호성이 좋으면 생후 50일 이후부터는 사료를 준다. 거부감 없이 잘 먹는다면 그때부터 불리지 않은 사료를 주면 된다. 고양이마다 성장과 발달의 차이가 있으므로 보호자는 항상 새끼 고양이의 성장을 관찰하며 다음 단계를 준비해야 한다.

사람에게 옮는 고양이 질병

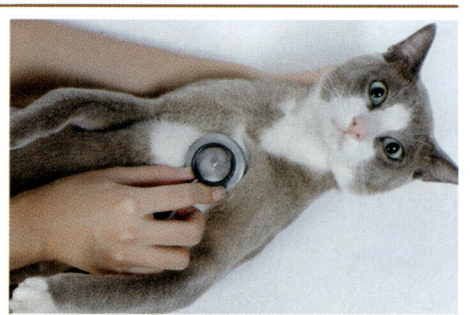

동물들은 서로 질병을 교환하지 않는다 　숙주 특이성

고양이는 장염에 걸리면 극심한 구토와 더불어 지독한 피 설사를 하루에도 수십 번씩 하며, 밥을 먹지 못해 뼈가 드러나도록 몸이 쇠약해진 채로 폐사한다. 물론 치료를 전혀 하지 않았을 경우의 이야기이다. 감염력이 굉장히 강한 이 병이 사람에게 옮는다면 아무리 고양이가 사랑스럽더라도 키우는 것이 겁날 것이다. 고양이 백혈병, 에이즈, 복막염 등 대부분 고양이 질병은 바이러스성이지만 오직 고양이끼리만 전염된다.

범백 장염의 경우 일반적으로 개의 바이러스는 고양이에게 전염되C지만, 고양이의 바이러스는 개에게 전염을 일으키지 않는다. 다만, 바이러스는 끊임없이 변형된다는 것은 염두에 두어야 한다. 이렇게 동물들 간에 서로 질병을 교환하지 않는 까닭은 바로 '숙주 특이성Host Specificty' 때문이다. 숙주 특이성이 다른 동물들끼리는 서로 감염될 걱정을 하지 않아도 되지만 바이러스의 변형에 의해 동물의 숙주 특이성이 때때로 변하기도 한다. 가장 변형이 심한 바이러스가 인플루엔자 바이러스이다.

인간과 동물이 질병을 고류하는 경우도 있다 　인수 공통 전염병

인간과 동물 사이에 공통으로 감염될 수 있는 질병을 '인수 공통 전염병Zoonosis'이라고 한다. 인수 공통 전염병에 속하는 광우병, 탄저, 사스, 광견병, 조류 인플루엔자, 신종플루 등은 인간의 생명을 위협하는 매우 위험한 바이러스이다. 일부 지역에서만 발병했던 이 질병은 국외 여행 등으로 국가 간의 이동이 자유로워지면서 전 세계로 퍼지게 되었다. 인수 공통 전염병은 새로운 시대를 살아가는 우리가 해결해야 할 큰 화두이며 더불어 방역과 검역은 그 나라 국민의 생명을 좌우하는 중요한 문제이다.

고양이가 사람에게 옮길 수 있는 질병

진균증

원인 현재 지구상에 7만여 종 이상의 진균이 알려져 있으나 이 중 3백여 종이 사람과 동물에 감염되고 이중 약 10여 종만이 진균성 질병을 일으키는데, 이들 대부분은 인수 공통 전염 병원체이다. 진균의 종류마다 감염 경로, 증상 등이 각기 다르지만 고양이는 보통 곰팡이가 생긴 사료, 습하고 불결한 환경, 감염 동물과의 접촉 등에 의해 감염이 된다.

증상 내부 장기나 폐로의 감염도 가능하지만 주로 피부에 감염되어 머리, 목, 다리 등에 원형 탈모 증상을 일으킨다. 건강한 일반인에게 진균증은 그렇게 두려운 질병이 아니지만 당뇨, 에이즈, 알코올 중독, 비만증, 악성 종양, 비타민 B 결핍증 등 면역력이 약한 환자들에게는 무서운 질병이 될 수 있으므로 이들에게는 병균이 노출되지 않도록 해야 한다.

예방&치료 소독약을 적용하면 소독 효과가 좋으며 항진균제를 사용해도 치료 효과가 좋다. 치료 시기만 빠르다면 환자가 아닌 일반인이 두려워할 만한 병은 아니다.

외부 기생충

원인 외부 기생충은 동물이나 사람의 외부에 기생하는 절족 동물로서 인수 공통 전염 병원체를 이환시켜 다른 감염증을 유발한다. 인수 공통 외부 기생충은 벼룩, 모기, 파리, 진드기 등이다.

증상 흡혈을 통해 소양증, 구진, 발진, 피부염, 농포 등을 일으킨다.

예방&치료 외부 기생충은 간단한 노력으로 예방할 수 있다. 가능하면 청소가 어려운 카펫은 사용하지 않는 것이 좋고 이불, 소파, 침대보 등을 청결하게 한다. 평소에 위생에 신경을 쓰고 무엇보다 한 달에 한 번씩 구충하면 예방률이 매우 높다.

내부 기생충

원인 원생동물과 연충을 통틀어 내부 기생충이라고 한다. 종류로는 톡소플라스마와 회충 등이 있다. 톡소플라스마는 고양이가 감염시키는 질병으로 잘 알려져 있으나 그보다는 소, 돼지, 양을 생고기로 먹었을 때 감염되는 경우가 더 많다. 회충은 충란이 분변을 통하여 배출되고 자연계에서 적당한 온도, 습도에서 감염자충이 형성된다. 사람에게 감염되어 장 점막에 침입하면 우심실, 폐동맥을 거쳐 주로 소장에 기생한다.

증상 톡소플라스마는 감염된 사람이 증상이 없다면 항체가 있는 것이므로 임신을 해도 무관하지만, 감염 경험이 없는 사람이 임신 초기에 감염되면 태아에게 영향을 미칠 수 있다. 회충은 복통, 장관 폐쇄, 기침, 호흡 곤란과 같은 증상이 나타난다.

예방&치료 톡소플라스마는 고양이 분변을 하루가 지나기 전에 장갑을 끼고 치우고, 생고기 육회를 먹지 않는다면 감염 가능성이 없다. 회충은 감염된 동물의 분변을 처리하는 데 특히 유의해야 하며 구충제로 치료할 수 있다. 개, 고양이는 한 달에 한 번씩 구충을 하면 동물도 안전할 뿐 아니라 분변을 처리하는 사람도 안전하다.

🐾 바르토넬라증 (고양이 할큄 병)

원인 다양한 바토넬로속의 세균에 의해 생기는 질병으로 주로 다양한 곤충이나 감염 동물, 사람과의 접촉, 긁힘 등에 의해 전파된다.

증상 패혈증, 심내막염, 에이즈 환자는 신경 증상까지 일으킨다. 미국에서는 매년 2만 5천 건의 고양이 할큄 병이 발생하고 있지만 국내에서는 아직 발생 보고가 없다. 감염된 고양이는 주로 무증상이며 다른 가축에게는 질병을 일으키지 않는다. 사람에게 감염이 되면 국소적 림프샘염이 발생한다.

예방&치료 고양이끼리는 주로 고양이 벼룩에 의해서 감염된다. 그러므로 한 달에 한 번 하는 외부 기생충 구충을 철저히 해야 한다. 건강한 성인이 감염되면 증상이 대개 가벼워 대부분 자가 치유되며 일반적인 항염증과 진통 치료 정도면 충분하다. 그러나 가끔 병변 부위에서 고름이 생기고 2~3개월 정도 증상이 지속되는 경우가 있다. 특히 면역 결핍 환자 등은 지속적인 주의와 치료가 필요하다.

🐾 파스튜렐라 감염증

원인 파스튜렐라라는 세균에 전염된 소, 돼지, 양, 염소 등의 호흡기 질병을 말하며 개와 고양이는 보균자로서 사람에게 전파한다.

증상 소화기 계통에 증상이 나타나기도 한다. 감염 동물의 교상에 의한 발적, 종창 등의 증상이 나타나며 심한 증상은 드물다. 면역 기능이 감소된 당뇨병이나 간장 계통의 질병을 앓고 있는 사람 또는 노인의 경우 큰 병으로 발전할 가능성이 있으므로 감염 동물과의 접촉을 피해야 한다.

예방&치료 본인이나 가족 중에 호흡기 질환이 있거나, 기타 면역력을 약하게 하는 질환이 있어 감염 가능성이 있다면 고양이와 한 이불에서 자는 것은 피해야 한다. 고양이의 파스튜렐라 보유율은 구강 내에 100%, 발톱에 20~25%이므로 면역력이 약한 사람은 고양이와 입을 맞추는 것도 피해야 하며, 감기 등의 호흡기 증상이 있을 때는 고양이를 키우고 있다는 것을 밝히고 병원 진료를 받아야 한다.

SECTION 13
응급 처치 방법

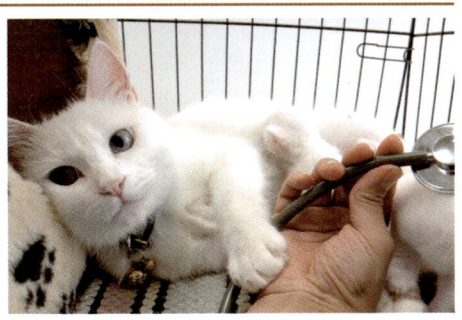

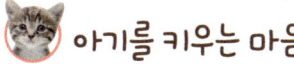 아기를 키우는 마음

고양이를 키우는 사람은 마치 아기를 키우는 사람처럼 늘 조심해야 한다. 뜨거운 물을 끓일 때는 고양이를 안전한 곳에 격리하고 부엌 주변으로 접근하지 못하게 해야 하며 외출을 할 때는 창문을 닫아 두고 가야 한다. 집을 비울 때는 이 모든 사항을 고양이를 돌봐 주는 사람에게 당부해야 한다. 고양이의 특성을 잘 모르는 사람은 고양이가 높은 창문이나 싱크대를 거뜬히 오를 수 있다는 사실을 모르기 때문이다. 이물을 섭취할 가능성이 있는 1년 미만의 고양이는 특별히 더 신경을 써야 한다.

응급 상황에 대처하는 방법

응급 상황이 닥쳤을 때 동물병원으로 가기 전에 대처하는 방법을 알아 두면 유용하다. 대부분 동물병원이 오후 8~10시 정도에 문을 닫기 때문에 자주 가는 동물병원 외에 24시간 동물병원 전화번호를 따로 알아 두어야 한다. 야간 당직 수의사가 쉬는 날인 경우에는 낭패를 볼 수 있기 때문에 두 군데 정도 알아 두는 것이 좋다. 서울 지역은 24시간 동물병원이 많지만 지방으로 갈수록 24시간 병원이 드문 편이므로 미리 알아 두는 것이 아주 중요하다.
아픈 고양이를 보호한다는 생각으로 이동장에 넣지 않고 안고 가다가는 고양이가 뛰쳐나가 더 큰 사고로 이어질 수 있으니 반드시 이동장에 고양이를 넣어서 데리고 가는 것이 좋다. 병원을 방문하기 전에 전화해서 고양이의 상태를 미리 알리면 수의사가 더욱 신속하게 대처할 수 있다.

 ## 상황별 응급 처치

🐾 인공호흡

높은 곳에서 떨어지거나 물에 빠졌을 때 고양이가 갑자기 호흡하지 않는다면 동물병원으로 가서 호흡기를 연결하고 산소를 공급해야 한다. 이것이 여의치 않다면 우선 인공호흡을 실시해야 한다.

🐾 심장 마사지

물에 빠지거나 감전을 당한 경우에는 숨 쉬는 것을 확인하고 심장에 손을 대 심장이 제대로 뛰는지를 확인해야 한다. 이때 심장이 제대로 뛰지 않는다면 동물병원으로 빨리 가는 것이 최선이지만 여의치 않다면 심장 마사지를 해야 한다.

🐾 물에 빠졌을 때

뒷다리를 잡고 거꾸로 들어 올린 후 최대한 입을 열어 물을 토해 내도록 해야 한다. 인공호흡과 심장 마사지를 한 후 병원으로 간다.

> **고양이 인공호흡법**
> - 고양이를 옆으로 누인다.
> - 입을 막고 코로 숨을 불어 넣는다.
> - 고양이의 가슴이 부풀어 오르는 것을 확인하며 약 3초간 불어넣고 쉬고, 또다시 3초간 불어넣고 쉬기를 반복한다. 고양이가 스스로 호흡할 수 있을 때까지 반복한다.
>
> **고양이 심장마사지법**
> - 고양이를 옆으로 누인다.
> - 오른손으로는 고양이의 등을, 왼손으로는 고양이의 가슴뼈를 잡고, 엄지와 검지로 힘껏 1~2회 누르고 3회에서 손의 힘을 뺀다.
> - 위 동작을 1초당 1회의 속도로 30회 정도 반복한다.
> - 30회째는 인공호흡을 동시에 실시한다.

🐾 열사병

고양이는 열에 매우 민감하다. 여름에 고양이를 잠깐 차에 두면 고양이는 그사이 열사병에 걸려 고열로 헐떡이거나 이미 죽어 있는 경우가 많다. 눈 깜짝할 사이에 일어나는 일들이다. 만약 고양이가 고열로 헐떡인다면 수건을 찬물에 적셔서 몸에 돌돌 감아 준다. 여러 장의 수건을 준비해서 번갈아 가면서 덮어 준다. 얼음주머니를 이용하거나 알코올을 몸에 뿌리는 것도 체온을 빨리 떨어뜨리는 방법이다. 그 후에 동물병원에 가서 수액을 맞혀 반드시 체액을 보충하도록 한다.

🐾 쥐 찍찍이가 붙었을 때

쥐를 잡기 위한 접착제에 가끔 고양이가 걸려 옴짝달싹 못하는 경우가 있다. 이럴 때는 집에서 쓰는 콩기름이 유용하다. 콩기름이나 식용유를 고양이 몸에 바르고는 정성껏 한 올 한 올 떼어 준 후 목욕을 시킨다.

🐾 화상

흐르는 찬물에 환부를 식힌다. 화상은 통증과 감염이 심각한 질병이므로 멸균 거즈로 환부를 감싼 후 동물병원에 가서 치료를 받아야 한다. 가벼운 화상으로 크게 통증이 없다면 알로에 베라 젤을 반복적으로 바르며 관리해 주는 정도면 치료가 된다.

🐾 물리거나 찔려서 피가 날 때

집에 있는 포비돈 소독약으로 소독을 한 후 거즈로 상처 부위를 꽉 잡고 지혈을 한다. 살짝 긁힌 정도라면 소독 후에 연고를 바르고 거즈를 덮은 후 붕대를 감으면 2~3일 후 상처가 가라앉는다. 그러나 물리거나 찔린 경우는 상처가 작더라도 파상풍 등의 위험이 있기 때문에 반드시 치료를 받아야 한다. 출혈이 심하다면 출혈 부위로부터 2~3cm 떨어져 심장과 가까운 쪽을 천으로 묶어 지혈한 후 동물병원에 데려간다.

🐾 교통사고와 골절

교통사고를 당했거나 높은 곳에서 떨어져서 골절이 생긴 고양이는 통증으로 인해 굉장히 예민해져 있는 상태라 보호자라 할지라도 만지지 못할 가능성이 크다. 이럴 때는 두꺼운 담요로 덮고 다친 부위로부터 먼 곳을 들어 빈 상자에 넣은 후 동물병원으로 데려가는 것이 좋다. 단순한 골절이라면 골절 부위를 젓가락 등의 나무 막대기로 고정해 가면 골절 부위가 틀어지지 않아 도움이 되지만 통증으로 인해 심하게 저항하는 경우가 많다. 따라서 상자에 넣어서 최대한 움직이지 않도록 안정을 시켜서 동물병원으로 데려가야 한다.

🐾 감전되었을 때

감전된 고양이를 사람이 만지면 사람도 감전이 된다. 우선 콘센트를 뽑거나 전기 차단기를 내린 후 고양이를 살펴본다. 응급 상황이라면 심장 마사지와 인공호흡을 실시한 후 병원으로 간다.

🐾 항문으로 실이 나와 있는 경우

고양이는 줄을 가지고 장난치다가 이것을 먹는 경우가 많다. 이를 '선형이물'이라고 하는데 날카로운 실이 장에 손상을 주기 때문에 매우 위험하다. 고양이가 먹은 실이 운 좋게 항문으로 나오는 경우가 있는데 항문으로 실이 보인다고 이를 빼내겠다고 잡아당기면 안 된다. 이를 억지로 잡아당

> **Dr. No's 쥐 찍찍이는 콩기름만 있으면 OK!**
>
> 야간 당직 수의사 시절의 일이다. 바퀴벌레를 잡는 용도의 찍찍이를 집고양이가 밟았는데 놀란 나머지 뒹굴어서 온몸에 접착제가 붙은 상태로 내원했다. 나는 콩기름을 이용해서 한 올 한 올 찍찍이를 뗀 후 돌려보냈다. 보호자는 온몸에 접착제가 달라붙었으니 고양이보다 더 놀라 허둥지둥 응급실로 내원했지만, 이런 경우는 그냥 콩기름만 있으면 집에서도 충분히 떼어 낼 수 있다. 그러니 너무 놀라지 말고 신속하게 대처하도록 하자.

기면 날카로운 실에 의해 장이 손상될 수 있으니 살짝 잡아당겨서 나오지 않는다면 그냥 놔두고 병원에 가는 것이 좋다.

고양이는 실을 좋아해서 입안에 실이 걸려 있는 경우도 흔히 있는 일이다. 이때도 역시 위험하기 때문에 절대 실을 잡아당기면 안 된다. 동물병원에 내원해서 해결해야 한다.

🐾 고양이 응급 약품 상자 물품 목록

고양이를 위한 비상 약품 상자를 준비해 놓으면 고양이가 다쳤을 때 허둥대는 일이 덜할 것이다. 상자에 준비해야 할 물품으로 흔히 빨간 약이라고 불리는 포비돈 소독약, 멸균된 거즈, 의료용 테이프, 붕대 등이 있다.

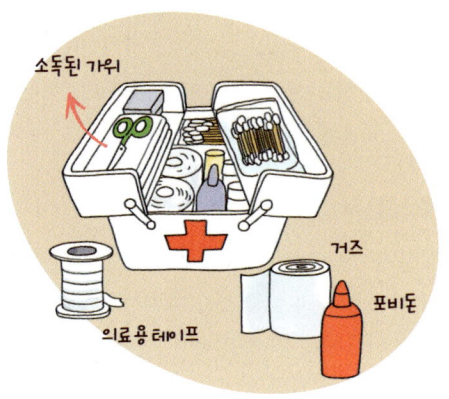

SECTION 14
동물병원에서 시행하는 검사들

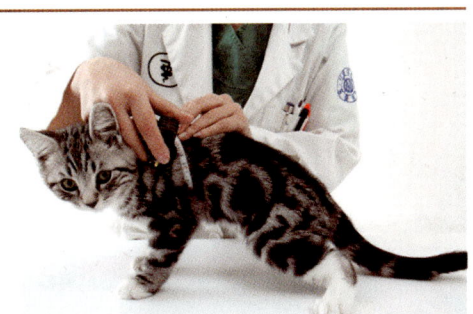

검사의 필요성

말을 못 하는 환자의 병을 진단한다는 면에서 수의사는 소아과 의사와 비슷하다. 아이의 부모는 24시간 아이를 직접 돌보거나 돌봐 주는 사람에게 아이의 상태에 관해 이야기를 듣기 때문에 아이의 건강에 대해 비교적 잘 안다. 그러나 고양이의 보호자는 대부분 시간을 직장에서 혹은 집 밖에서 보내고 퇴근 후 몇 시간 동안만 고양이와 함께하기 때문에 고양이의 상태에 대해 정확히 알지 못하는 경우가 많다. 게다가 고양이는 야생성이 강해 병을 숨기려는 기질이 강하다. 아프거나 약한 동물은 적의 표적이 되거나 도태되기 때문이다.

고양이의 경우 이미 병이 한참 진행된 후에야 보호자에 의해 병원에 오는 경우가 많다. 수의사는 촉진_{만져서 진단}, 시진_{눈으로 진단}, 문진_{보호자에게 물으며 진단}을 하지만 이것만으로 고양이가 어떤 상태인지를 명확하게 알아내기는 어렵다. 그렇기에 여러 검사가 불가피한 경우가 많은데 검사 장비들이 워낙 고가이다 보니 검사 비용도 고가이고, 그러다 보면 수의사들은 쉽게 '바가지 진료'를 한다는 누명을 쓰기 십상이다. 2011년부터 동물병원 진료에 대한 부가가치세가 부과되기 시작하면서 동물병원의 진료비용이 더욱 높아졌고 진료비에 대한 보호자와의 갈등의 골은 더욱 깊어지고 있다. 그러나 수의사나 보호자나 죽어 가거나 아픈 동물을 살리고픈 마음은 같다. 따라서 고양이를 키우는 보호자라면 막연하게 모든 검사는 바가지를 씌우기 위한 수단이라는 의심을 거두고 어떤 증상에 어떤 검사가 필요한지 미리 알아 두면 도움이 될 것이다.

일반 병원에서 가능한 검사

🐾 현미경 검사

검사 이유 수의사가 현미경을 보는 경우는 크게 세 가지가 있다. 첫째는 설사나 위장관 질환을 호소하며 내원하는 환자들을 대상으로 변 검사를 하는 경우이다. 주로 세균이나 원충이 보이는데 수의사는 이에

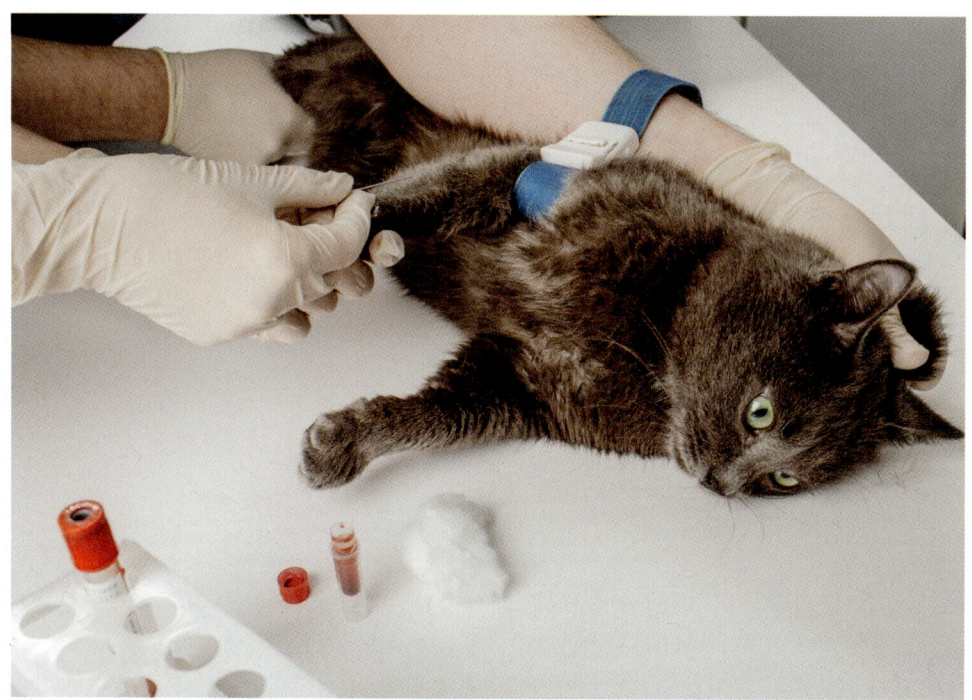

따라 치료를 하게 되므로 좀 더 정확하게 진단하고 치료하는 데 도움이 된다. 두 번째는 귓병이나 피부병으로 내원할 때 슬라이드에 이를 채취하고 염색을 하여 피부병의 원인이 곰팡이인지, 세균인지 등을 판단하는 경우이다. 세 번째는 혈액을 뽑아 도말하여 적혈구, 백혈구, 혈소판의 모양과 수를 확인하는 경우이다. 현미경은 정확한 진단을 내리는 데 다양하게 활용이 되는 반면, 비용이 크게 들지 않고 마취나 심한 보정이 필요하지 않다는 장점이 있어서 동물병원에서는 매우 유용한 검사 장비로 활용되고 있다.

검사 방법 검사하려는 대상, 즉 대변이라든지 피부의 각질 등을 슬라이드에 올려놓고 직접 보거나 염색을 해서 보기도 한다.

🐾 엑스레이 검사

검사 이유 위장관, 생식기 질환의 평가, 골절과 탈구의 평가, 심장과 폐에 대한 평가, 외상의 평가, 치과 검사, 악성 종양의 전이 여부 평가 등 동물병원 진단에서 방사선 검사가 차지하는 영역은 광범위하다. 진단을 위한 최초 검사뿐 아니라 정형외과, 심장, 호흡기 또는 종양성 질환 환자들은 치료 과정에서 경과를 확인하는 데도 유용하게 활용된다.

검사 방법 검사 방법이 간편하고 마취나 절개가 필요 없으며 비용이 적절하기 때문에 동물병원에서 우선적으로 선택하는 검사 방법이다. 진단의 폭을 좁히는 데 매우 유용하지만 절대적인 검사는 아니기 때문에 정확한 진단을 위해서는 초음파나 혈액 검사 등이 추가되어야 한다. 방사선 노출을 염려하는 보호자도 있는데, 반복적으로 노출되는 수의사나, 수의 간호사들은 납복과 안전장치 등으로 보호해야 하지만 검사를 위해 몇 번 노출되는 경우는 안전하므로 너무 염려하지 않아도 된다.

🐾 초음파 검사

검사 이유 초음파 검사는 임신 진단에서 아주 유용하다. 임신 후 25일이 지나면 태아의 심장이 보이기 시작하고, 45일이 지나야 비로소 골화가 되어 방사선으로 보이기 시작하기 때문에 임신 진단용으로는 방사선보다 초음파가 훨씬 유용하다. 결석을 진단할 때도 가장 유용한 장비이다. 엑스레이로 잘 보이지 않는 결석도 초음파로는 짙은 흰색으로 명확하게 보이는 경우가 많기 때문이다. 복부 장기와 심장 질환을 평가할 때도 매우 유용하여 방사선 검사 후 이를 보충하는 데 이용된다. 특히 심장 질환은 심장의 움직임을 직접 관찰할 수 있기 때문에 방사선으로 잡아낼 수 없는 질환도 진단할 수 있다.

검사 방법 마취나 절개 없이 할 수 있는 비침습적 검사 방법이다. 초음파의 음영이 잘 보이도록 조용하고 어두운 장소에서 검사한다. 다만, 환자가 움직이지 않도록 최대한 안정을 시켜야 한다.

🐾 조영 검사

검사 이유 방사선 검사의 한계를 극복하고자 고안된 보조적인 검사 방법이다. 방사선 검사로는 장기의 점막면 또는 내강의 내용물을 확인할 수 없는 한계가 있기 때문에 조영제를 먹인 후 방사선 촬영을 하여 이를 추정할 수 있다. 조영 촬영이 가장 흔히 이용되는 경우가 이물과 폐색의 진단인데, 방사선으로 선명하게 보이는 이물은 쇠나 뼈 정도로 제한된다. 다시 말해 새끼 고양이들이 흔히 먹는 고무나 천 등은 방사선상으로는 거의 보이지 않는다. 그러나 조영제를 먹이고 촬영을 하면 조영제가 위장관을 따라 내려가다가 막히는 곳이 보이므로 그곳에 이물이 있거나 폐색이 있다고 추정한다.

검사 방법 조영제를 먹인 후 일정 간격으로 방사선을 연속으로 촬영하여 조영제의 흐름을 관찰한다. 따라서 짧게는 2시간 길게는 한나절 이상 연속으로 방사선 촬영을 하면서 조영제가 내려가는지 관찰하게 된다.

🐾 각종 키트 검사

검사 이유 다른 검사와 달리 특별한 장비가 필요 없고 검사 방법이 간단하며 결과가 나오는 시간이 짧기 때문에 진단을 위해 가장 흔히 이용되는 방법이다. 고양이의 진단을 위해 이용되는 키트는 범백혈구 감소증을 진단하는 FPV, 고양이 에이즈와 백혈병을 진단하는 FIV/FeLV 키트, 심장병 진단을 위한 proBNP 키트, 췌장염 진단을 위한 FPL 키트 등이 있다.

검사 방법 키트의 종류에 따라 약간의 차이가 있지만 혈액 또는 분변을 키트에 포함된 버퍼액과 섞은 후 키트에 떨어뜨리고 10분 정도 기다리면 양성 혹은 음성 판정이 가능하다. 검사의 신뢰도 역시 키트마다 다르므로 진단에서 임상 증상과 수의사의 판단이 중요하다.

🐾 혈청 검사

검사 이유 고가의 검사 장비지만 최근 동물병원에서 많이 사용하고 있다. 말을 할 수 없는 동물을 상대로 하는 동물 진료에서 환자의 상태를 정확하게 파악하고 잠재적인 질병의 검출, 치료 효과의 확인 및 수술 후의 동물 상태를 객관적이고 과학적인 수치를 바탕으로 보호자에게 설명할 수 있는 방법이다.

검사 방법 고양이의 목이나 앞다리 등에서 채혈을 한 후 원심분리를 한 후 간 신장 등 여러 항목의 키트를 이용해 혈액검사를 진행한다. 위독하거나 진단이 어렵거나 나이가 많은 동물이라면 검사 항목이 많아진다.

혈구 검사

검사 이유 CBC라 불리는 혈구 검사는 혈액 검사와 함께 동물병원에서 가장 많이 시행하는 검사 방법으로 질병을 진단하는 데 유용하게 이용되는 검사 중 하나이다. 질환이 의심스러운 경우 외에도 신체 상태가 궁금하거나 치료 결과, 건강 진단, 마취 전 검사 등 많은 방면에서 시행한다.

검사 방법 동물의 목이나 앞다리에서 혈액을 채취한 후 혈액을 담는 보틀(Bottle)에 담아 기계를 이용해 검사한다.

요 검사

검사 이유 신장의 기능이나 요로계의 이상, 당뇨병 등 전신성 이상에 대한 검사를 할 때 매우 유용하다. 소변의 ph, 단백질, 혈액, 당, 케톤 등을 진단할 수 있으며 적혈구, 백혈구, 상피세포, 요 원주, 세균 등의 진단에도 이용된다. 단독 검사보다는 다른 검사와 병행하는 것이 도움이 되며 이용 범위가 넓다.

검사 방법 요 검사를 위해서는 깨끗한 오줌의 채취가 필요하다. 환자를 눕힌 후 복부 초음파를 보면서 주사기를 이용해 방광에서 직접 오줌을 채취하면 오염되지 않은 오줌을 얻을 수 있다.

CT 컴퓨터 단층 촬영 Computed Tomogaphy

검사 이유 CT는 뼈 조직과 연부 조직을 탁월하게 식별하기 때문에 겹쳐진 구조의 중복을 피해 영상화가 가능하다. 즉 방사선으로 희미하게 보이던 영상을 명확하게 보여 주는 획기적인 영상 진단법이다. 동물의 경우 마취가 필요하다는 단점이 있지만, 절개가 필요 없는 비 침습적 검사 방법이며 정확도가 높기 때문에 최근 동물 진단에서 중요도가 높아지고 있다.

검사 방법 기계 안으로 들어가서 움직이지 않아야 촬영이 가능하기 때문에 전신 마취를 해야만 검사가 가능하다.

MRI 자기 공명 영상 Magnetic Resonance Imaging

검사 이유 척추나 뇌 등 신경계 증상에 대해 가장 명확하게 진단할 수 있는 첨단 장비이다. 신체 연부 조직 내의 식별 능력으로 척수, 심장, 폐, 뇌와 같은 모든 내부 장기의 연부 조직 간의 구별이 가능한 것은 물론 연골, 건, 근육 및 인대 등에 대한 구별 영상화가 가능하다.

검사 방법 CT와 마찬가지로 절개가 필요 없는 검사 방법이지만 동물의 경우 반드시 전신 마취를 해야 하는 부담감이 있다.

 마취 전 검사

마취 의사는 마취하기 전에 여러 가지 검사를 통해 환자의 상태를 판단하게 되는데 이를 마취 전 검사 또는 술전 검사라고 한다. 따라서 수술 전에는 검사를 많이 할수록 더 많은 정보를 얻을 수 있으나 비용과 직접 관련된 문제이므로 의사의 판단 아래 최소한의 검사를 하게 된다. 즉, 나이가 많거나 질환이 있는 경우는 심장 초음파, 혈압, 췌장염 등 다방면에 걸친 잠재 질병

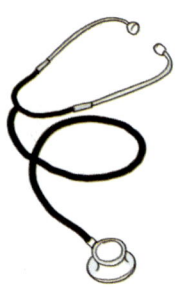

을 찾기 위한 검사를 하게 될 것이며, 나이가 어리고 평소 컨디션이 양호하다면 흉부 방사선과 혈액검사 등 기본적인 검사가 진행될 것이다.

검사 이유 마취 의사는 마취 전 검사를 함으로써 마취와 수술 시에 예측할 수 없는 사태를 예방할 수 있고, 환자의 상태를 정확히 파악하고 마취제의 종류와 용량을 결정할 수 있다. 또한 보호자에게 정확하게 환자의 상태를 설명할 수 있으며 앞으로의 건강 상태에 대한 정보로 활용할 수도 있다. 마취 전 검사에서 정상 수치를 벗어난 결과가 나온다면, 수술을 중지하고 부족한 신체 부분을 교정한 후 다시 수술을 준비해야 한다. 건강한 동물에게는 마취 전 검사가 무의미하다고 생각할 수 있지만 내 고양이가 건강한지 아닌지를 정확하게 판단하기 위해서 마취 전 검사가 필요하다.

검사 방법 **최소 술전 검사** 일반적으로 전신 상태를 평가하고 마취제를 해독하는 기관인 간과 신장에 해당하는 혈청 화학 검사를 한다. 즉, TP, Alb, GOT, GPT, BUN, Cre의 6가지 항목이 가장 기본적인 술전 검사에 해당한다. 여기에 빈혈, 염증, 단백질 이상을 파악하기 위해서는 혈구 검사를 추가하는 것이 도움이 되며 혈압과 흉부 방사선 검사 역시 기본적으로 요구된다.

> **Dr. No's** "안전한 마취약은 없다, 훌륭한 마취의만 있을 뿐"
>
> 위의 문구는 수의대에서 마취를 배울 때 교과서 맨 앞에 쓰여 있던 말이다. 과학과 문명의 발달과 더불어 마취약도 더 새롭고 안전하게 개발되었다. 그러나 모든 마취약은 많이 쓰면 독이 되고, 알맞게 쓰면 안전하므로 마취 의사의 집중력과 환자의 건강 상태가 가장 중요한 요소이다.
>
> 마취 의사는 여러 검사를 통해 환자의 상태를 판단하게 되는데 이를 마취 전 검사 또는 술전 검사라고 한다. 술전 검사는 많은 검사를 할수록 더 많은 정보를 얻을 수 있으나 비용과 관련된 문제이므로 의사의 판단 아래 최소한의 검사를 하게 된다.

고양이 영양학

영양학의 기초

사람과 고양이, 개는 기본적인 생리학적 요건이 달라 서로 다른 영양학이 요구된다. 이를 제대로 이해하지 못하면 자기도 모르게 고양이나 개가 필요로 하는 것을 사람의 기준으로 생각할 수 있고 그로 인해 건강을 해칠 수 있다. 인간은 잡식 동물로서 미각이 매우 발달하여 다양한 음식을 즐기지만 개와 고양이는 다르다.

🐾 사람과 개와 고양이의 영양별 차이점

고양이는 사람보다 단백질 요구량이 훨씬 크며 탄수화물 요구량은 훨씬 적다. 사람은 미뢰의 수가 많아서 다양한 맛을 느끼지만 고양이는 후각 세포의 수는 많은 반면 미뢰의 수는 적어서 맛보다 냄새가 중요하다. 냄새를 통해 식욕이 자극되기 때문에 감기에 걸렸을 때는 코가 막히지 않도록 조심해야 하며 냄새가 강

	사람	개	고양이
음식	잡식	반육식	육식
탄수화물 요구량	60~65%	매우 적음	매우 적음
단백질 요구량	8~12%	20~40%	25~40%
지방 요구량	25~30%	10~65%	15~45%
소화관의 무게 대비 체중의 비율	11%	2.7(대형견), 7%(소형견)	2.8~3.5%
후각 세포의 수	5백만~2천만 개	7천만~2억 2천만 개	6천만~6천 5백만 개
미뢰의 수	9천 개	1천 7백 개	5백 개
씹는 시간	오래 씹음	조금 씹음	거의 씹지 않음
침 속의 소화 효소	있음	없음	없음
위용적	1.3 l	0.5~0.8 l	0.3 l
소장의 길이	6~6.5m	1.7~6m	1~1.7m
대장의 길이	1.5m	0.3~1m	0.3~0.4m

한 사료를 주어야 한다. 우리가 좋아하는 아이스크림이나 과자 등은 고양이에게 별로 흥미로운 음식이 아니다. 소장의 길이나 위가 매우 작기 때문에 소화 능력도 떨어진다. 그래서 급격한 사료의 변화에 위장관이 적응하지 못한다.

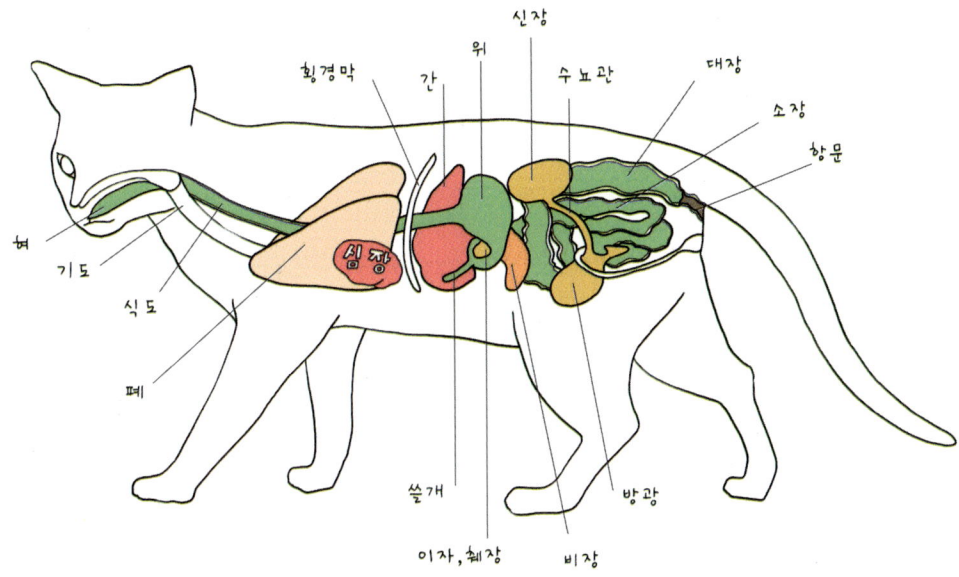

고양이는 30개의 치아가 있고 씹는 기능보다는 찢는 기능이 우수하다. 대부분 씹지 않고 삼키는 경우가 많은데 위의 신축성이 매우 뛰어나 덩어리가 큰 음식물을 소화하기에 적합하다. 고양이는 소장이 짧기 때문에 탄수화물을 소화하기에 부적합하고 다른 동물에 비해 적은 위 용적과 소화관의 길이 때문에 사료를 갑작스레 교체할 경우 소화 불량을 일으킬 수 있다.

고양이의 영양학 특징

육식 동물이 가진 생체 기관의 크기와 모양은 사람의 생체 기관과 매우 다르다. 턱은 씹는 것보다 자르기 위해 발달하였고, 침에 의한 소화 단계가 없으며, 한 번에 꿀꺽 삼킨 먹이를 소화하도록 위가 발달했고, 장의 길이는 매우 짧아 곡물을 소화하기에 적합하지 않다. 몸집이 큰 동물일수록 장이 더 짧은 경향이 있다. 반면 고양이는 지방을 에너지원으로 직접 이용하므로 소위 말하는 콜레스테롤로 인한 문제는 없다.

> **고양이의 소화기관특징**
>
> - 고양이는 음식의 맛을 보지 않고 삼킨다.
> - 음식물은 덩어리 형태로 위로 넘어간다.
> - 소화는 매우 빠르게 진행되고 육식 동물에 알맞지 않은 음식은 대부분 소화하지 못한다.

고양이는 어떤 맛에 반응할까?

신맛, 쓴맛, 짠맛, 단맛 순으로 맛을 느끼는데 단맛을 느끼는 수용체는 불활성화되어 거의 기능하지 못한다. 따라서 고양이에게 단 음식을 주는 것은 위험할 뿐 고양이의 행복과는 무관하며 합성 감미료가 든 음식 역시 고양이에게는 맛이 없다.

 ## 영양소의 역할들

🐾 탄수화물

전분　**특징** 잘 구워져야 개, 고양이가 소화할 수 있다. 그렇지 않으면 미생물 때문에 설사할 수 있다. 전분 함량이 너무 많으면 고양이 위가 소화할 수 있는 능력을 벗어나게 된다.
　　　　체내 역할 에너지를 공급한다.

섬유소　**특징** 동물에게 맞게 정제하여 알맞은 비율로 급여하면 비만, 당뇨, 변비 또는 설사 같은 질환을 효과적으로 예방하고 치료할 수 있다.
　　　　체내 역할 소화가 되지 않는 불용성 섬유소(셀룰로스, 리그닌)의 경우 장내에서 기계적인 소화를 도와주는 작용을 한다. 수용성 섬유소(펙틴 등)의 경우 소화관의 건강과 위생에 중요한 역할을 한다.

프락토올리고당　**특징** 소화기 내에서 병원성 미생물의 증식으로 인한 감염성 설사를 예방해 주고, 대장에서는 장 세포에 에너지를 공급하여 세포가 위축되는 것을 방지한다. 과도한 경우에는 변이 질어질 수 있다.
　　　　체내 역할 발효 과정을 통해 대장에서 직접 에너지를 공급한다. 발효되면 소화 기관에 이로운 영향을 미치는 정상 세균총(비피더스와 락토바실러스)의 성장을 촉진하는 주된 역할을 한다. 또한 병원성 미생물의 증식을 억제하고 영양소의 소화와 흡수를 돕는다.

당　**특징** 식품에 너무 많은 양이 포함되어 있으면 설사를 일으키고, 오랫동안 과잉 섭취를 하게 되면 비만과 당뇨의 원인이 된다.
　　　　체내 역할 유당(락토스)은 젖먹이 고양이에게 신속하게 에너지를 공급하는데, 소화 효소인 락타아제가 필요하다. 그러나 락타아제는 젖을 떼기 시작하면 없어지기 때문에 이후부터는 우유를 소화할 수 없다. 이때부터 고양이는 단맛을 느낄 수 없게 되고, 단백질로부터 스스로 혈중 포도당을 합성하므로 당은 고양이에게 영양학적 가치가 없다.

🐾 지방

지질　**특징** 에너지와 필수 지방산을 공급하지만 과잉되면 비만이 된다.
　　　　체내 역할 가장 많은 에너지를 공급한다. 필수 지방산은 세포를 구성하거나 호르몬의 생성을 위한 필수적인 전구체이기도 하다.

오메가 3 **특징** 활동량이 많거나 나이가 많은 동물, 관절염, 신부전, 피부병, 감염성 설사 등의 만성 질환으로 고통받는 동물에게 중요한 역할을 한다.

체내 역할 항염증 작용이 있어서 화학 염증 인자의 합성을 억제한다. 동물의 활동성을 강화하고 특히 나이가 많은 동물의 뇌의 산화를 억제한다.

오메가 6 **특징** 체내에서 합성되지 않는 필수 지방산이다. 식물성 기름 등에 포함된 영양소로 식물에서만 찾을 수 있다. 노령화된 고양이는 감마리놀렌산으로 바꾸는 효소가 없기 때문에 중요하다.

체내 역할 호르몬의 활동과 관련된 프로스타글란딘의 합성에 필수적이다. 피부의 건강, 피모의 윤기, 동물의 생식 기관에 긍정적인 영향을 끼친다.

🐾 단백질

아미노산 **특징** 단백질은 20가지 아미노산으로 구성되지만 8~10가지는 반드시 음식으로 섭취해야 하는 필수 아미노산이다. 나머지 아미노산은 생리적으로 체내에서 합성한다.

체내 역할 체내에서 여러 가지 필수적인 역할과 생리적인 기능을 하는 단백질을 합성한다.

필수 아미노산 **특징** 아르지닌, 류신, 라이신, 메티오닌, 트립토판, 타이로신 등으로 체내에서 합성되지 않는다. 음식으로 공급해야 한다.

체내 역할 생명을 유지하는 단백질의 생산을 돕는다.

카르니틴 **특징** 지방을 태워 세포에 에너지를 공급하는 데 도움을 준다. 체내에서 정상적으로 합성이 되지만 질병이 있거나 생리적으로 문제가 있으면 필요한 만큼 합성이 되지 않으므로, 식품을 통해서 섭취해야 한다. 간에서 스스로 합성하지만 육류에 많이 포함되어 있다.

체내 역할 심장 질환이 카르니틴 결핍과 관련되어 발생하기도 한다. 지방 조직에서 지방을 유리시켜 혈관으로 이동시키는 역할을 하므로 비만 동물의 경우 지방이 간에 축적되지 않도록 식품에 카르니틴을 첨가하는 것이 효과적이다.

카세인 **특징** 우유로부터 추출된 단백질로 99%의 높은 소화 흡수율을 보인다.

체내 역할 올바른 성장, 빛나는 모발, 근육 발달, 면역력 발달 등에 필요한 아미노산을 신체에 공급한다. 충분한 영양 공급이 필요한 이유 전후의 동물, 소화 기관에 문제가 있는 동물, 질병 회복기에 있는 동물에게 매우 효과적인 영양소이다. 비만 치료, 골격 강화, 잇몸 발달에 도움이 된다.

콜라겐 **특징** 힘줄, 건막, 활액막, 연골, 뼈 기질 등의 결합 조직을 이루는 주요 구성 성분이다.

체내 역할 라이신, 트립토판의 함량이 낮아 개와 고양이에게 필요한 필수 아미노산을 모두 공급해 줄 수 없는 불완전한 단백질이다.

타우린 **특징** 울혈성 심근증이라 불리는 심각한 심장 질환을 예방한다. 개는 체내 합성이 가능하지만 고양이는 합성하지 못하므로 반드시 타우린이 함유된 사료를 주어야 한다.

체내 역할 간에서 담즙을 합성하는 데 쓰인다. 세포 내외로 칼슘 이동을 조절하는 일을 하는데 이를 통해 심장 기능에 영향을 끼친다. 활성 산소의 발생을 억제하고 노화를 지연시키는 항산화제이다.

타이로신 **특징** 우유와 유제품에 많이 함유된 영양소로 식물에서는 쌀에 많이 있다. 육식 동물에게 나타나는 적모증이라 불리는 적색 피모(Red hair) 현상을 예방하는 데 도움이 된다.

체내 역할 갑상선 호르몬을 생성하고, 스트레스 매개 호르몬인 아드레날린을 합성한다. 멜라닌으로부터의 피모 색소 침착 등과 관련하여 체내에서 중요한 역할을 한다.

🐾 미네랄

칼슘 **특징** 부족하면 골 섬유증이 일어나고, 많이 섭취하면 칼슘 과잉에 의한 칼슘 침착이 일어난다.

체내 역할 뼈를 구성하는 기본 요소로 인과 함께 뼈를 단단하게 한다. 신경계와 세포 간에 일어나는 정보를 전달하는 역할을 한다.

킬레이트 **특징** 천연 유기물로 특정 미네랄을 운송할 수 있도록 탄수화물이나 단백질로 이루어져 있다.

체내 역할 미량 원소의 흡수율을 높이고 소화를 촉진한다. 킬레이트화하지 않은 경우 흡수율은 30%이며 킬레이트화한 경우의 흡수율은 70%이다.

코발트 **특징** 미량의 무기질 성분이다.

체내 역할 비타민 B_{12}의 구성 요소로 혈중 헤모글로빈의 형성을 촉진하여 항빈혈인자로 작용한다.

구리 **특징** 미량의 무기질 성분이다.

체내 역할 엽산, 철, 비타민 B_{12}와 함께 항빈혈인자 중의 하나이다. 체내에서 철과 함께 작용하며, 장에서의 흡수를 돕고 철이 헤모글로빈과 결합하도록 도와준다.

철 **특징** 미량의 무기질 성분이다.

체내 역할 빈혈의 예방과 치료를 돕는다.

요오드 **특징** 미량의 무기질 성분이다.

체내 역할 갑상선 호르몬의 구성 물질로 부족하면 갑상샘종을 일으킬 수 있다.

마그네슘 **특징** 비교적 많은 양이 필요하다. 고양이가 부족하게 섭취하면 신경 장애가 생기지만 너무 많이 섭취해도 마그네슘이 방광에서 다른 미네랄과 결합하여 요도 폐색을 일으킬 수 있다.

체내 역할 골격을 구성하는 물질로 뼈를 단단하게 한다. 신경계가 원활하게 작동하는 데 꼭 필요하며 체내 에너지 생산에 관여한다.

망간 **특징** 미량의 무기질 성분이다.

체내 역할 뼈와 관절 연골의 형성에 필요한 성분이다.

인 **특징** 칼슘 섭취의 비율에 맞추어 인을 급여하면 성장을 촉진하고 신체 기능을 강화하지만 나이 든 동물에서는 만성 신부전을 악화시키므로 제한적인 급여가 필요하다.

체내 역할 세포막의 구성 물질이며 칼슘과 함께 뼈를 단단하게 하고 몸에 에너지를 공급한다.

칼륨 **특징** 다량의 무기질 성분으로 설사를 하는 경우 손실된다. 심장 질환, 신장 질환의 경우 음식물 내에 칼륨의 함량을 조절해야 한다.

체내 역할 세포의 에너지 대사와 관련 있으며 세포 내외의 전해질 균형을 맞추는 데 중요하다.

나트륨 **특징** 다량의 무기질 성분이다. 고양이는 땀을 거의 흘리지 않기 때문에 다량 섭취하면 인체에 축적된다. 심장 질환이 있는 경우 나트륨 섭취를 제한해야 한다.

체내 역할 세포 내외의 삼투압을 유지하며 세포의 에너지 대사에 중요한 역할을 한다. 갈증을 유발하거나 오줌으로 수분을 배출하게 해 체내 수분 균형을 조절한다.

황 **특징** 다량의 무기질 성분이다.

체내 역할 털을 구성하는 단백질인 케라틴 합성에 중요하기 때문에 모발의 윤기와 관련이 있다.

아연   **특징** 미량의 무기질 성분이다.

체내 역할 상처 치료와 재생에 관여하고 아름다운 모발을 형성한다.

 ## 영양학적 성분 함량표

영양소	최소 성분 함량		최대 성분 함량	영양소	최소 성분 함량		최대 성분 함량
	임신, 수유, 성장기	성묘			임신, 수유, 성장기	성묘	
단백질	30%	26%		비타민 D	750IU/kg	500IU/kg	20,000IU/kg
지방	9.0%	9.0%		비타민 E	30IU/kg	30IU/kg	
칼슘	1.0%	0.6%		비타민 K	0.1mg/kg	0.1mg/kg	
인	0.8%	0.5%		티아민	5mg/kg	5mg/kg	
칼륨	0.6%	0.6%		리보플라빈	4mg/kg	4mg/kg	
나트륨	0.2%	0.2%		판토산	5mg/kg	5mg/kg	
염소	0.3%	0.3%		니아신	60mg/kg	60mg/kg	
마그네슘	0.08%	0.08%		피리독신	4mg/kg	4mg/kg	
철	80mg/kg	80mg/kg		엽산	0.8mg/kg	0.8mg/kg	
구리	15mg/kg	5mg/kg		비오틴	0.07mg/kg	0.07mg/kg	
망간	7.5mg/kg	7.5mg/kg		비타민 B_{12}	20ug/kg	20ug/kg	
아연	75mg/kg	75mg/kg	2000mg/kg	콜린	2.4g/kg	2.4g/kg	
요오드	0.35mg/kg	0.35mg/kg		타우린	0.1mg/kg	0.1mg/kg	
셀레늄	0.1mg/kg	0.1mg/kg		비타민 A	9000IU/kg	5000IU/kg	750,000IU/kg

지용성 비타민인 비타민 A, D와 아연은 최대 함량이 있기 때문에 과량 섭취하면 안 된다. 타우린은 필수 아미노산으로 고양이의 생존에 필요한 성분이다.

 ## 포장지에 적힌 원료에 대한 함정

균형 잡힌 식사를 위해서는 원료의 종류보다 영양소의 비율과 함량에 더 초점을 맞춰야 한다. 왜 25%의 살코기를 함유한 사료가 단 4~5%의 단백질만을 공급할까? 법적으로 사료 제조 회사에서는 사료를 만들기 전에 원료를 무게순으로 나열한 리스트를 만들어야 한다. 살코기처럼 수분이 많은 원료는 무게가 많이 나가기 때문에 원료 표의 가장 앞자리에 적고 바로 그 때문에 주원료로 믿게 된다. 살코기는 주원료를 만들기 전이나 후에 첨가될 수 있는데 양고기 25%가 함유된 원료가 사료 알갱이를 만드는 과정 전에 들어갔다면, 75%가 수분으로 증발하기 때문에 실제 4~5%의 양고기 단백질만이 요리 후 남게 된다. 이 사료에 실제 20%의 콩과 쌀, 15%의 물고기, 10%의 닭 지방, 10%의 식물성 기름이 함께 들어갔다면 사료 회사에서는 양고기를 큰 글자로 사료 원료의 가장 많은 부분을 차지하는 성분으로 표기한다. 하지만 사실은 이 사료는 4~5%의 양고기 단백질만 첨가된 것으로 실제 완성된 사료를 분석한다면 곡물이 가장 많이 함유된 사료가 된다.

고양이의 죽음

반려동물의 죽음, 펫로스

동물의 죽음으로 인한 슬픔은 세상으로부터 이해를 받지 못할 때가 많다. 반려동물을 키우지 않는 사람은 그저 미물의 죽음으로 여기기 쉽고 슬픔에 빠진 사람을 나약한 감정의 소유자로 인식하기도 한다. 돈을 주고 다른 동물을 사서 다시 키우면 똑같을 것으로 생각하는 사람도 있다. 하지만 반려동물을 잃은 보호자의 슬픔은 가족을 잃은 것과 다를 바 없다. 때로는 일상생활조차 불가능한 사람도 있다. 대부분은 동물의 죽음을 슬퍼하는 사람은 오직 자신뿐이라고 생각하게 되고, 이러한 생각이 동물의 죽음을 한층 더 비극적으로 만든다.

보호자는 현재 상황을 인정하지 않는 부인의 단계, 다른 동물을 들이거나 민간요법 등을 이용해 보려는 대안의 단계, 가족과 의료진을 향해 분노를 터뜨리는 분노의 단계, 다른 사람과의 접촉을 거부하고 일하고 잠자고 식사하는 일상적인 일들이 불가능해지는 비관의 단계까지 슬픔의 4단계를 순서대로 또는 변칙적으로 반복한다. 더구나 특별한 사람이나 추억과 관련된 동물의 죽음이거나, 예방이 가능했으나 보호자의 무관심으로 인해 늦게 발견되어 치료가 늦은 경우, 고액의 치료비를 준비할 수 없는 경제적 이유, 예기치 못한 돌연사 등의 경우에 보호자의 슬픔은 더욱 커진다.

이별을 위한 준비

사고로 인한 죽음은 이별을 준비할 시간이 없기 때문에 더욱 안타깝지만 집고양이의 경우 어느 정도 나이를 넘어서면 대부분 사고보다는 노환이나 질병으로 사망하게 된다. 수의사로부터 시간이 얼마 남지 않았다는 통보를 받게 되면 보호자는 반려동물의 죽음에 대해 준비를 해야 한다. 병원에서 케어를 받다가 죽기를 원하는지, 마지막 순간만큼은 추억이 있는 집에서 가족과 함께할 것인지를 수의사와의 상담을 통해 결정해야 한다.

장례 준비

반려동물의 죽음을 앞둔 보호자들은 동물들이 죽은 후에 어떤 식으로 처리를 해야 할지 잘 모르기 때문에 당황한다. 보호자들이 선택하는 장례의 방법에는 자신이 아는 장소에 묻어 주는 것, 동물병원을 통해 사체를 처리하는 것, 장례 업체와 연결해 화장하는 방법까지 세 가지가 있다. 산이나 앞마당에 묻는 것은 과거에는 선호되었던 방법이었으나, 사체를 유기하는 것은 불법이므로 하지 않는 것이 좋다.

동물병원에 데려가 몸무게에 따른 비용을 지불하면 냉동실에 보관했다가 사체 처리 업체에서 사체를 가져가는 방법도 있다. 비용이 저렴한 반면 죽은 동물에 대한 예의를 갖추지 않았다고 느끼는 보호자가 많다. 다음은 화장을 해 주는 방법이 있다. 비용은 보통 사체를 처리하는 방법보다 비싸지만 화장과 장례 절차를 진행해 주며, 화장 후에는 동물의 유골이 담긴 함을 받게 된다.

슬픔을 이겨 내는 방법

동물과 생활하는 이상 이별은 피할 수 없는 자연스러운 과정이다. 고양이의 기대 수명은 고작 15년 안팎이다. 함께 살다 보면 언젠가 한 번은 사랑하는 반려동물의 죽음을 경험하게 된다. 보호자 중에는 반려동물과 이별한 후 너무 힘든 나머지 두 번 다시는 반려동물과 함께하지 않겠다고 생각하는 사람도 있다. 그러나 절대 그럴 필요는 없다. 반려동물과 함께하면서 행복했고, 사랑해 주었던 시간들 자체에 의미를 두어야 한다. 반려동물과 함께하면서 배울 수 있는 것들은 절대적인 사랑, 책임감뿐 아니라 죽음에 대한 경험도 큰 부분을 차지한다. 반려동물의 죽음을 경험하면서 처음에는 매우 고통스럽지만 죽음도 삶의 한 부분임을 알고 행복하게 보내 주는 경험할 수 있다. 그러니 슬픔에만 몰두하지 말고 그간의 추억을 회상하며 동물에게 고마움을 전하고, 반려동물의 마지막 목소리에도 귀를 기울이도록 하자.

펫로스를 완벽하게 이겨내는 데는 6개월 정도의 시간이 필요하다. 그러나 한 달이 넘도록 일상 생활이 어려운 상태가 지속된다면 전문적인 상담을 받아야 한다. 펫로스를 이길 수 있는 가장 좋은 방법 중의 하나는 유기묘 봉사 활동에 참여하거나 버려진 고양이와 인연을 맺는 것이다. 세상으로부터 버림받은 생명을 구조하고 행복하게 해 준다는 마음을 가지고 또 다른 추억을 만들다 보면 반려동물의 죽음으로 인해 허전해진 마음이 서서히 채워질 것이다.

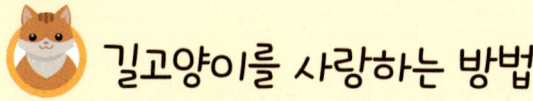
길고양이를 사랑하는 방법

길고양이 관리 프로그램, TNR

쥐를 잡기 위한 목적으로 인간 사회에 초대된 고양이는 어마어마한 번식력으로 인해 도둑고양이 신세로 전락하게 되었다. 도시의 불청객이 된 길고양이와의 싸움은 어제오늘 일이 아니다. 영역 생활을 하는 고양이의 특성상 덫을 놓고 쥐약을 놓아서 일시적으로 고양이들을 퇴치한다고 해도 금세 다른 지역의 고양이들이 유입되는 '진공 효과'가 발생하기 때문이다.

고양이의 엄청난 번식 능력도 한몫을 한다. 고양이는 2개월이라는 짧은 임신 기간에 4~6마리의 새끼를 낳는다. 또한 1년에 4번까지 임신이 가능하여 매년 24마리의 새끼를 낳는 고양이도 있다. 그 새끼들이 또다시 6~8개월이 되어 번식을 시작하는 것을 감안하면 기하급수적인 증가를 예상할 수 있다. 이론상으로는 한 쌍의 고양이가 6년이 지나면 42만 마리까지 늘어날 수 있다고 한다. 이 수치를 보면 추위와 배고픔, 전염병에 시달리면서도 줄지 않는 고양이 수가 어느 정도 이해가 된다. 인간과 고양이의 끝없는 싸움에 종지부를 찍어 준 것이 바로 'TNR사업'으로 가장 인도적이고 생태적인 길고양이 관리 프로그램으로 평가받는다. TNR 사업은 구청에서 동물병원이나 동물 보호 단체를 용역 업체로 선정하여, 고양이를 포획하여 중성화를 하고 풀어 주는 과정을 위탁하고 소정의 지원금을 지급하는 것을 말한다. 포획된 고양이는 지정 병원에서 중성화 수술을 하고 48시간 정도의 회복 시간이 지나면 원래 살던 곳으로 방사된다. 시술을 받은 고양이는 국제적인 표시법에 따라 왼쪽 귀의 끝부분을 0.9cm 가량 자른다. 중성화를 한 고양이는 번식이 억제되는 효과뿐 아니라 발정으로 인한 특유의 울음소리가 없어지고 성격이 온순해지기도 한다.

> **TNR이란?**
> Trap, Neuter, Return의 약자로서 포획하여 중성화를 하고 다시 풀어 주는 시스템을 말한다.

초반에는 '포획 후 안락사하는 것이 합리적이지 다시 풀어 주는 것이 무슨 의미가 있느냐', '예산 낭비가 아니냐'라는 반발에 부딪혔으나 시행 후 세월이 흐른 지금은 동물 보호와 주민들의 민원을 동시에 해결해 주는 정책으로 평가받고 있다.

정책에 필요한 지원비도 안락사 비용과 차이가 없다. 서울시의 보고에 따르면 TNR 사업을 실시한 3년간 길고양이와 관련한 민원에서 소음과 공포감에 대한 건이 각각 28%, 14% 정도 감소했다고 한다. 현재 모든 지역에서 TNR을 시행하지 않지만 TNR 사업의 장점이 널리 알려져 좀 더 많은 지역에서 시행이 되기를 바란다.

유기묘 봉사 활동

유기묘 봉사 활동에는 두 가지 방법이 있다. 길고양이에게 먹이를 줌으로써 쓰레기통을 뒤져 주민들에게 주는 피해를 줄이고, 중성화 수술을 시켜서 더 이상의 개체 증가를 막는 것이다. 이 경우는 보통 소모임으로 하는 경우가 많기 때문에 단체를 알아내기가 쉽지 않다. 다른 방법은 유기묘 보호소에서 봉사 활동을 하는 것이다. 온라인 봉사 활동 동호회에 가입을 하면 봉사 활동 날짜를 확인할 수 있다. 여유가 되면 참여하면 되고, 시간이 여의치 않다면 필요한 물품만 보내면 된다. 봉사 활동에서 주로 하는 일은 동물들의 목욕, 귀 청소, 보호소 청소 등이다. 고양이라면 따로 목욕을 시킬 필요가 없으니 보호소 청소를 하고 고양이와 놀아 주는 정도만 하면 된다. 금전적으로도 큰돈이 필요한 것도 아니다. 동물들에게는 고급 사료가 필요한 것이 아니라 하루하루 생명을 유지할 장소와 먹을거리, 그리고 따뜻한 정이 필요하기 때문이다.

유기 동물 관련 웹사이트

www.animals.or.kr
동물 자유 연대

www.koreananimals.or.kr
한국 동물 보호 협회

www.ekara.org
동물보호시민단체 카라

cafe.daum.net/dooc77
유기견에게 사랑을 주세요

blog.naver.com/lch6867
이데아의 유기견 이야기

cafe.naver.com/kspwaert
유기 동물 사랑 봉사대

cafe.naver.com/ohdogs
유기견과 함께하는 사람들

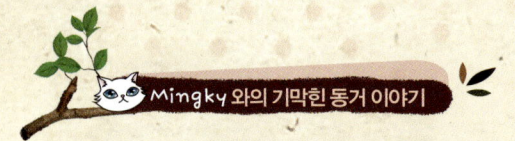

밍키 실종 사건

손가락 하나 까딱하는 것, 몸을 뒤척이는 것조차 귀찮아하는 '귀차니스트'의 달인 밍키는 잘 움직이지 않아서인지는 몰라도 여태까지 큰 사고 없이 잘 지내고 있다. 그런 잔잔한 시간 속에도 아찔했던 사건이 하나 있었는데 바로 밍키의 가출 사건이다.

잠깐 빨래를 널러 나가거나 여름철 무더위에 문을 열어 놓으면 밍키는 어김없이 밖으로 나가곤 했기 때문에 밍키를 찾는 데는 나름의 노하우가 있었다. 밍키는 대부분 멀리 가지 않고 다른 집 문 앞에 쪼그리고 앉아 있거나 옥상에 있었다. 밍키를 잘 모를 때는 밍키를 찾아 온 동네를 뒤지곤 했지만 몇 번 잃어버린 후부터는 노하우가 생겨서 일단 옥상부터 확인하고 남의 집 문 앞을 싹 훑으면 얼마 가지 않아서 발견되곤 했다. 약간의 호기심은 있지만 겁쟁이에 게으름뱅이인 밍키가 멀리 갔을 리 없기 때문이다.

그런데 어느 날, 이 모든 예상을 깨고 밍키가 사라졌다. 정신없이 이사를 하는 중이었는데 밍키가 보이지 않았다. 분명히 이동장에 넣었는데 이동장에 밍키가 없었다. 이삿짐 정리를 모두 중단하고 한 시간이고 두 시간이고 밍키를 찾아 헤맸다. 없어진 개와 고양이를 찾는 것을 비교하자면, 개는 잃어버린 안경을 찾는 것과 같고 고양이는 잃어버린 콘택트렌즈를 찾는 것과 같다. 개는 사람들 눈에 잘 띄기 때문에 찾아 헤매다 보면 간혹 봤다는 사람이 있기 마련이다. 그런데 고양이는 사람들 눈에 띄지 않게 이동한다. 당연히 온 동네를 뒤져도 회색 페르시안 고양이를 보았다고 하는 사람은 없었다. 그러기를 한나절, 해가 지면서 어둑어둑해지기 시작했다. 이렇게 허무하게 밍키가 내 인생에서 사라지는구나 싶어 하염없이 눈물이 났다. 자포자기한 심정으로 집에 들어왔는데 어디선가 "냐옹" 하는 소리가 들렸다. 소리를 따라가 싱크대 밑을 보았더니, 세상에, 그 속에 먼지로 뒤범벅이 된 밍키가 있었다.

싱크대 밑은 나무판자로 막혀 있었는데 그 사이에 주먹만 한 틈이 있었다. 어디서 요가라도 배웠는지 자기 머리보다도 작은 틈에 들어간 것이다. 꺼내지지도 않아서 나무판자를 다 부수고 나서야 꺼낼 수 있었다. 더

러운 밍키를 끌어안고는 안도의 한숨이 섞인 눈물을 얼마나 많이 흘렸는지 모른다.

무주택 서민인 나는 그 후로도 이사를 자주 했는데 이사 때는 반드시 밍키를 부모님 집에 맡겨 두거나 이동장에 넣은 채로 짐 정리가 될 때까지 조용한 방에 혼자 두었다. 이사는 고양이에게도 큰 스트레스가 되는 일이다. 특히 짐 정리를 하는 정신없는 와중에 고양이를 잃어버리지 않도록 조심해야 한다. 주변에서 고양이를 잃어버린 경우를 보면, 간혹 며칠 만에 다시 집을 찾아오는 경우도 있지만 전염병이나 피부병에 걸리거나, 골절이 되어 오는 등 몰골이 상해서 들어오는 경우가 많다. 더 나쁜 것은 고양이는 없어지면 정말 찾을 길이 없다는 것이다. 불러도 대답을 하지 않고 대부분은 이름표도 하지 않은 채로 살아가기 때문이다. 나는 그 이후로 혹시 모를 실종에 대비하기 위해 밍키에게 이름표를 달아 주었다.

이사와 같은 큰 이동은 고양이에게 스트레스를 주기 마련이고 낯선 공간에서의 생활도 고양이를 불편하게 만든다. 이사에 대한 스트레스를 줄여 주려면 전에 살던 집과 비슷하게 고양이 물건을 배치해 두고 곳곳에 페로몬이나 마따따비, 캣닙을 뿌려 주면 고양이가 새로운 공간에서 안정을 찾는 데 도움이 된다. 특히 고양이를 잃어버렸을 때 유의할 점은 고양이는 절대 멀리 가지 않는다는 점이다. 가까운 곳부터 그리고 어둡고 구석진 곳부터 찾아보자!

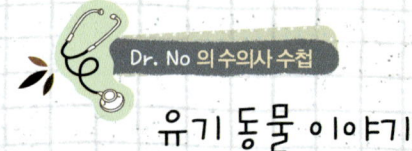

유기 동물 이야기

유기 동물을 보호하는 일은 가슴 뛰는 일

제법 유명하고 큰 병원에 인턴으로 취직했을 때 내가 한 일은 유기견, 유기묘를 담당하는 것이었다. 진료 경험이 부족한 인턴 수의사에게 시키는 일이었지만 우울한 인턴 생활에서 가장 보람된 일이었다. 수의사로서 아픈 동물들을 치료하고 수술을 해서 살리는 일도 보람있지만 내가 아니더라도 누군가는 살릴 수 있는 일이다. 그러나 보호소에 보냈으면 안락사를 당할 확률이 높은 유기견이나 유기묘에게 새 보호자를 찾아 주는 일은 마치 그들에게 새 생명을 주는 것처럼 보람된 일이었다.

유기견이나 유기묘들에게 새 보호자를 찾아 주는 일은 가슴이 뛰는 일이었고 나의 적성에도 잘 맞았다. 여름에는 환자를 받을 자리가 없을 정도로 병원 입원장이 유기견으로 꽉꽉 찼는데 야간 당직을 설 때는 유기견, 유기묘들을 풀어놓고 병원을 뛰어다니며 놀게도 했다. 누가 보면 바보 같아 보였을지 모르지만 그렇게 하고 나면 하루 동안 쌓인 스트레스와 피로가 모두 풀렸다. 원래 내가 고양이라면 몰라도 개한테 인기 있는 스타일은 아니다. 그런데 내가 그들에게 마음을 열었기 때문인지 유기견들이 유독 나를 따랐다. 그럴수록 보호자를 찾지 못해서 보호소로 보낼 때 가슴이 열 배는 더 찢어지는 것 같았다. 개들은 보호소 사람의 냄새를 본능적으로 안다. 그들이 도착하면 병원 문이 열리기도 전에 병원에 있는 모든 개가 일제히 짖어대기 시작한다. 저승사자가 온 것보다 더 애절하게 짖는 모습을 본다면 개들의 영특함에 놀랄 것이고 더 애잔한 마음이 생길 것이다. 세상에 유기견과 유기묘는 넘쳐나고 그중 누구 하나 사랑스럽지 않은 아이가 없다.

유기 동물 입양은 개인·사회적으로 좋은 일

내가 있던 병원은 TNR 사업을 하는 병원이라 유기묘가 많았는데 인터넷에 무료 분양을 한다고 공지를 했더니 멀리서도 고양이를 입양하기 위해 오는 사람이 많았다. 그들에게 고양이를 입양 보내는 일 또한 내가 하는 일이었다.

한 번은 유명한 만화가가 새끼 고양이를 입양해 갔다. 그런데 며칠 후 새끼 고양이가 밤에 너무 뛰어다녀서 도저히 만화를 그릴 수 없다며 파양을 했다. 기분이 좋지 않았지만 이분도 새끼 고양이와의 이별을 많이 힘들어해 어쩔 수 없는 선택이었다고 생각하고 이해했다. 그런데 며칠 후 그분이 다시 병원에 나타났다. 밤마다 새끼 고양이가 꿈에 나타나서 견딜 수 없다며 제발 다시 입양하게 해 달라고 하는 것이었다. 이번에는 단단히 각서를 받은 후 입양을 보냈다. 물론 그 후로 만화가는 새끼 고양이를 다시 파양하지 않았다.

온가족이 새로운 동물을 맞이하기 위해 병원에 방문하기도 했다. 강아지나 새끼 고양이를 입양 받는 것도 아이들이 정서에 많은 도움이 되지만, 이런 유기묘나 유기견을 입양 받아 키우는 것도 아이들에게 책임감과 사랑을 길러 주는 일이다. 나의 경우 어머니가 동물을 유독 싫어했고 그런 어머니를 닮은 나 역시 어렸을 때는 특별히 동물을 좋아하지 않았기 때문에 내 어린 시절에는 반려동물에 대한 추억이 없다. 내 어린 시절에도 동물이 있었다면 좀 더 행복하고 아름다운 추억으로 가득하지 않았을까 하는 생각이 든다. 나도 언젠가 부모가 된다면 자녀들에게는 꼭 유기 동물을 입양해서 가족으로 맞이하는 따뜻한 경험을 하게 해 주고 싶다.

유기 동물 보호 환경

스웨덴에 있는 스톡홀름 유기묘 보호소의 시스템을 보면 부러움에 눈을 떼지 못하게 된다. 유기묘마다 1인 1실을 사용하며 심지어 방마다 TV가 켜져 있다. 나중에 입양이 되었을 때 사람들의 소음에 익숙하게 하기 위해서라고 한다. 유기 동물들로 이루어진 동물원도 있는데 이는 자연스럽게 사람들이 유기 동물의 생활을 엿보고 친숙하게 접근하게 하면서 입양할 수 있도록 하는 제도라고 한다. 유기 동물 보호 환경은 유기 동물의 생명과 직접적으로 연관된다. 보호자가 나타나지 않거나 입양이 되지 않으면 안락사를 당하는 경우가 많기 때문이다. 유기 동물에 대한 국가 차원의 혜택과 사람들의 정서적 개선이 이루어져 안락사를 당하는 유기 동물의 수가 줄어들기를 기대해 본다.

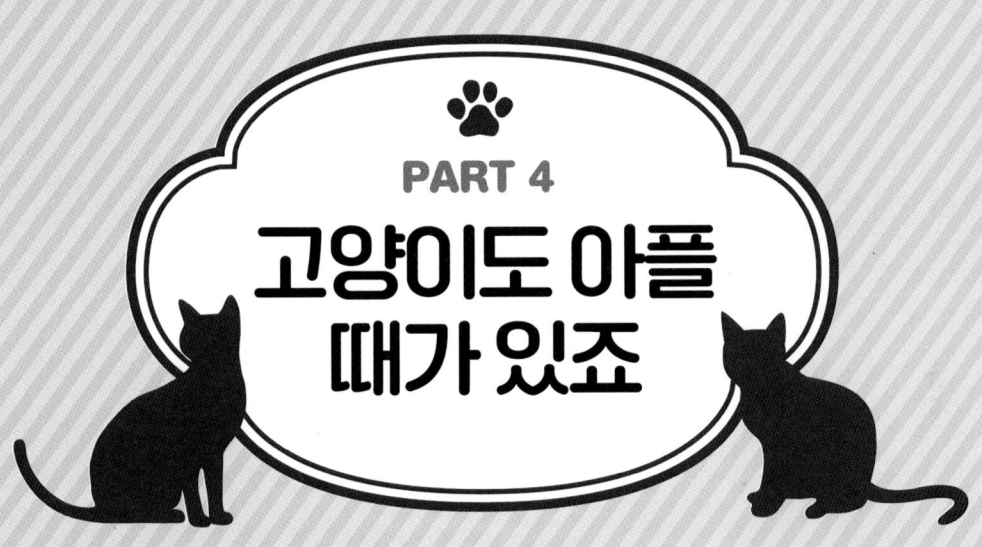

비만

 비만의 심각성

보호자가 생각하는 비만 고양이는 그리 많지 않다. 대부분의 보호자는 자신이 키우는 고양이의 뚱뚱하고 늘어진 뱃살을 보면서 고양이를 잘 먹이고 호강시키고 있다는 생각에 뿌듯함을 느끼고, 또 마른 고양이보다 귀엽다고 생각한다. 그러나 미국과 유럽 등의 선진국에서 조사한 결과 개인 동물 병원에 방문한 고양이의 30~35%가 과체중 혹은 비만이며, 5~10년 이상의 고양이 중에 약 50%가 과체중이거나 비만이라고 보고하고 있다. 보통 정상 체중에서 10%를 넘으면 과체중, 20%를 넘으면 비만이라고 정의를 한다.

 비만과 관련한 질병

비만과 관련한 질병은 당뇨, 고혈압, 종양, 췌장염, 지방간, 요석증, 근골격계 질환, 난산과 마취 및 수술 합병증 등이 있다. 8~12세의 중년 고양이를 놓고 비교해 보았을 때 정상 체중의 생존율은 83%, 비만 고양이의 생존율은 53%, 극도로 마른 고양이의 생존율은 43%에 불과하다. 조사 결과를 바탕으로 보면 고양이의 적당한 체중 조절이 건강을 유지하는 데 매우 중요하다고 볼 수 있다.

 비만의 원인

고지방 음식 섭취와 비활동성 등이 주요 원인이지만 수고양이의 경우 중성화가 비교적 높은 비만 위험 요인이다. 중성화로 인해 기초 대사율이 감소하기 때문인데 이 기전에 대해서는 명확하게 밝혀진 바가 없으나 생식 호르몬을 제거하면 따라오는 체지방 신체 조직의 감소와 간에서의 열 생산 활동의 변화 등이 원인으로 예상된다. 확실한 것은 중성화 후에 수컷 고양이는 체중의 변화가 일어나기 때문에 체중 조절을 염두에 두어야 한다는 점이다.

사료는 얼마나 주면 되는가?

보호자들이 고양이를 키울 때 가장 궁금해하는 것은 사료의 양이다. 보통 고양이는 자신이 먹는 양을 스스로 조절하기 때문에 자율 급식이 가능하다. 고양이가 하루에 먹는 양을 관찰해서 그만큼씩 덜어 놓으면 그것이 고양이의 적절 식사량이다. 그러나 실외에서 사냥하던 고양이가 실내 생활을 하면서 에너지 조절 능력을 상실했고, 그에 따라 비만 고양이가 급증하게 되었다. 특히, 중성화를 하면서 이 문제는 더욱 심각해졌다. 따라서 사료를 듬뿍 담고 다 먹으면 채우는 식으로 급여량을 결정하는 방법은 이제 최선책이 아니다. 따라서 보호자는 정확한 급여량을 알고 이에 맞추어 식사를 줘야 하며 남긴 음식은 과감히 버려야 한다.

 ## 우리 고양이는 비만일까?

보호자의 눈에는 통통하게 살이 오른 모습이 예쁘기만 한데, 동물병원에서 수의사나 간호사가 고양이를 두고 비만이라고 하면 보호자는 당혹스러울 것이다. 그렇다면 고양이의 비만의 기준은 무엇일까? BCSBody Condtion Score는 비만이나 저체중 정도를 나타내는 기준이다. 1부터 5단계까지 있으며 3단계가 가장 이상적이다.

갈비뼈, 복부, 위에서 봤을 때의 모습 등을 판단 기준으로 본다. 고양이는 털이 많아서 구분하는 것이 쉽지 않지만 갈비뼈나 배 등을 만져 봐서 알 수 있다. 고양이가 아무리 사료를 더 먹고 싶어 해도 항상 3단계를 목표로 사료의 급여량을 결정해야 한다.

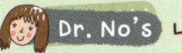 **Dr. No's 나이 든 고양이의 비만 관리**

사람은 나이가 들면 활동량이 줄고 대사량이 감소하기 때문에 젊은 시절 식사량대로 먹으면 살이 찐다. 고양이도 마찬가지이다. 이런 이유로 7~8세 이후의 고양이 중에는 비만 고양이가 많다. 나이 든 고양이의 경우 칼로리 요구량이 평균 20% 정도 감소하기 때문에 사료 양을 조절해야 한다. 그렇다고 무작정 다이어트를 시키기보다는 근육량을 늘이면서 체중 조절을 할 수 있는 생식 프로그램을 하는 것이 더 좋은 방법이다. 한편 비만한 고양이가 스트레스로 인해 일정 기간 음식을 먹지 못하게 되면 지방이 간세포 내에 축적되어 지방간증이 생긴다. 따라서 평소에 체중 관리를 하는 것이 중요하며, 갑자기 고양이가 24시간 이상 음식을 먹지 않는다면 즉시 병원에 가야 한다. 무엇보다 평소에 비만이 되지 않도록 체중 관리를 하는 것이 중요하다.

비만도의 측정

비만도를 측정하는 가장 보편적인 방법은 BCS Body Condition Score 법이다.

등급	그림	비만율	기준
1등급 삭쇠	매우 마른 고양이	-40%	갈비뼈가 분명하게 보이며 근육량이 명백히 부족하다. 배의 곡선이 뾰족하다.
2등급 마름	조금 마른 고양이	-20~40%	약간의 지방으로 덮여 있기는 하지만 갈비뼈가 잘 만져지고 허리에는 척추가 명백히 보이며 배에는 최소한의 복부 지방만 있다.
3등급 적절	보통 고양이	정상	갈비뼈, 골반뼈, 척추뼈 등의 다른 구조들이 약간의 지방으로 덮여 쉽게 만져진다. 배에는 최소한의 복부 지방만 있다.
4등급 뚱뚱	뚱뚱한 고양이	+20~40%	갈비뼈를 만지기 어려우며, 명백한 복부 팽만이 관찰된다.
5등급 비만	초고도 비만 고양이	+40%	갈비뼈를 만지는 것이 거의 불가능하며 등·다리·얼굴에까지 살이 쪘다. 위에서 봤을 때 눈에 띄게 옆으로 퍼져 있다.

개는 소형견과 중·대형견 간에 크기 차이가 있지만 고양이는 품종별 크기 차이가 많지 않다. 종별 정상 체중을 분류하면 다음과 같다.

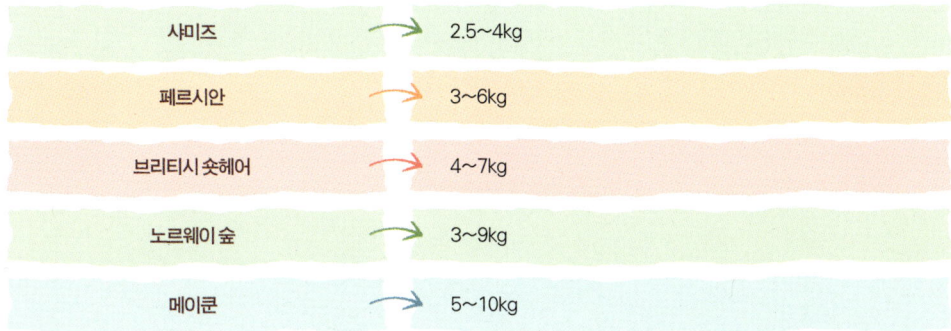

샤미즈	→	2.5~4kg
페르시안	→	3~6kg
브리티시 숏헤어	→	4~7kg
노르웨이 숲	→	3~9kg
메이쿤	→	5~10kg

그러나 이 표만으로는 정상 체중의 범위가 너무 넓어서 정확하게 비만도를 판단하는 데는 어려움이 따른다. 고양이의 비만도를 좀 더 자세하게 측정하는 공식은 다음과 같다.

Fat % = 1.5 × (늑골에서 잰 몸통의 둘레 길이cm - 무릎에서 발뒤꿈치까지의 길이cm) - 9

이 공식에 대입해서 30을 넘으면 비만이라고 간주하고 비만 치료를 시작해야 한다. 늑골에서 잰 몸통의 길이가 42cm이고 무릎에서 발뒤꿈치까지의 길이가 18cm라면 1.5×(42-18)-9=27, 즉 Fat%가 27이므로 이 고양이는 비만이 아니다.

이상적인 몸무게 계산법

예를 들어 6.5kg이면서 BCS가 5단계라면 6.5÷1.4≒4.64이므로 이상적인 목표 체중을 4.64kg로 두면 된다. 5.45kg이면서 BCS가 4.5라면 5.45÷1.3≒4.19이므로 목표 체중을 4.19kg으로 두면 된다.

비만 등급(BCS)	비만율(overweight)	몸무게 계산법
3	0%	몸무게÷1
3.5	10%	몸무게÷1.1
4	20%	몸무게÷1.2
4.5	30%	몸무게÷1.3
5	40%	몸무게÷1.4

그렇다면 고양이 중에서 가장 보편적인 3.5등급의 고양이를 예로 들어 보자. 등급 판정은 눈으로 보고 손으로 만져서 판단할 수 있는데 주관적인 판단이 개입되지 않도록 수의사의 도움을 받는 것이 좋다. 3.5등급인 4.3kg인 고양이가 있다고 가정해 보자. 위의 계산법 대로 4.3÷1.1을 계산하면 약 3.9kg가 이상적인 몸무게로 나온다. 그렇다면 3.9kg에 맞는 사료의 열량은 얼마일까?

다음 페이지의 기초 에너지 요구량 공식을 참고하면 평균적인 고양이는 몸무게에 55를 곱하면 된다. 그러나 다이어트를 위한 것이 목적이라면 더 적은 숫자를 곱해야 한다. 영양학자들이 만든 공식에 의하면 다이어트를 하는 고양이의 경우 3.5~4등급이면 30을 곱하고, 4.5~5등급이면 35를 곱해야 한다. 이 고양이는 3.5등급이므로 30을 목표 몸무게인 3.9에 곱하면 총 117kcal가 필요하다. 그램당 칼로리는 보통 사료 뒷면에 표시되어 있으므로 참고하여 급여량을 결정하면 된다.

다이어트 시작

❶ 일주일에 목표 체중까지 1%씩 감량한다. 고양이의 경우 너무 빨리 살을 빼면 당뇨병에 걸릴 위험이 있다.
❷ 사료는 저탄수화물, 고섬유질이 포함된 처방식을 선택하는 것이 좋다.
❸ 하루 20분 정도 운동을 시키는 것이 좋다. 고양이가 좋아하는 놀이 기구를 이용하여 활동량을 늘린다.
❹ 노력에도 불구하고 체중의 변화가 없거나 오히려 더 늘어난다면 갑상선 기능 저하증이나 부신 피질 기능항진증과 같은 특정 질병을 의심해 볼 수 있다. 수의사와 상담하여 검사를 해야 한다.
❺ 목표 체중에 도달한 후에는 체중을 유지하면서 2주 간격으로 몸무게를 체크해야 한다.

고양이 사료 급여량 계산법

1. 삭쇠　　2. 마름　　3. 적절　　4. 뚱뚱　　5. 비만

☞ 미리 알아야 할 공식

기초 에너지 요구량(Resting Energy Requirement)
동물이 활동하지 않고 있을 때 필요한 기초 에너지 요구량이다.
- 40×체중 kcal로 계산한다.

1일 활동 에너지 요구량(Daily Energy Requirement)
동물이 활동할 때 필요한 에너지 요구량이다. 나이 든 고양이, 어린 고양이, 수유 중, 중성화, 질병 등에 따라 요구량이 달라진다.
- 비활동적인 고양이는 50×체중 kcal
- 활동적인 고양이는 60×체중 kcal
- 매우 활동적인 고양이는 70×체중 kcal
- 평균적으로는 55×체중 kcal

> **40? 50? 60? 70?**
> 이 숫자는 하나의 공식으로 생각하면 된다. 동물 영양학자들이 다양한 고양이의 평균치 값을 분석해서 만든 계산법이다.
>
> **다이어트를 하는 고양이의 경우**
> 3.5~4등급: 30×체중 kcal
> 4.5~5등급: 35×체중 kca

영양소 열량
- 탄수화물 1g당 4kcal
- 단백질 1g당 4kcal
- 지방 1g당 9kcal

☞ 사료 급여량 계산법

Q 몸무게가 3.5kg인 밍키는 탄수화물 30%, 단백질 30%, 지방 20%이 함유된 사료를 먹는다. 밍키에게 맞는 사료 급여량은 얼마일까?

A 밍키는 집에서도 몸을 까딱하지 않으므로 비활동적인 고양이에 해당한다. 1일 활동 에너지 요구량 공식에 따라 50×3.5kg=175kcal가 나온다. 즉 밍키는 175kcl의 사료가 필요하다.

영양소 열량 공식에 따르면 탄수화물은 4kcal의 열량을, 단백질은 4kcal의 열량을, 지방은 9kcal의 열량을 낸다. 따라서 밍키가 먹는 사료는 30×4+30×4+20×9=420 kcal/100g이다. 결국 1g당 열량은 4.2kcal이다. 즉 밍키의 사료는 1g당 4.2kcal의 열량을 낸다.

Q 그럼 1g당 4.2kcal의 열량을 내는 사료로 175kcal의 열량을 보충해 주려면 얼마만큼의 사료를 먹이면 될까?

A 1g:4.2kcal=밍키의 요구 사료량(g):175kcal
175kcal÷4.2kcal=약 42g
그러므로 밍키가 먹어야 할 사료는 약 42g이 된다.

감기

고양이 눈병은 감기 증상

고양이에게 가장 흔한 질병은 바로 눈병이다. 양쪽 혹은 한쪽 눈에서 눈물이 나면서 눈을 잘 뜨지 못하고 충혈이 생겨 내원하는 경우가 많다. 신기하게도 고양이의 눈병은 감기 증상의 하나이다. 고양이의 호흡기 질환을 일으키는 허피스 바이러스, 칼리시 바이러스, 클라미디아에 감염되기 때문인데 허피스 바이러스는 재채기 등 상부 호흡기 증상과 결막염을, 칼리시 바이러스는 구강 궤양과 결막염을, 클라미디아는 결막염을 주 증상으로 하기 때문에 고양이가 감기에 걸리면 대부분 안과 질환이 나타난다. 이중 허피스 바이러스와 칼리시 바이러스가 감기의 90%를 차지하고 클라미디아가 나머지 10%를 차지하는 것으로 보지만 2가지 이상의 중복감염도 흔하다.

현재로서는 이를 진단하는 키트가 없으며 중복 감염이 많아 임상에서 바이러스를 구분하지 않지만, 증상이 심각해서 진단이 필요한 경우에는 PCR 검사로 진단한다. 다만 결막염, 눈물, 콧물, 재채기, 구강 궤양 등으로 내원하는 고양이에 대해 대증 치료를 할 수 있다. 다행히 이 질병은 2차 감염으로 폐 질환만 되지 않는다면 자가 치유되는, 예후가 좋은 질병이다. 그러나 치료 기간이 4~6주 정도로 길고, 재발할 수 있으며, 회복한 고양이는 보균자가 된다. 즉 회복한 고양이가 임신을 할 경우 새끼 고양이들이 줄줄이 감염된 채로 태어나게 된다. 그러나 보균자일지라도 백신 접종을 하게 되면 재발과 발병 가능성을 줄일 수 있다. 간혹 고양이가 자신에게 감기를 옮겼다고 주장하는 보호자가 있으나, 고양이의 호흡기 질환은 숙주가 다른 인간에게는 전염되지 않으니 안심해도 된다.

4종 백신은 고양이에게 필수

호흡기 질환에 대한 백신이 포함된 종합 4종 백신은 고양이를 키운다면 반드시 접종해 주어야 하는 필수 백신이다. 9주차에 백신을 시작하여 3주 간격으로 총 3회에 걸쳐 해 주어야 하며, 그 후에는 1년에 한 번씩 추가 접종을 하면 된다. 이 백신은 접종 1~3주 후에 사지 관절과 근육의 통증을 호소하는 부작용이 생길 수 있으나 자연적으로 사라지므로 걱정할 필요는 없다.

고양이 감기 치료

고양이 감기는 보통 항생제와 구강 소독, 안연고 등으로 치료하며 심할 경우 수액 처치와 산소 공급을 추가할 수 있다. 중요한 것은 단일 감염의 경우 7~10일 정도로 병의 경과 기간이 짧지만, 복합 감염의 경우에는 4~6주 정도로 치료 기간이 길다는 것이다. 치료가 안 된다고 이 병원 저 병원 다니다가 결국은 마지막에 간 큰 병원에서 나으면 역시 큰 병원에 오길 잘했다는 믿음을 갖게 되는 경우가 많지만, 실상은 어떤 약을 썼냐 보다는 환자의 컨디션이 더 중요한 경우가 많다. 최근 한쪽 눈에 갑작스럽게 눈물이 나고 결막 부종이 생겨 내원한 고양이의 보호자도 약을 아무리 먹여도 호전이 없다며 불만을 토로했지만 시간을 두고 관찰하니 서서히 좋아지기 시작했다.

고양이 감기를 빨리 낫게 하는 핵심팁

- 고양이가 감기에 걸리면 눈병과 더불어 대부분 콧물을 동반하는 경우가 많다. 이때 코를 수시로 닦아 주지 않으면 코딱지가 생겨 코가 막힌다. 코가 막히면 후각을 통해서 식욕을 느끼는 고양이의 식욕이 현격히 감퇴한다. 음식을 섭취하지 않으면 고양이 몸에 탈수가 진행되고 점점 심각한 병이 될 수 있다. 새끼 고양이는 밥을 먹지 않으면 어른 고양이보다 탈수가 더 빨리 진행된다. 이때는 주저 없이 병원에 방문하여 수액을 놓아 체력을 회복시켜 주어야 한다.

- 동물병원에 가면 두 가지 정도의 안약을 받게 된다. 안약은 하루에 4~5회 정도 넣어 주어야 하고 더 중요하다고 생각되는 안약을 나중에 넣는 것이 원칙이다. 눈이 빨갛고 염증이 심하다면 항생제 성분의 안약을 나중에 넣는 것이 좋다. 또 두 가지 안약을 넣을 때는 한 가지를 넣고 반드시 5분 정도 후에 넣어야 두 약의 성분이 섞이지 않는다.

- 약을 먹이고 주사를 놓았는데도 다음날 병이 더 심해질 수 있다. 혹시 수의사가 돌팔이가 아닐까 의심이 들 수도 있겠지만, 위에서 설명한 것처럼 병이 치유되는 데 시간이 걸리는 것일 뿐이다. 고양이가 밥을 잘 먹고 생활하는 데 문제가 없다면 병원에서 맞은 주사보다는 보호자의 간호가 회복을 앞당겼을 가능성이 크다. 시간이 지나도 호전이 없다면 그때는 수의사와 상담하여 약의 종류를 바꿔 가며 치료하는 것도 좋은 방법이다.

- 안약을 넣는 동안에는 엘리자베스 칼라라고 불리는 넥 칼라를 반드시 씌워 주어야 한다. 안약을 아무리 넣어 주어도 호전이 없다면 보호자가 보지 않는 사이에 고양이가 눈을 긁는 것이 분명하다. 그러므로 안약을 넣는 동안에는 넥 칼라를 고양이 몸의 일부라고 생각해야 한다. 넥 칼라를 너무 꽉 조여서 목에 피부병이 생겨서 오는 고양이도 있으므로 넥 칼라를 착용할 때는 손가락 두 개를 넣어 봐서 들어갈 정도로 느슨하게 씌우는 것이 좋다.

범백혈구 감소증

고양이의 범백혈구 감소증을 줄임말로 흔히 '범백'이라고 한다. 범백에 걸리면 혈액 속의 백혈구들이 급격히 감소하는 현상 때문에 붙은 이름이다. 고양이의 범백은 고양이 감기와 더불어 어린 고양이에게서 가장 많이 발병하는 질병이다.

 고양이 범백의 감염

바이러스의 변형에 의해 개의 범백 바이러스가 고양이를 감염시키기 시작했다. 개의 범백 바이러스는 고양이를 감염시킬 수 있지만, 고양이의 범백 바이러스는 개에게 감염이 되지 않는다고 보고 있다. 그러나 바이러스는 변형이 가능하므로 항상 주의해야 한다.

> **Dr. No's 고양이 범백의 치료**
>
> 범백은 수의사가 되고 나서 가장 많이 접한 질병이지만 지금도 가장 어려운 진료이다. 수의사는 범백에 감염된 고양이의 보호자에게 너무 큰 기대를 줘서도, 일찍 포기를 시켜 좌절감과 상처를 줘서도 안 된다. 그러나 보호자 대부분은 비싼 치료비에 비해 낮은 생존율에 좌절한다. 나조차도 범백 환자를 살릴 수 있다고 생각한 적이 없다. 다만 매번 기적을 바라며 정성을 다할 뿐이다. 그러다 보면 가끔 기적이 일어나기도 한다. 최근에 치료한 범백 환자는 '베어'라는 고양이였다. 처음에는 스트레스에 의한 위장관염, 간 질환, 췌장 질환 등을 의심하며 검사와 처치를 진행했으나 증상의 호전이 없었다.
>
> 그러던 어느 날, 처치 중에 방귀 냄새가 났는데 매우 고약했다. 낯익은 범백의 냄새였다. 그 후 베어는 피 설사를 시작했고 범백 키트에는 양성이 떴다. 황급히 범백에 걸린 고양이에게 해 줄 수 있는 모든 치료를 시작했다. 피 설사로 고통을 받으면서도 베어는 늘 큰 눈을 깜빡여 주며 내게 용기를 주었는데, 마치 내가 자기를 살리려고 애쓰는 모습을 아는 듯했다. "지성이면 감천이라고 했던가?" 베어가 어느 순간 일어서서 입원장을 어슬렁거리더니 스스로 밥을 먹기 시작했다. 이런 기적 같은 일도 일어나지만 물론 많지 않은 사례이다. 여전히 범백의 치료는 수의사인 나에게 어려운 과제이다.

고양이 범백의 증상

고양이 범백은 개의 범백과 유사하며 발열, 식욕 감소, 침울, 구토, 설사 등의 증상을 보인다. 하지만 이것만으로 질병을 판단하기에는 이 증상들이 매우 일반적이고 때로 구토와 설사가 범백 말기에 급격히 오는 경우도 있어 놓치고 넘어가기가 쉽다. 이런 경우 CBC 검사라는 혈액 검사를 통하여 백혈구의 수를 확인하는데 백혈구의 숫자가 급격히 감소해 있고, 범백 키트에 양성이 뜬다면 범백으로 확진이 가능하다.

고양이 범백은 치사율이 매우 높기 때문에 치료보다는 예방이 우선이다.

그러나 백혈구가 천천히 감소하는 경우도 있으며 잠복기인 경우에는 키트에 음성이 뜨는 경우도 있다. 그렇기 때문에 범백이 의심이 된다면 긴장을 늦추지 말고 지속적으로 재검사를 해야 한다. 범백은 치사율이 매우 높다. 그에 반해 딱히 치료법이라는 것이 없다. 구토 억제제, 위장관 보호제, 2차 감염 방지를 위한 항생제 등을 주며 대증 치료를 하고, 탈수를 방지하기 위해 수액을 주며, 고양이가 스스로 병을 이기도록 도와줄 뿐이다. 그러므로 고양이가 범백에 걸리기 전에 예방을 하는 것이 가장 현명한 방법이다.

 ### 범백을 예방하는 핵심팁

- 고양이 범백혈구 감소증은 치료 방법이 많지 않은 대신 진단과 예방이 잘 되는 질병이다. 범백 진단 시에 키트 검사는 정확도가 높은 편이기 때문에 양성이 표시된다면 거의 90% 정도 확진이 가능하다.

- 접종했음에도 범백에 걸릴 수 있지만, 범백은 접종 효과가 매우 좋은 편이다. 접종 후에도 범백에 걸리는 것을 예방하기 위해서는 항체 검사를 해야 한다. 항체가 제대로 생성되지 않은 경우에는 추가 접종을 하고, 1년에 1번씩 항체가 검사를 하고 항체가가 부족한 경우에는 꼭 추가 접종을 한다. 접종을 하면 설사 감염이 된다 해도 이겨 낼 수 있는 항체가 있기 때문에 치료율이 높다.

- 개는 범백에 걸리면 혈액은행에서 항혈청 주사제를 구입하여 맞출 수가 있는데 고양이는 항혈청 주사제를 구할 수는 있으나, 한 마리에게 수급되는 수혈량에 제한이 있어서 무척 귀하다. 병원에 공혈묘가 있다면 자체적으로 수급이 가능하지만 한 마리당 나올 수 있는 혈액량에 한계가 있다. 현실적으로 치료가 매우 어렵다. 결과적으로 범백은 예방이 최선의 치료이다.

- 범백은 치료가 매우 어렵고 특별한 치료제도 없기 때문에 대증 치료를 해야 한다. 구토가 없다면 밥을 먹여야 하지만 대부분 구토가 주 증상이므로 탈수에 대비해 수액을 주며 항구토제, 장내 세균 증식을 억제하는 항생제, 위장관 보호제 등을 투여한다. 지속적으로 백혈구 수치를 검사하며 환자의 상태를 확인하고 예후를 짐작한다. 급속히 떨어지던 백혈구 수치가 어느 순간 올라가기 시작하면 회복 가능성이 있다고 짐작할 수 있다.

주요 전염병

 고양이 백혈병

🐾 고양이 백혈병의 감염

우리가 흔히 고양이 백혈병이라고 부르는 이 질병의 정식 명칭은 FeLV Feline Leukemia Virus이다. 이 질병의 특징은 친한 고양이끼리 전염이 된다는 것이다. 그루밍에 의해 혹은 화장실을 함께 사용하는 경우 전염이 되며, 감염된지 모른 채 입양하면 감염률이 1/3로 높다. 또한 이 바이러스는 시간 의존성, 연령 의존성 감염률이 높기 때문에 어느 정도 오랜 시간 함께해야 감염이 되지, 하루 이틀간의 접촉으로는 감염이 되지 않는다. 생후 4개월 이상의 고양이는 저항성을 가지고 있어서 4개월 미만의 고양이가 감염률이 높다.

🐾 고양이 백혈병의 검사

키트로 검사할 수 있으며 검사의 정확도가 매우 높은 편이다. 그러나 검사에서 양성이 나왔다고 해서 무조건 고양이 백혈병이라고 생각해서는 안 된다. 이 질병은 증상에 따라 일과성 감염과 지속성 감염으로 나뉘기 때문이다. 즉, 몸속에 바이러스가 있어도 이 고양이의 면역력이 승리를 하면 일시적인 감염만 일으키는 일과성 감염으로 회복되며, 반대로 면역력이 패배를 한다면 지속성 감염이 되어 고양이 백혈병이 된다.

🐾 고양이 백혈병의 증상

안타깝게도 고양이 백혈병이 발병하면 예후가 좋지 않다. 발열, 림프절 종대, 백혈구 감소증 등 고양이 범백과 비슷한 양상을 보이며 종양, 면역 억압, 2차 감염이 일어나는 등 치명적인 질병이 된다.

🐾 고양이 백혈병의 치료

대증 치료 외에는 특별한 치료 방법이 없기 때문에 예방이 무엇보다 중요하다. 이 질병은 연령 의

존적인 저항성이 있다. 막 태어난 고양이는 70~100% 지속 감염이 되며, 8~12주의 새끼 고양이는 30~50% 지속 감염, 다 자란 고양이는 10~30%만이 지속 감염이 된다. 따라서 다 자란 고양이는 감염 고양이에게 노출이 되어도 감염이 되지 않거나 일과성 감염으로 회복되지만 새끼 고양이는 치명적일 수 있다. 그러므로 새끼 때는 되도록이면 다른 고양이와의 접촉을 피하는 것이 중요하다.

다른 고양이와의 접촉 없이 혼자 사는 고양이는 굳이 백신 접종을 할 필요가 없다. 게다가 감염 고양이와의 접촉 후에 발병 없이 보균 상태로 있는 고양이에게 백신 접종을 할 경우에는 오히려 바이러스가 활성화되어 발병하는 경우도 있다.

검사 후 양성이 나왔다면 한 달 후에 재검사를 해야 한다. 만약 일과성 감염이라면 한 달 후 재검사를 할 때 음성이 나올 것이다. 만약 재검사에서 또 양성이 나온다면 한 달 후에 다시 검사를 하고 그때도 양성이라면 지속 감염이라고 판단할 수 있다. 지속 감염인 경우 30%가 6개월 안에 사망, 60%가 2년 안에 사망, 90%가 4년 안에 사망한 것으로 조사되었다.

고양이 에이즈

🐾 고양이 에이즈의 감염

말기 증상이 마치 사람의 에이즈와 유사하여 고양이 에이즈라고 하지만 사람의 에이즈와는 무관하다. 정식 명칭은 FIV^{Feline Immunodeficiency Virus}이다. 친한 고양이끼리 감염되는 고양이 백혈병과 달리 고양이 에이즈는 사이가 좋지 않은 고양이 사이에서 전염이 된다. 이유는 싸울 때 생기는 교상에 의해 감염되기 때문이다.

또 한 가지 차이는 백혈병의 경우 어린 고양이에게서 다발하는 반면, 에이즈는 어린 고양이보다는 대부분 다 자란 고양이에게서 발병하는 경우가 많다. 그 이유는 감염이 된 고양이가 새끼 고양이와 싸워서 교상을 입힐 가능성이 적을뿐 아니라, 어릴 때 감염이 되도 매우 오랜 시간 바이러스를 가지고 있다가 다 자란 후에 발병하기 때문이다.

🐾 고양이 에이즈 검사

에이즈는 검사와 백신이 모두 어렵다. 백신 효과가 0~100%로 개체마다 일정하지 않으며 백신을 접종한 고양이는 키트 검사에서 양성이 뜬다. 따라서 감염 고양이와의 접촉을 차단하고, 고양이를 입양할 때 검사를 해 보는 것이 최선이다.

🐾 고양이 에이즈 증상

급성기, 무증상기, 발증기의 다소 복잡한 감염기를 거친다. 급성기의 경우 경도의 발열, 호중구 감소증, 림프절 종대의 증상을 보이는데 어리고 약할 경우는 이 시기에 사망을 하기도 한다. 무증상기는 보기에는 건강하여 외출을 하기도 하며, 이때 다른 고양이를 물어서 감염을 시키는 경우도 있다. 무증상기의 고양이 중에 80%가 무증상인 채로 있으며, 18%가 발병을 한다고 보고되어 있다. 고양이 에이즈의 증상은 다양하지만 그중 만성 구내염이 가장 많으며 원인 불명의 발열, 체중 감소, 빈혈, 전신성 림프절 종대 등의 증상을 동반한다.

🐾 고양이 에이즈 치료

고양이 에이즈 역시 특별한 치료법이 없기 때문에 예방이 중요하다. 그러나 백신의 효과에 대한 정확한 통계나 자료가 없어 신뢰도가 높지 않은 편이다. 따라서 감염 고양이와의 접촉을 차단하는 것이 중요하고 입양 고양이는 검사를 실시한 후 접촉하는 것이 좋다.

특이적 치료는 현재까지 없으며 다양한 증상에 대한 대증 치료를 한다. 가령, 림프종 증상이 있는 경우 화학 요법을, 2차 감염이 있는 경우 항생제를, 면역 매개성 질환이 있는 경우 이에 대한 치료를 할 수 있다.

고양이 에이즈를 확인하는 핵심 팁

- 싸움으로 인한 교상으로 감염되므로 길고양이와 중성화하지 않은 수컷 고양이에서의 감염 확률이 높다.
- 고양이 에이즈 검사는 IDEXX 사의 키트를 이용할 수 있다. 그러나 6개월이 되기 전에 양성이 나온다면 모체 이행 항체일 가능성이 있으므로 검사는 6개월 이후부터 시행한다. 그러나 양성이 나와도 임상 증상이 없다면 발병하지 않은 채로 12세 정도까지 살기도 한다.
- 백신 접종을 한 고양이를 검사할 경우 양성이 나오기 때문에 백신 접종 후에는 마이크로칩을 장착하여 백신 접종이 되어 있음을 표시해 두어야 한다. 그렇지 않을 경우에 고양이가 집을 나가 유기묘가 된다면 보호소에서 검사했을 때 양성이 나와서 안락사를 당할 수도 있다.

고양이 전염성 복막염

😺 고양이 전염성 복막염 감염

정식 명칭은 FIPFeline Infectious Peritonitis로 일반적인 장염을 일으키는 다소 순한 바이러스인 코로나 바이러스가 원인체이다. 다두 사육에 의한 스트레스로 인해 면역력이 저하되어 바이러스의 변형이 일어나면 전염성 복막염이라고 하는 치명적 질병이 된다.

😺 고양이 전염성 복막염 검사

백신은 유효성이 증명되지 않았기 때문에 필수 백신에서는 제외가 되었다. 키트에서 양성이 나왔다고 해서 꼭 전염성 복막염이라고 할 수는 없다. 저병원성 코로나 바이러스인 경우 일과성으로 감염이 종결되기 때문이다. 전염성 복막염에는 유전자 검사 외에도 혈액 검사, 복수 검사, 방사선 검사 등 여러 검사가 필요하다.

😺 고양이 전염성 복막염 증상

증상은 발열, 흉 복수, 안구 병변, 경련 등으로 다양하다. 전염성 복막염은 웨트Wet 타입과 드라이Dry 타입이 있다. 웨트 타입의 경우 흉수와 복수가 차는 것이 특징이며, 드라이 타입의 경우 안구 병변이 나타난다. 전체적으로 몸이 마르고 탈수가 오며 중추 신경 증상으로 인해 경련이 일어난다. 또, 안구 색이 변하기도 한다.

😺 고양이 전염성 복막염 치료

생후 16주가 되면 코에 약을 주입하는 비강 접종으로 시작해 3~4주 간격을 두고 2차 접종을 할 수는 있으나 백신의 효과에 대해서는 논란이 많다. 접종 전 반드시 검사가 필요하다. 생후 16주 이상이면서 복막염 항체 검사에 양성인 고양이는 백신 효과가 불분명해 권하지 않는다. 발병 후에는 대증 치료 외에 특이적 치료가 없으며 예후는 매우 좋지 않다.

심장 사상충

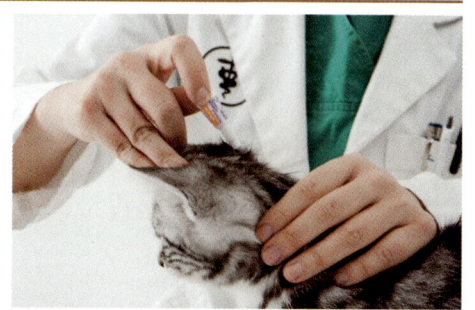

예방은 가능하나 치료는 불가능한 질병

최근까지 고양이 심장 사상충은 그 위험성이 축소된 경향이 있다. 진단 자체가 안 되기 때문에 감염률이 낮다고 생각했기 때문이다. 그러나 간단한 수술 중 마취 사고로 돌연사하는 고양이들을 부검한 결과 심장 사상충에 감염되어 있는 경우가 많았다. 보호소의 고양이 사체들을 부검하는 실험에서 우리가 생각하는 것보다 훨씬 높은 감염률을 보이고 있다는 사실이 밝혀지면서 심장 사상충에 대한 대책을 새롭게 세우기 시작했다.

🐾 한국은 1년 내내 심장 사상충을 예방해야 하는 나라

개를 키우는 보호자는 심장 사상충 예방의 중요성을 비교적 잘 알고 있다. 온대 기후인 우리나라에서는 1년 내내 심장 사상충을 예방해야 한다는 것을 수의사들이 오래전부터 전파했기 때문이다. 그러나 고양이의 경우 심장 사상충에 대한 예방 기록이 없는 경우가 많아 8주부터 예방을 해야 한다고 설명을 하면 오히려 놀라며 고양이도 심장 사상충에 걸리냐고 질문을 하는 경우가 많다.

🐾 한 마리의 감염으로 죽음에 이르는 무서운 질병

일반적으로 고양이는 심장 사상충에 적합한 숙주이다. 하지만 개에 비해 감염률이 낮다. 또한 감염이 된다고 해도 비교적 경미하고 6마리 이하의 성충만 존재하는 경우가 많다. 그러나 체구가 작아서 단 한 마리의 성충에 감염되어도 죽음에 이르는 치명적 결과를 초래할 수 있다.

모기는 심장 사상충의 매개체로 고양이보다 개를 더 선호하지만 도시에서 가장 흔히 볼 수 있는 집모기는 숙주 선호도를 보이지 않는 데다 집고양이와 길고양이 사이의 감염률 차이도 없다.

심장 사상충 증상

주로 지속적인 빈 호흡, 간헐적인 기침, 노력성 호흡과 같은 만성 호흡기계 증상이 나타난다. 초기 단계에서는 종종 천식 또는 알레르기성 기관지염으로 오해되기도 한다. 이러한 급성 단계의 임상 증상은 기생충이 성숙하면서 서서히 소실된다. 두 번째 단계는 변성된 사상충에 의한 폐의 염증과 혈전 색전증으로 인한 급성 폐의 손상인데, 이러한 이유 때문에 고양이는 단 한 마리의 심장 사상충 감염에 의해서도 폐사가 될 수 있다.

 ## 심장 사상충 예방 및 치료

고양이 심장 사상충은 최종 진단을 이끌어 낼 수 있는 검사가 없고 진단이 이루어져도 치료가 크게 도움이 되지 않는다. 따라서 심장 사상충 감염은 질환을 예방하는 데 중점을 두어야 한다. 매달 시행하는 심장 사상충 예방은 모든 고양이에게 시행되어야 한다. 고양이의 심장 사상충 진단이 어려운 이유는 확진을 내릴 수 있는 단독적인 검사가 없는 이유도 있지만, 많은 고양이가 임상 증상 없이 감염 상태를 견디거나 단지 일시적인 증상만을 나타내기 때문이다. 간혹 개의 심장 사상충 약을 고양이가 먹어도 되는지 문의하는데 성분은 같지만 비율과 용량에서 크게 차이가 난다. 가격 차이도 없기 때문에 반드시 고양이 전용 약품을 투여해 주어야 한다.

고양이 심장사상충을 예방하는 핵심팁

- 고양이 심장 사상충이 위험한 첫 번째 이유는 진단이 복잡하고 그 결과 또한 일관성이 없기 때문이다. 감염된 고양이는 심각한 호흡기 증상을 나타낼 수 있지만 항원과 항체 검사에서 음성으로 나타날 수도 있다. 흉부 방사선, 생화학 검사, 심장 초음파와 같은 추가적인 검사를 통해서도 확실히 알 수 없다. 더 중요한 것은 이런 고양이들이 어떠한 병력도 없이 급사할 수 있다는 것이다. 두 번째 이유로는 고양이 심장 사상충에 대한 치료법이 따로 없기 때문에 오로지 예방만이 방법이라는 것이다. 매달 하는 예방에 대한 비용이 부담스러울 수 있지만 발병 시의 소모적인 검사 비용, 치료 비용, 위험성을 생각하면 절대 과한 비용이 아니다.
- 예방약은 심장 사상충은 물론 각종 기생충 번식을 예방할 수 있다. 고양이에게 꼭 필요한 접종으로, 정기적으로 실시하는 것이 좋다.

만성 구내염

 구내염은 만성이다

만성 구내염이란 구강 점막, 혀, 잇몸을 포함한 구강 내에 염증이 일어나는 것을 말한다. 원인은 외상, 약물, 독극물 자극, 치은염에서 유래하는 세균, 진균, 종양, 바이러스 감염, 비타민 결핍증 등으로 다양하지만 정확한 원인과 기전은 알려진 바가 없다. 특히 고양이 면역부전 바이러스 감염증과 백혈병 바이러스 감염증에 의한 2차적인 구내염인 경우 예후가 나쁘다.

일반적으로 구강 내 염증은 타액의 항균 작용과 세정 작용에 의해 자연 치유되는 경우가 많지만, 일단 구내염이 발생하면 만성으로 이행하는 경우가 많다. 통증을 유발하기 때문에 입술 주변, 턱 주변을 만지면 통증을 호소하고 씹고 삼키는 기능에 문제가 생겨 식욕 부진으로 마른 채 내원하게 된다. 염증 부위에 출혈이 일어나기 쉽고, 만성 염증 시에는 혀 등의 부위에 궤양이 발생하기도 한다. 외상과 종양이 원인이라면 한쪽에만 발병하며 치주 질환에 의한 경우에는 치석과 치태가 함께 관찰된다.

 고양이의 입을 자주 열어 보자

고양이의 치주 질환과 만성 구내염은 꽤 흔한 질병이기 때문에 고양이 보호자들은 한 번씩 고양이 입을 열어 살펴보는 노력이 필요하다. 가령, 밥을 잘 먹지 않는 고양이의 경우 식욕이 문제가 아니라 치아 상태가 문제인 경우가 많다.

🔍 만성 구내염을 예방하는 핵심 팁

치료 시에 스케일링은 단기적인 효과가 있으며 잇몸 소독을 동반한 발치의 경우 매우 효과적이다. 항생제, 소염제, 면역 억제제 투여와 더불어 필요한 경우 광범위한 발치를 하기도 한다. 우리나라 토종 고양이는 감염 확률이 매우 높기 때문에 코숏을 키우는 보호자라면 좀 더 대비해 두는 것이 좋다. 만성 구내염을 가진 고양이의 경우 상주하는 세균, 진균, 바이러스 등과 면역력의 저하로 인해 신부전 등 다른 질환에 감염되는 경우가 많기 때문에 구내염에 걸리지 않기 위한 노력이 필요하고 걸린 후에는 적극적으로 관리하는 자세가 필요하다. 고양이의 잇몸과 치아 상태를 자주 확인해 주어야 하며 영구치가 나고부터는 칫솔질을 시작해 주어야 한다. 습식사료보다 딱딱한 건사료가 치석 예방에 도움이 될 수는 있다. 하지만 양치질을 하지 않으면 치석이 쌓여 잇몸 염증을 유발하므로 양치질을 습관화하는 것이 가장 중요하다. 고양이는 치아가 작고 수도 적으므로 처음에는 거즈로 적응해도 충분하다.

👉 고양이 양치 방법

❶ 머리 고정
고양이 얼굴을 사진과 같이 부드럽게 감싸 쥔다.

❷ 고양이용 작은 칫솔로 앞니부터
사진처럼 너무 큰 칫솔은 양치 거부의 원인이 된다. 손가락을 넣어 입을 살짝 열어 적당한 크기의 칫솔로 앞니부터 양치질한다.

❸ 손가락 칫솔보다는 거즈
칫솔질에 거부감이 크다면 거즈를 이용하는 것이 좋다. 사진처럼 흔히 사용하는 손가락 칫솔은 어금니까지 닦을 수 없다.

❹ 바르는 치약
바르는 치약은 훈련용으로 사용한다. 바르는 치약으로 거부감을 줄인 후 거즈를 이용해 잇몸 마사지를 한다. 그 후 양치질을 하면 거부감을 줄일 수 있다.

SECTION 7
곰팡이성 피부병과 여드름

피부 사상균

🐾 피부 사상균의 진단

털을 뽑아 현미경 검사를 하는 방법, 배지에 곰팡이를 배양하는 방법, 우드램프라는 형광등으로 털을 비추어 만 원권 지폐와 같은 색으로 변하는지 확인하는 방법 등이 있다.

🐾 피부 사상균의 증상

건강한 부위와 경계가 명확한 원형의 홍반성 탈모가 나타나며 마른 비듬이 생긴다. 시간이 지나면 몸 여기저기에 원형 탈모가 나타나고, 짧은 시간 안에 전신으로 번진다. 처음에는 심하게 가렵지는 않으나 2차 감염이 진행되면 가려움이 심해진다. 부스럼과 딱지, 발톱 변형, 갈라짐 등의 증상이 추가로 나타나기도 한다.

> ### 🔍 피부 사상균을 치료하는 핵심 팁
>
> - 잦은 소독과 연고 적용이 도움이 된다. 진균제 성분의 약용 샴푸도 빠른 회복에 도움이 되는데 먼저 일반 샴푸로 목욕시켜 때를 벗긴 후 약용 샴푸로 다시 목욕한다. 약용 샴푸는 거품을 내어 병변에 잘 스며들도록 5분 정도 마사지해 준 후 헹구는 것이 효과적인데, 목욕을 싫어하는 고양이라면 적용이 어려울 수 있다.
> - 간지러움 증상이 있는 고양이라면 반드시 넥 칼라를 씌워 주어야 한다. 고양이는 병변 부위를 혀로 약물을 핥아 먹거나 2차 감염을 일으키는 경우가 많다.
> - 진균제를 오래 복용하면 간 손상이 우려되기도 하므로 주기적인 혈액 검사가 진행될 수도 있다.
> - 곰팡이성 피부병은 다른 피부병에 비해 치료 기간이 길다. 수개월이 걸릴 수도 있으니 조급해하지 않는 것이 좋다. 눈에 보이는 증상이 사라진 후에도 최소 일주일 이상 약을 먹고 연고와 약용 샴푸를 사용하는 것이 재발 방지에 효과적이다. 고양이는 일반적으로 잦은 목욕이나 장시간 목욕이 스트레스가 될 수 있으므로 먹는 약을 우선적으로 사용하여 치료하기도 한다.

🐾 피부 사상균의 치료

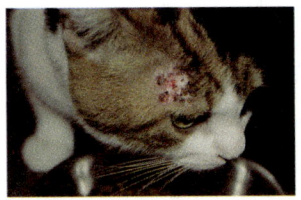

피부병 치료의 첫 번째 원칙은 삭모이다. 곰팡이성 피부병에는 특히 히말라얀과 페르시안 종이 취약한데 털이 매력적인 종이다 보니 삭모를 꺼리는 보호자가 종종 있다. 그러나 털이 있으면 곰팡이균의 소독도 잘 되지 않고 약을 발라도 흡수가 잘 되지 않기 때문에 특별한 경우가 아니라면 삭모를 해야 한다.

삭모 후에는 소독과 약용 샴푸를 해 주고 동시에 진균제를 복용해야 한다. 또, 고양이에게 보호자가 감염되는 경우도 있는데 자연적으로 나을 수 있지만 잘 낫지 않는다면 피부과 진료를 받아야 한다. 다른 고양이가 있는 경우 감염된 고양이뿐 아니라 함께 사는 고양이도 치료해야 하며 집 안에 있는 소파, 카펫 등 분절 홀씨가 퍼질 만한 공간을 철저하게 소독해야 한다.

 턱 밑 여드름

주로 아랫입술과 아래턱의 부위에 나타나며 검은 때처럼 생긴 작은 뽀루지가 생긴다. 간지러워서 긁는 경우도 있고, 전혀 신경 쓰지 않는 경우도 있다. 직접적인 원인에 대해서는 의견이 불분명하지만 주로 모낭 내에 피지 분비물과 비듬이 막히면서 생긴다.

고양이는 앞발로 세수를 하는 버릇이 있지만 턱 부근을 씻는 데에는 미숙하여 음식물 찌꺼기, 피부 표면의 지질 및 오물 등이 축적된 것으로 추정한다. 2차 감염으로 진행되는 경우에는 농피증, 각질과 더불어 통증과 간지러움을 유발한다.

> 🔍 **턱 밑 여드름을 치료하는 핵심팁**
>
> 간지러움 증상이 있다면 긁지 못하도록 넥 칼라를 씌우고 턱 부위의 털을 미는 것이 치료의 기본이다. 처방받은 소독약으로 하루 1~2회 소독 후 마르면 연고를 바른다. 그래도 잘 낫지 않는다면 2차 감염에 대한 치료가 필요하다.

귀 진드기

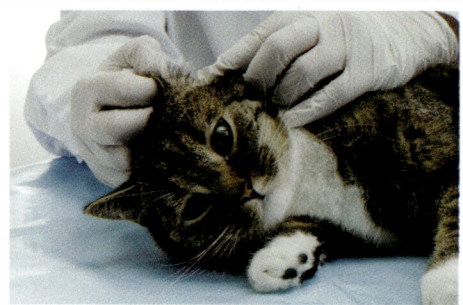

고양이는 귓병이 잘 생기지 않는다. 평생 단 한 번도 귀 청소를 하지 않은 채 살아가는 고양이도 많다. 그러나 진드기에 감염된 경우에는 얘기가 다르다. 주로 양쪽이 모두 감염되며 어미 고양이에게서 새끼 고양이로 옮는 경우가 많다. 같이 사는 고양이 중 사이가 좋은 고양이 사이에서도 감염된다. 귀를 살짝 젖혀서 귀 안쪽을 관찰했을 때 새까만 귀지가 잔뜩 들어 있다면 진드기를 의심해 볼 수 있다. 이를 채취하여 검이경으로 보면 직접 귀 진드기를 관찰할 수 있다. 감염된 고양이는 매우 간지럽기 때문에 뒷다리로 귀 뒤를 마구 긁는데 이로 인해 귀 뒤의 털이 빠지고 피가 나는 등 2차 감염이 생기기도 한다. 따라서 조기에 발견하여 치료하는 것이 좋다.

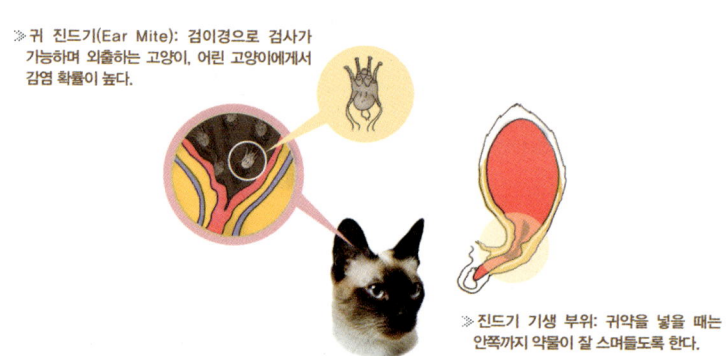

≫ 귀 진드기(Ear Mite): 검이경으로 검사가 가능하며 외출하는 고양이, 어린 고양이에게서 감염 확률이 높다.

≫ 진드기 기생 부위: 귀약을 넣을 때는 안쪽까지 약물이 잘 스며들도록 한다.

🔍 귀 진드기를 치료하는 핵심팁

귀 진드기의 경우 간지러움이 주된 증상이므로 긁지 못하도록 치료 초기에는 반드시 넥 칼라를 씌워 놓아야 한다. 그러나 2차 감염과 부종이 있는 경우라면 반드시 항생제, 소염제 등의 추가적인 치료가 필요하다. 과도한 귀 청소가 자극이 되어 감염을 악화시키는 경우도 있기 때문에 심한 경우에는 수의사가 직접 청소하는 것이 좋다.

SECTION 9
구토

🐾 간단히 넘어갈 수 있는 구토

응급 상황이 아닌 구토로 판단되는 경우라도 꼭 병원에 방문하여 변 검사, 방사선 촬영 등의 검사가 필요하다. 수액, 위장관 보호제, 항구토제 등의 대증 요법을 실시하면 12~24시간 내에 증상이 호전된다. 이러한 경우는 보통 급성 위염, 급성 소장염, 식이성 위장관 장애, 코로나 바이러스 등이 원인인 경우가 많다.

> ⚠️ **응급 상황이 아닌 구토**
> ❶ 구토 이외의 증상이 없는 경우
> ❷ 하루에 1회 이하로서 주 1~2회 하는 경우
>
> ⚠️ **위험한 구토**
> ❶ 복부 통증, 원기 소실, 탈수, 발열, 설사, 구토액에 혈액이 있는 경우 등 다른 증상을 동반한 경우
> ❷ 구토 횟수가 하루 2회 이상이며 3~4일 이상 지속 기간이 길어진 경우

🐾 간단히 넘어갈 수 없는 구토

위험한 구토라고 판단되면 동물병원에 방문하여 대증 요법으로 수액과 항구토제를 처방받는 동시에 혈액 검사, 혈구 검사, 초음파, 내시경, 방사선, 조영 촬영, 키트 검사, 요 검사를 포함한 다양한 검사를 시행해야 한다.

🐾 선형이물

어린 고양이가 구토를 심하면 반드시 입을 열어 보아야 한다. 집에서 키우는 동물의 경우 주로 닭뼈나 자두 씨, 병뚜껑 등을 먹고 내원하는 경우가 많은데 특히 고양이는 줄을 먹고 이를 다시 뱉어 내지 못해 구토를 하는 경우가 많다. 실을 입에 물고 장난을 치거나 삼키면 고양이의 혀는 안쪽에 돌기가 나 있기 때문에 빼내려고 하면 할수록 더욱 안으로 들어가게 된다. 처음에는 침을 흘리고 밥을 먹지 않다가 점점 침울해진다. 입안에 혹시 실이 보여도 절대 잡아서 빼면 안 된다.
실이 꼬여 장에 큰 상처를 줄 수 있을 뿐 아니라 장을 꼬이게만 할 뿐 실이 순순히 나올 리 없기 때문이다. 수의사는 방사선, 내시경, 조영 촬영 등의 추가 검사를 실시한 후 위장관 절개를 통해서 실을 꺼내는 수술을 한다. 만약 그냥 이물이라면 한 군데만 절개해도 되지만 길이가 길고, 엉켜 있다면 절개 부위를 여러 군데로 나누어 꺼내야 한다.

설사, 변비

질병에 의해서 유발되기도 한다

설사 치료를 위해 가장 우선시 되어야 할 것은 설사 자체의 문제인가, 아니면 범백과 같은 다른 질병에 의해 유발된 2차적인 문제인가 하는 것이다. 따라서 설사 외 다른 증상이 관찰된다면 우선 검사를 통해 전신적인 문제인지 확인해 보는 것이 좋다.

설사의 원인은 다양하다

설사 외 다른 증상이 없고 혈액 검사 상으로도 다른 질병이 없는 것으로 나왔다면 세균성, 바이러스성, 원충성, 식이성, 염증성 장염을 의심해 볼 수 있다.

🐾 세균성 설사

살모넬라, 캠필로박터, 대장균에 의해 장 독소가 생산되어 장 상피가 손상되는 유형이다. 호텔 탁묘나 여행 후 스트레스가 원인이거나 여러 마리의 동물을 키우는 집에서 한 마리가 설사를 일으킬 경우 전염되어 발병되기도 한다.

🐾 식이성 설사

관엽 식물, 생선, 고기, 우유 등 평소 먹지 않던 음식을 갑자기 먹거나 부패한 음식을 먹은 경우에 식중독성 설사를 일으킨다.

> **🔍 설사를 치료하는 핵심 팁**
>
> 접종을 완료하지 않은 어린 고양이가 설사하면 범백을 배제할 수 없으므로 키트 검사를 한다. 음성이면 현미경 검사로 상황에 따른 치료를 한다. 7세 이상의 나이 많은 고양이는 다른 질병에 의해 2차적으로 설사 증상이 나타날 수 있어 혈액 검사로 다른 질병을 먼저 제외하는 것이 좋다. 염증성 장염은 고양이의 만성 설사의 많은 부분을 차지함에도 조직 생검 외에는 확진할 수 있는 진단법이 없다. 따라서 수의사의 경험과 판단이 진단에 매우 중요하게 작용한다. 처방식 사료가 치료에 도움이 된다.

🐾 바이러스성 설사

코로나 바이러스, 레트로 바이러스, 범백 바이러스가 대표적으로 장내에서 감염된다. 특히 범백 바이러스의 경우 범백혈구 감소증의 원인이 된다. 물처럼 무른 변, 혈액성 설사, 비린 변 냄새 등이 특징이다.

🐾 염증성 장염

소화관 점막에 염증성 세포가 침투하는 것이 특징인 장염으로 만성 설사의 주원인이다. 식욕 부진, 묽은 수양성 설사, 체중 감소 등의 증상을 보인다.

변비는 만성 고양이 질병

변비는 고양이에게 자주 관찰되는 증상이다. 특히 여러 마리를 키우는 환경에서 고양이 각자의 배변 행태를 관찰할 수 없기 때문에 심각해진 상태에서 내원하는 경우가 많다.

변비 증상이 있는 고양이는 화장실에 들어가기 전에 왔다 갔다 돌아다니며, 화장실에 들어가서도 돌아다닌다. 오랫동안 모래를 파고 배변 자세를 자꾸 바꾸지만 결국 배변을 하지 못하며, 힘을 줄 때 통증을 느껴 소리를 내기도 하고, 구토 증상이 동반되기도 한다. 항문에서 액체가 나오고, 식욕 부진 증상도 동반된다. 손으로 배를 만져 봤을 때 복부가 팽만되어 있으며 딱딱한 변이 만져지기도 한다.

경미한 경우는 섬유질이 풍부한 처방 사료를 먹이고 변비약을 먹이면서 상태를 지켜보면 증상이 개선된다. 필요하다면 관장을 하기도 한다. 그러나 많은 고양이 변비 환자가 사태가 심각해진 후에 오는 경우가 많다. '거대 결장증'은 대변이 결장에 머물러서 결장이 확장된 상태를 일컫는데 고양이가 이 병에 걸릴 경우에는 되돌릴 수 없기 때문에 결장의 일부나 전체를 절단하는 수술을 해야 한다.

> **🔎 변비를 예방하는 핵심 팁**
>
> - 화장실이 지저분한 경우, 모래가 마음에 들지 않는 경우, 스트레스와 질 낮은 사료 등이 원인이 되어 변비가 생긴다. 그 밖에 종양, 이물질, 뒷다리의 장애나 통증 등의 원인으로 2차적으로 유발되는 변비도 있다. 변비를 해결하기 위해서는 화장실 청소를 자주 해서 청결하게 유지하고 모래는 선호도가 높은 것으로 바꾸어 준다.
> - 장모종은 헤어볼로 인해 변비나 장폐색이 유발되는 경우가 있으므로 브러싱을 자주 해 주고 헤어볼 전용 사료나 영양제를 먹여야 한다.
> - 나이 든 고양이는 움직임이 점점 줄고 장 기능과 연동 운동이 약해지므로 변비가 더욱 심해진다. 따라서 사료에 더 신경을 써야 하며 물을 많이 먹게끔 노력해야 한다.

SECTION 11
하부 요로기계 질환

오줌과 관련된 고양이 질환

동물병원을 방문하는 고양이의 4~10%가 하부 요로기계에서 나타나는 질환으로 내원한다. 혈액성 뇨, 배뇨 부전, 빈뇨 화장실을 자주 가는 것, 노력성 뇨 통증을 동반한 배뇨, 부적절한 배뇨, 하복부 촉진 시 통증 등의 증상으로 내원하는데, 수컷의 경우 요도 폐색이 발생하면 증상이 심각하여 응급 상황이 발생할 수도 있다.

고양이 하부 요로기계 질환의 원인

일반 고양이
- 특발성 방광염 64%
- 결석 13%
- 해부학 결핍 11%
- 행동 요인 9%
- 종양 2%
- 감염 1%

10살 이상 된 고양이
- 요로기계 감염 46%
- 결석 27%
- 요도 찌꺼기 7%
- 외상 7%
- 특발성 방광염 5%
- 요실금 5%
- 종양 3%

고양이 하부 요로기계 질환의 암수 빈도

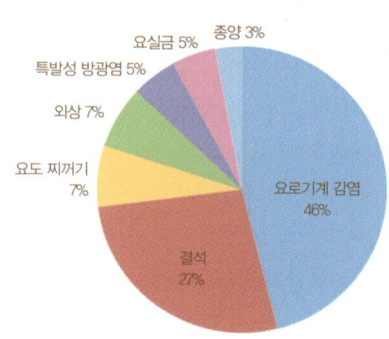

	수컷	암컷
특발성 (원인 불명)	79	58
결석	17	40
방광염	4	0
결석+방광염	0	0

고양이 하부 요로기계 질환의 종류

🐾 결석

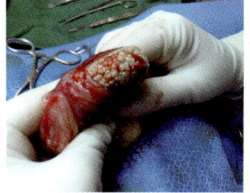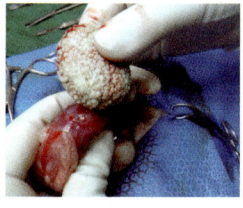

결석 제거 시술 장면

스트루바이트는 마그네슘, 암모니아, 인을 주 성분으로 하는 결석으로 1980년부터 1990년대 초반까지 가장 많이 발병되었다. 칼슘 옥살레이트는 이름 그대로 칼슘과 옥살레이트가 주 성분이며 모양이 뾰족하다. 감염의 문제가 해결되기 시작한 1990년대 이후로는 칼슘 옥살레이트가 결석의 대부분을 차지하다가 최근에는 두 종류의 결석이 비슷한 빈도로 발생하고 있다. 스트루바이트는 7세 이하의 중성화를 한 어린 암컷에서, 칼슘 옥살레이트는 7세 이상의 중성화를 한 나이 든 수컷에서 자주 발생한다. 따라서 중성화를 한 고양이는 반드시 비만과 결석에 대한 관리를 지속적으로 해 주어야 한다. 결석은 크기에 따라 수술을 통해 제거하고 약물로 염증에 대한 처치를 하며 처방식으로 관리를 한다.

🔎 결석을 예방하는 핵심 팁

오줌을 농축하는 능력을 타고난 고양이는 원래 물을 많이 먹지 않는다. 고양이는 35ml/kg 정도의 물을 마시는 것이 좋으며 음식에 있는 수분을 포함하면 하루 50~60ml/kg의 물이 필요하다. 고양이는 물을 적게 먹는 동물이지만 적정량을 먹지 않으면 결석의 원인이 되기 때문에 물을 먹이기 위해 노력해야 한다.

👉 고양이에게 물을 먹이는 방법

- 건사료보다는 습식 사료가 수분 함량이 높다.
- 결석용 처방식에 포함된 나트륨은 음수량과 배뇨량을 늘리는 역할을 한다. 나트륨 용량은 고양이에게 안전한 용량이라 염려할 필요는 없지만 신부전이 있는 고양이라면 주의해야 하므로 수의사의 처방이 필요하다.
- 물그릇을 방안 여기저기에 놓아둔다.
- 물은 먼지가 쌓이지 않게 항상 깨끗하게, 여러 번 바꾸어 준다.
- 졸졸 흐르는 물소리에 자극을 받는 고양이도 있으므로 분수대 모양의 음수대도 도움이 된다.
- 평소에 캔을 좋아한다면 캔에 물을 조금 섞는다.
- 물에 참치나 치킨 향이 나도록 조금씩 섞어 준다.
- 유리로 만들어진 물그릇으로 교체한다.

🐾 특발성 방광염

특발성 방광염은 고양이 하부 요로기계 질환의 60~70%를 차지한다. 실외 고양이에게서는 드물게 나타나며 불리 불안증, 비만, 심 비대성 심장병과 함께 나타나는 경우가 많다. 스트레스를 받으면 교감 신경이 자극되어 염증 반응이 방광 벽을 자극하면서 발생하는 것으로 추측하고 있다. 따라서 이사, 새로운 고양이의 입양, 아기와 다른 동물의 등장, 소음 등 스트레스를 일으킬 수 있는 모든 상황이 발병 요인이 될 수 있다.

증상은 혈뇨, 배뇨 시의 통증, 노력성 뇨, 배뇨 부전 등 하부 요로기계 질환의 전형적인 증상을 보인다. 실내 생활을 하는 고양이, 건사료를 먹는 고양이, 여러 마리가 하나의 화장실을 사용하는 경우, 케이지에 갇혀 생활하는 경우에 위험 요인이 증가하는 것으로 보고되고 있다. 이를 해결하기 위해서는 스트레스 요인을 제거해야 한다. 그 밖에 분수형 식수대나 처방 사료를 통해 음수량을 증가시키고 펠리웨이 등의 페로몬제를 사용해 스트레스로부터 안정을 시켜야 한다. 심하면 안정제를 처방하기도 한다. 습식 사료로 바꾸는 경우에는 재발률이 감소한다.

🐾 요로계 감염

개는 감염에 의한 방광염이 일반적이지만 고양이는 발생 빈도가 1/10 정도로 적다. 중성화한 암컷에서 발생률이 높으며 10세 이상의 고양이는 당뇨나 만성 질환으로 인해 감염률이 높아지는 것으로 알려져 있다. 아비시니안은 특히 이 질환에 취약한 종이다. 감염이 의심스러우면 배양 검사와 감수성 테스트를 해 볼 필요가 있으며 결과에 따라 항생제를 처방받게 된다. 2~3주 정도의 처치가 필요하다.

Dr. No's 킹이의 기적

고양이 하부 요로기계 질환은 방광염, 방광 내의 심한 슬러지, 요도의 플러그가 요도 폐쇄를 유발하여 급성 신부전이 발생하는 심각한 상황을 초래하기도 한다. 병원에 내원한 환자 킹이는 배를 만지지도 못하게 할 만큼 복부 통증이 심했는데 방사선 검사를 한 결과 방광이 복부의 대부분을 차지할 만큼 팽대되었고, 초음파 결과 슬러지가 가득했으며, 혈액 검사 결과 신장의 수치가 수의사라면 누구나 죽겠다고 생각할 정도로 심각했다. 마취 후 복강의 오줌을 빼내고 수액을 달아 응급 상황은 넘겼으나 더 이상 좋아지지 않아 보호자를 설득하여 투석을 실시했다. 킹이는 탈수와 여러 합병증으로 쓰러져 몸도 가누지 못하였다. 의료진은 보호자에게 가능하면 희망적인 멘트를 삼갔다. 나도 속으로 "죽을 수 있겠다. 아니, 죽겠다."라고 생각했다. 그러나 보호자는 무조건 킹이는 살 거라며 뭐든지 해 달라고 했다. 왕처럼 키워서 이름도 '킹'인 킹이는 보호자의 극진한 노력 때문인지 투석 후 신장 수치가 드라마틱하게 떨어졌다. 신장이라는 게 한 번 망가지면 이식을 하지 않는 이상 완치라는 것이 없지만 어쨌든 킹이는 위기를 기적적으로 넘겼다. 모든 환자에게 이런 기적이 일어나는 것은 아니지만 보호자의 간절함이 킹이를 살린 것이 아닐까 생각했다. 물론 그 간절함에도 불구하고 죽는 아이들도 있고······.

SECTION 12
신부전

 고양이를 죽음으로 몰고가는 첫 번째 원인

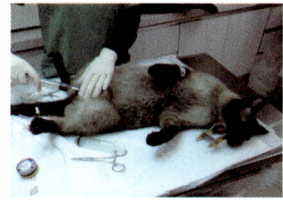

▲ 배뇨 장애가 지속되면 응급으로 뇨를 뽑는다.

신부전이란 신기능의 75% 이상이 상실된 상태를 말하며 고양이를 죽음에 이르게 하는 첫 번째 원인이다. 12세 이상 고양이의 1/3 이상이 신부전을 앓고 있으며 나이 많은 고양이의 10~30%가 신부전으로 내원한다. 따라서 신부전은 노령 고양이 관리의 가장 큰 부분을 차지한다고 해도 과언이 아니다.

신부전의 종류

😺 급성 신부전

급성 신부전은 배뇨 자세를 취해도 오줌이 전혀 배설되지 않는 핍뇨기와, 배설은 되지만 통증을 동반하는 이뇨기, 그리고 회복기로 나뉜다. 임상 증상은 질환에 따라 다르지만 대부분 식욕 부진, 활동성 저하, 구토, 변비, 설사, 혈변, 경련 등의 증상이 함께 나타난다. 핍뇨기에는 오줌을 누지 못하기 때문에 수액 처치가 필요하며 이뇨제와 질소혈증의 진행을 억제하기 위해 단백질 섭취를 제한하게 된다. 이후에 오줌량이 증가하면 이뇨기에 접어드는데 이때는 탈수와 전해질 불균형을 조절하는 수액 처치를 한다.

😺 만성 신부전

신장 기능에 문제가 생긴 고양이는 오줌을 많이 눈다. 화장실을 가는 모습이 자주 관찰되고, 모래 사용량이 눈이 띄게 늘어난다. 이때는 응고형 벤토나이트 모래를 쓰는 것이 좋다. 응고형이라 소변량을 눈으로 확인할 수 있고, 응고가 됨으로써 균이 고양이의 요로계를 오염시키는 것을 예방할 수 있기 때문이다. 신장 기능에 문제가 생긴 고양이는 질소 노폐물을 배출하기 위해 오줌량이 늘어나고 이를 보충하기 위해 물을 많이 마신다. 이를 '다뇨다음'이라고 한다. 다뇨다음 상태의 고양이는 물을 많이 마시는데도 불구하고 탈수가 진행되며 체중이 빠지고 움직임이 적어진다. 움직임이 적어지는 것은 신부전에 의한 빈혈 때문이다.

🔍 신부전을 치료하는 핵심팁

● **고양이의 탈수를 측정하는 방법**
고양이의 목 뒤를 잡아당겼다가 놓으면 정상적인 고양이라면 바로 피부가 되돌아간다. 그러나 탈수가 심한 고양이는 천천히 회복되며 아주 심한 고양이는 잡아당겨진 채로 원상 복구가 되지 않는다. 다시 제자리로 돌아가지 않을 정도라면 죽음에 이를 수 있는 매우 심각한 수준의 탈수라고 볼 수 있다.

● **고양이 빈혈**
신장은 질소 배출 외에도 조혈 작용을 하기 때문에 신부전 고양이는 빈혈이 생기게 된다. 혈액 검사로 빈혈 수치를 검사하여 30~35% 이하이면 빈혈에 해당하는데 신체검사 상으로 잇몸이 붉은빛이나 분홍빛이 아니라 창백한 빛을 띤다면 빈혈을 의심할 수 있다.

● **복막 투석**
복막 투석은 신장 기능이 없는 신부전 환자의 몸속에 있는 노폐물을 제거하기 위해 시행하는 투석의 일종이다. 환자의 뱃속에 관을 삽입하고 이 관을 통해 투석액을 주입한다. 투석액이 뱃속에 머무르는 동안에 몸속의 노폐물과 수분이 삼투작용에 의해 뱃속의 투석액 쪽으로 빠져나간다. 뱃속의 투석액이 노폐물로 충분히 포화되면 다시 관을 통해 배 밖으로 비우고, 새로운 투석액을 다시 뱃속에 주입한다. 이와 같은 투석액 교환 과정을 여러 번 반복함으로써 몸속의 노폐물을 제거한다. 투석액이 들어가고 나오는 순환만 잘 된다면 효과는 뛰어나지만, 순환이 잘되지 않는다면 예후가 불량하므로 다시 장착을 해야 한다. 장착 시에는 관이 들어갈 손톱만큼의 구멍이 필요한데 이를 위해 전신 마취, 혹은 국소 마취를 해야 한다. 하루에 여러 번 투석액을 넣고 빼야 하므로 예민한 성격의 고양이라면 부담스러운 시술이다. 최근에는 CRRT라는 혈액 투석이 고양이에게도 실시되고 있다. 마취를 통해 중심 정맥관을 잡아야 한다는 부담이 있지만 시술이 성공적이기만 하면 사망 위험에 처한 고양이에게 새로운 희망이 될 수 있다.

● **만성 신부전 고양이를 오래 살게 하는 방법**
급성신부전이라면 짧게는 3~4일, 길게는 일주일 이상 입원을 한다. 입원 기간에는 회복될 때까지 적극적인 검사와 함께 수액, 약물, 전해질 요법 등으로 치료하면서 신장 기능을 회복시키므로 입원 치료가 효과적이고 절대적이라고 할 수 있다. 그러나 만성 신부전의 치료 목적은 삶의 질을 개선하는 것이므로, 만성 신부전 치료에는 입원보다 보호자의 관리가 절대적인 역할을 한다. 이미 망가진 75%의 신장은 회복되거나 재생될 리 없으므로 남은 25%의 신장을 가지고 얼마나 오래, 덜 고통스럽게 사느냐가 관건이다.

❶ **수액 요법** 마시는 것으로 손실되는 체액을 보충할 수 없다면 수액으로 대체해야 한다. 검사로 환자의 상태를 확인하고 수의사와의 상담을 통해 환자에게 적당한 양의 피하 수액을 하는 것이 도움이 된다.

❷ **체중 조절** 신부전 말기의 고양이는 현저한 체중 감소를 보인다. 기본적인 체력이 부족하면 오늘 먹는 양이 오늘을 살기 위한 긴급한 상황이 되기도 한다. 날마다 하루 2회의 체중 측정이 필요하며 질 높은 먹거리를 통하여 체중이 빠지지 않도록 하는 노력이 필요하다.

❸ **합병증의 관리** 만성 신부전의 합병증으로 고혈압, 빈혈 등을 관리해야 한다. 정기적으로 병원에 방문하여 혈압, 전해질, 빈혈 검사를 받고 이에 맞는 치료를 하는 것이 좋다.

SECTION 13 당뇨

 당뇨병 증상

사람, 개, 고양이 모두에게 당뇨병은 비만, 식습관과 관련되는 대표적인 성인병이다. 고양이의 당뇨병도 사람의 경우처럼 완치가 가능한 병이 아니라 식습관 개선과 인슐린 치료, 합병증의 관리를 통해 삶의 질을 개선하는 것을 목적으로 한다. 당뇨병에 걸린 고양이의 가장 흔한 임상 증상은 다뇨, 다음, 다식, 근육 소모, 체중의 감소이다. 즉 많이 먹고, 많이 마시는데도 체중이 줄어든다면 당뇨병을 의심할 수 있다. 게다가 그루밍을 하지 않아 헝클어진 털과 침울, 쇠약 또한 당뇨병의 전형적인 증상이다.

 당뇨병 치료

당뇨병이 의심되면 병원에 가서 기본적인 신체검사, 혈구·혈청 검사, 뇨 분석 검사, 초음파 검사를 받아야 한다. 혈구 검사는 정상 범위로 나오는 경우가 많기 때문에 혈청 검사로 혈당을 체크한다. 고양이는 스트레스를 받으면 혈당이 올라가므로 당뇨병 진단에 어려움이 있다. 스트레스성 당뇨인지 구분하기 어렵기 때문에 반복 검사나, 장기간 환자의 혈당 수치를 의미하는 당화 색소 검사가 필요할 수도 있다. 스트레스를 받지 않은 고양이의 정상 혈당은 171mg/dL이다. 뇨 분석을 통해 케톤산증 등의 합병증 여부와 초음파를 통해 당뇨병과 췌장염 여부를 확인해야 한다.

> **당뇨병을 치료하는 핵심팁**
>
> - 당뇨병은 비만과 밀접한 관계가 있다. 고양이의 체중이 6kg가 넘으면 체중 관리와 동시에 당뇨병에 대한 검진이 필요하다.
> - 당뇨병은 식이조절과 인슐린 주사로 혈당을 조절하며 체중 관리가 아주 중요하다.

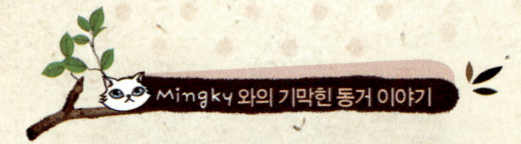

고양이를 예뻐해 주세요

고양이는 유독 좋고 싫음이 분명한 동물이다. 고양이를 사랑하는 사람에게는 영민하고 절대적인 아름다움을 가진 고양이를 싫어하는 것이 이해되지 않는다. 반면 고양이를 싫어하는 사람은 고양이의 도도한 성격과 불길한 기운, 날리는 털 등이 마음에 들지 않는다. 주변을 살펴보면 고양이를 싫어하는 사람이 많은데, 사람에게 도움이 되면 되었지 결코 해가 된 적이 없는 고양이를 싫어하는 것이 너무나도 안타깝기만 하다.

고양이를 가까이하지 않는 사람들을 자세히 살펴보면 고양이를 무서워하는 사람, 좋아하기는 하지만 비염 때문에 가까이할 수 없는 사람, 고양이를 불결한 하나의 세균 덩어리로 여기는 사람 등으로 다양하다. 불행하게도 나의 어머니가 여기에 속한다. 극도로 깔끔한 성격 때문에 집 안에 머리카락 하나, 먼지 하나를 용납하지 않았다. 당연히 동물을 키운다는 것은 상상도 할 수 없는 일이다.

전주에서 수의대 생활을 끝내고 서울에서 인턴 생활을 시작하게 되었을 때, 나는 부모님이 사는 집으로 들어가게 되었다. 밍키와 함께. 베란다가 있는 작은방에서 살았는데 겨울에는 큰 문제 없이 그런대로 잘 지냈다. 방에 베란다가 있어서 밍키가 답답해하지 않았고, 엄마와 밍키가 대면하는 일도 드물었다. 다행히 아버지는 밍키와 잘 지냈다. 아버지는 까끌까끌한 혀로 발바닥을 핥아 주는 밍키를 예뻐했다. 사람 옷을 갈라 입히고 사람 빗으로 빗질도 해 주며 나름대로의 방식으로 애정을 표현하셨다. 그러나 여름이 되고 도저히 방문을 닫고는 살 수 없는 계절이 되자 문제가 발생했다. 어쩔 수 없이 방문을 열어 놓으면 어김없이 밍키는 엄마 방에서 발견되었다. 집에서는 엄마의 비명이 심심치 않게 들리기 시작했다. 참 이상하게도 밍키는 동생 방, 거실, 화장실, 베란다 등 많은 장소가 있는데도 늘 엄마 방에서 발견되었고 그것도 엄마가 가장 아끼는 가방과 옷이 있는 장롱 안에서 였다. 집 안에서 가장 깨끗하고 좋은 곳이 엄마 방이라는 것을 밍키는 본능적으로 눈치챘나 보다. 그 모습을 보고 엄마는 당연히 기겁했다.

결국 밍키와 나는 3개월도 버티지 못하고 집에서 쫓겨났다. 밍키와 나는 또다시 둘만의 동거 생활을 시작하게 된 것이다. 그러나 이번엔 집주인이 문제였다. 강아지를 키우는 사람이었기 때문에 고양이를 키우는 것을 반대할 것이라고는 생각하지 못했다. 주인은 고양이가 기분 나쁜 동물이라고 생각하는 듯했다. 결국 개는 괜찮지만 고양이는 키울 수 없다는 통보를 받았다. 수의대 다닐 때부터 지금까지 14년째 고양이와 동거를 했지만 고양이를 키우는 것을 반대하는 집주인은 그 집이 유일했다. 하지만 혼자 고양이를 키우는 사람들이라면 이사할 때마다 자주 겪었을지도 모르는 일이다.

세상에는 고양이를 좋아하는 사람과 싫어하는 사람이 있다. 그 두 집단은 결코 서로를 이해하고 이해받지 못한다. 고양이를 싫어하는 사람에게 어찌 고양이의 아름다움을 말로 다 설명하며 이해를 시킬 수 있겠는가? 그들에게 고양이는 그저 무섭고, 불길하고, 지저분한 짐승일 뿐인데…….

충성스럽다는 이미지 때문에 사랑을 받는 강아지와 달리, 불길한 느낌이 든다는 이유로 우리나라에서 유독 환대를 받지 못하는 고양이들이 우월함까지는 인정받지 못하더라도 적어도 불길한 짐승이라는 누명은 벗을 수 있는 날이 어서 빨리 오면 좋겠다.

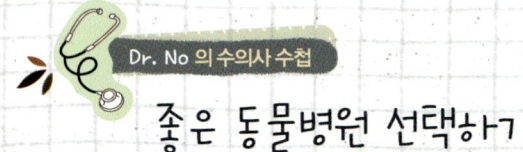

좋은 동물병원 선택하기

기본 세 곳은 알아 둘 것

나는 아기를 키우면서 유난히 병원이 문 닫는 주말과 밤에 아기가 아픈 것을 경험했다. 고양이도 마찬가지다. 나의 고양이 밍키도 저혈당으로 응급 상황이 왔는데, 하필 동물병원이 문 닫은 밤이었다. 당시 살던 집이 병원에서 꽤 멀어서 가까운 동물병원을 찾았으나, 가까운 병원이 떠오르질 않아 택시를 타고 우리 병원으로 갔던 기억이 난다. 다행히 밤에는 차가 막히지는 않아서 늦지 않게 응급 처치를 할 수 있었지만 환묘를 반려하는 입장에서 24시간 동물병원의 중요성을 실감했다.

병원을 세 군데 확보하라는 것은 병원마다 휴무일이 있기 때문이다. 고양이의 첫 번째 병원은 당연히 집에서 가장 가까운 곳이 좋다. 예민한 고양이의 특성상 이동 자체가 스트레스가 될 수가 있으며 대기가 너무 많은 병원은 힘들 수도 있다. 집에서 가장 가까운 병원에서 친절한 진료를 받는 것이 가장 좋다. 그리고 24시간 병원을 두 곳 정도 확보하는 것이 좋은데, 24시간 병원 중에는 야간 인력의 부족으로 주 1회 정도 쉬는 병원이 있기 때문이다. 때문에 두 곳 정도 확보하고 내원 전에 미리 전화를 해서 환자의 상태를 알리면 빠른 응급 처치를 받는 데 도움이 된다. 가령, 우리 병원의 경우 응급 환자 두 케이스가 겹치는 경우가 종종 있다. 미리 전화를 해서 당장 우리 고양이의 진료를 볼 수 있는 상황인지 확인하는 것도 중요하다.

인터넷 후기 참고

인터넷 정보를 무조건 신뢰하거나 나쁘다고 판단하기보다는 옥석을 가리는 것이 중요하다. 소비자는 정보를 얻는 수단이지만 업체는 홍보의 수단이 인터넷이기 때문이다. 동물병원뿐 아니라 레스토랑, 사람, 병원 모두 마찬가지다. 거짓 정보가 넘쳐나므로 바른 판단을 하는 것이 중요하다.

병원의 위생 상태

요즘에는 동물병원들이 경쟁적으로 인테리어와 확장을 하고 있지만 내가 페이닥터를 하던 시절에는 영세한 병원이 많았다. 가끔 면접을 보러 가거나 파트타임으로 일을 하러 가면 심하게 냄새가 나거나 위생 상태가 좋지 않아 보이는 곳들이 있었다. 그런 병원은 어김없이 운영이 잘되지 않았다. 병원을 운영하는 입장에서 인테리어가 5년 이상 되면 낡아 보이기 마련이고, 개와 고양이가 끊임없이 냄새와 털 먼지를 생산하기 때문에 이를 관리하는 것이 늘 고민이지만 병원인 만큼 양보할 수 없는 부분이라고 생각한다.

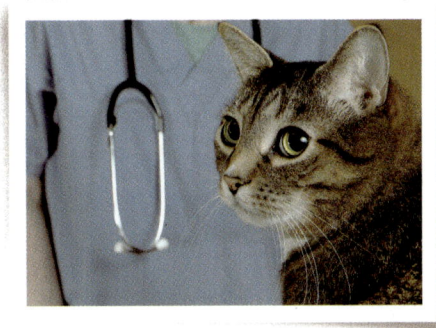

가격 비교는 별로 의미가 없다.

병원으로 가장 많이 걸려오는 전화는 언제나 가격문의다. 중성화 비용이 얼마인지, 스케일링 비용이 얼마인지 묻는다. 일단 중성화 비용을 말하자면 호흡 마취를 하는지 주사 마취를 하는지, 마취 수의사와 어시스트가 수술에 참여하는지, 어떤 수술 모니터를 사용하는지, 어떤 항생제와 진통제를 사용하는지에 따라 수술에 필요한 비용이 큰 차이가 난다. 이런 것들을 무시한 채 같은 중성화 수술을 하는데 비용 차이가 크다며 너무 비싸다는 불평을 들으면 억울할 때가 많다.

스케일링 비용을 설명하자면, 환자의 나이와 건강 상태에 따라 술전 검사의 범위를 어떻게 정할지, 환자의 치아 상태에 따라 치과 방사선 촬영을 해야 할 수도 있고 발치를 해야 할 수도 있다. 10년 동안 양치질 한번 안 해놓고 그냥 스케일링만 해달라고 하시는 분들도 많다. 노령 환자의 마취를 위해 많은 술전 검사와 호흡 마취, 마취 수의사, 치과 방사선 촬영과 수술적 발치 등을 고려하여 예상 견적을 알려드리면 다른 병원과 비교하여 너무 비싸다고 하는 얘기를 듣는다. 의료 행위는 물건을 사는 것과 다르기 때문에 가격을 놓고 절대적인 비교를 하는 것은 아무 의미가 없다.

때로는 가까운 병원이 가장 좋은 병원

최근에는 동물병원의 콘셉트와 규모가 다양해졌다. 24시간 진료하는 병원도 많아졌고 30~40명의 의료진에 CT나 MRI까지 갖춘 병원들도 있다. 그런데 좋은 진료를 받게 해주고 싶다는 생각에 간단한 진료나 예방접종까지 CT와 MRI가 갖추어진 병원에 가서 받을 필요는 없다. 가까운 병원에서 여유 있고 친절한 진료를 받는 게 훨씬 좋으며, 고양이 환자에게도 좋은 선택이다. 다만 진료를 받았는데 진료 스타일이 마음에 들지 않았다면 다른 병원에 다녀 보는 것도 나쁘지 않다. 아무리 좋은 수의사나 동물병원이라도 자신과는 맞지 않을 수 있기 때문이다. 고양이의 중대 질환이 의심되거나 큰 수술을 해야 할 때는 장비와 인력이 충분한 병원을 찾는 것이 도움이 된다.

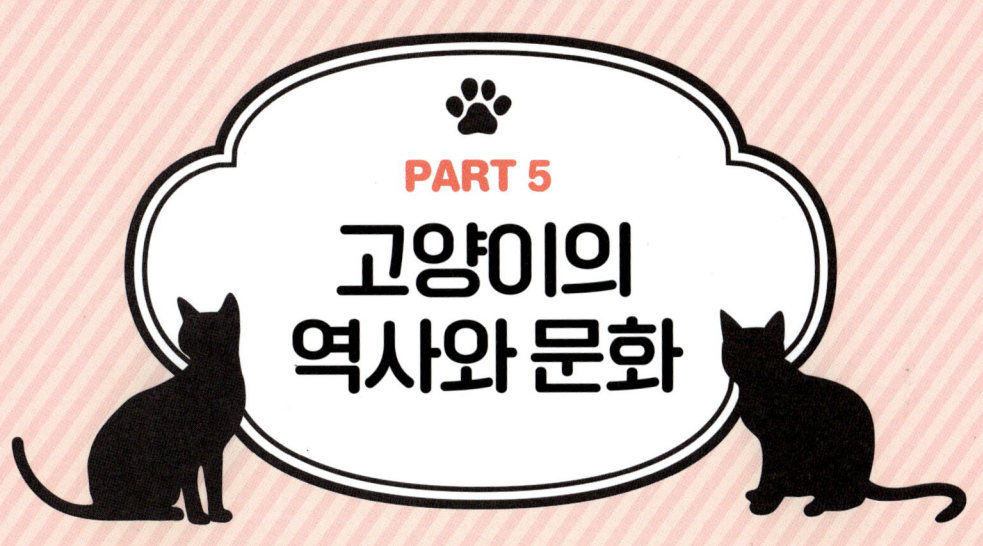

PART 5
고양이의 역사와 문화

고양이의 조상은 족제비이다

족제비에서 살쾡이로, 살쾡이에서 고양이로

사람 손에 길들여지기 전의 야생 고양이는 어떤 모습이었을까? 고양이의 조상은 무엇이고 언제부터 인간과 함께 살기 시작했을까?

동물학자들은 고양이의 가장 오래된 조상을 4천~5천만 년 전에 살았던 미아키스Miacis라는 족제비와 흡사한 동물이라고 추정한다. 남아 있는 화석을 살펴보면 미아키스는 홀쭉한 몸매에 긴 꼬리, 짧지만 어디는 오를 수 있는 다리, 날카로운 이빨을 가지고 있었을 것이라고 추측할 수 있다. 미아키스는 미아키다에

미아키스의 추정 모습

Miacidae류에 속하는데 그로부터 현재의 수많은 육상 동물, 즉 개, 미국 너구리, 곰, 족제비, 하이에나, 고양이 등이 유래되었다. 그 후 추정할 수 있는 것은 아프리카 북부에 살고 있는 '리비아 살쾡이' 혹은 '리비아 야생 고양이'가 고양이의 선조라는 것이다. 리비아 살쾡이는 유럽 살쾡이의 아종亞種으로 몸 길이는 48~62cm, 꼬리 길이는 25~38cm, 몸무게는 3.6kg 정도이다. 몸이 회황색으로 이루어져 있고, 등이 짙으며, 뚜렷하지 않은 얼룩무늬가 있다. 네 다리는 길고 다리와 꼬리에는 검은색 고리 모양의 얼룩이 있다. 혼자서 생활하는 야행성 동물로 새, 땅다람쥐, 쥐 등을 잡아먹는다. 리비아 살쾡이는 아프리카와 아라비아 반도, 팔레스타인 등지에서 인도까지 넓게 분포한다.

리비아 살쾡이

그렇다면 인간들은 무슨 이유로 이 야생 살쾡이를 길들였을까? 인간이 농사를 짓기 시작하면서 저장해 놓은 곡물을 쥐로부터 보호하기 위해 야생의 살쾡이를 길들이면서 인간과 고양이의 동거가 시작되었다. 고대 이집트에는 사육한 흔적을 볼 수 있는 미라가 발견되기도 했다.

집고양이의 원조는 아비시니안이다

쥐잡이에서 숭배의 대상으로

고양이가 사람과 함께 살기 시작한 기록은 약 5천 년 전 파라오 왕조로부터 시작된다. 고양이와 인간과의 관계에서 쥐는 빠지지 않고 등장하는데, 이집트에서 야생 고양이를 들여와 키우기 시작한 것도 농경 문화가 발달한 이집트의 곡물 창고에 쥐들이 들끓었기 때문이다. 해마다 나일강이 범람하고 나면 강 양쪽에는 비옥한 진흙 퇴적물이 쌓였다. 고대 이집트인들은 사막에 둘러싸인 이 좁은 지대에서 밀을 경작했는데 그들의 생존은 그렇게 수확한 밀에 달려 있다고 해도 과언이 아니었다. 창고에 있는 곡물을 지키는 길은 고양이를 기르는 것이었던 만큼 고양이는 귀한 대접을 받을 수 있었고 숭배의 대상이 되기도 했다.

이집트의 유물을 관찰하면 왕족과 함께 있는 고양이를 유난히 많이 볼 수 있는데, 그 고양이의 모습이 지금의 아비시니안과 매

고대 이집트 유물과 그림에 등장하는 고양이는 아비시니안과 매우 흡사하다.

우 유사하다. 스모키 화장을 한 것 같은 이집트 여성의 짙은 눈 화장도 아비시니안의 모습을 본뜬 것이라는 해석도 있다. 아비시니안의 유래에 대해서는 여전히 논쟁이 있지만 오늘날 전 세계에 퍼져 있는 수많은 고양이 중에서 가장 먼저 집고양이로 정착한 고양이는 '이집시안 마우'와 더불어 '아비시니안'이라는 의견이 지배적이다. 특히 아비시니안의 경우 고대 이집트의 초상화에 등장하는 늘씬한 몸매, 우아한 목선, 큰 귀와 아몬드 모양 눈 등 모습이 매우 유사하다.

또한 아프리카 야생 고양이인 펠리스 리비카가 지금의 아비시니안과 유사한 모습을 하고 있으며, 야행성으로 독립 생활을 하며 개박하 식물에 반응한다는 점 등이 고양이와 비슷하다.

고대 고양이는 숭배의 대상이었다

고양이를 죽이면 사형에 처하던 시대

이집트 유물이 전시된 곳에 가거나 일본의 신전에 가면 고양이 동상을 많이 볼 수 있다. 우리나라에서는 거의 볼 수 없는 모습이지만 약 5천 년 전 고양이가 최초로 집고양이로 살기 시작한 고대 이집트에서는 고양이 보호법을 제정하고 고양이를 죽이면 사형에 처할 정도로 고양이를 신성시하였다. 고양이가 따로 지내는 신전이 있었으며, 고양이의 행동으로 미래를 점치기도 했다. 함께 살던 고양이가 죽으면 애도하는 표시로 보호자가 눈썹을 밀었으며, 고양이와 쥐를 모두 미라로 만들어 죽은 후에도 고양이가 쥐를 잡아먹도록 배려해 주었다. 그래서 19세기에 빌굴된 신선의 유적에서는 30만 구가 넘는 고양이 미라가 발견되었다.

고양이를 이집트만큼 신성시하지는 않았지만 고양이를 신비하고 영험한 동물로 보았던 기록은 역사 곳곳에 남아 있다. 이슬람의 창시자인 마호메트는 고양이가 높은 곳에서 낙하할 때 크게 회전하며 착지하는 모습에 매료되어 대단히 총애했다고 전해지며, 중국의 민담에 묘왕으로 등장하는 고양이는 밤새 이중으로 된 장에 넣어 두면 그 영험한 기에 이끌려 온 수많은 쥐가 엎드려 죽었다는 전설이 있다. 드물기는 하지만 한국 설화에도 등장하는데 쥐와 생김새가 비슷한 미륵사의 중들이 판을 치자 백성들이 미륵사의 맞은편에 고양이 무덤을 만들어서 미륵사를 망하게 했다는 전설이 있다. 조선 시대에는 세조가 고양이의 도움으로 자객을 피하자 그 고마움의 표시로 상원사라는 묘전을 만들고 고양이 비석을 만들었다. 그 고양이 석상은 강원도 평창군에 있는 상원사에 아직도 남아 있다.

고대 이집트의 고양이 미라

강원도 평창군 상원사에 있는 고양이 석상

발굴된 이집트 유물 중의 고양이 동상

고양이는 마녀였다

파란만장한 고양이의 역사

고양이가 언제까지나 숭배의 대상이었던 것은 아니다. 고양이의 특별함은 한때는 신비함과 영험함으로 여겨졌지만 미신이 만연했던 중세에는 불길한 징조로 여겨지기도 했다.

5세기 말 유럽에서 고양이는 사람들의 천대와 미움의 대상이 된다. 당시에 퍼져 있던 마녀에 대한 미신과 연관 지어져서 고양이는 사악한 짐승으로 전락하게 되었다. 어둠 속에서 더욱 빛나는 눈, 높은 곳이나 낮은 곳을 오르내리는 뛰어난 능력 등이 중세의 유럽 사람들이 생각하는 마녀의 특징과 유사했던 것이다. 그래서 고양이를 기르는 사람들까지 마녀로 오인하여 함께 화형에 처하기도 했다.

그 후 유럽에 흑사병이 돌기 시작하면서 고양이의 전성시대가 다시 도래했다. 흑사병의 원인조차 모르던 유럽 사람들은 고양이를 키우는 집에서는 유독 흑사병에 걸리지 않았다는 사실을 알게 되었고 다시 고양이를 가까이 두기 시작했다. 그 후 18세기부터 고양이 동호회와 같은 형태의 '고양이 애호가 단체'가 설립되었고, 고양이 관련 전시회가 개최되기 시작하였으며, 1871년 영국과 1895년 미국에서 최초의 고양이 쇼가 열리기도 했다. 이렇듯 인간과 함께하기 시작한 고양이의 역사는 그야말로 파란만장했다고 할 수 있다.

우리나라에서는 오래전부터 고양이를 영물로 여기고 고양이에게 좋지 않은 의미를 부여하곤 했다. 그래서 다른 나라에 비해 고양이에 관한 기록이 많지 않으며 반려동물로 고양이를 받아들이기까지 오랜 시간이 걸렸다. 최근에 들어서야 쥐잡이도 아니고 마녀도 더더욱 아닌 고양이 그 자체로 바라보기 시작했다. 고양이는 깔끔함·귀여움·독립성·자존심·고독함·낭만 등 사람들이 닮고 싶은 요소가 집약된 동물이다. 고양이에게 빠져드는 사람이 늘어나면서 길고양이 마니아도 점차 늘어가고 있다. 고양이가 미물微物에서 미물美物로 다시 한번 변화해 가는 순간이다.

고양이를 사랑한 역사 속의 인물들

특별한 사람들의 특별한 고양이사랑

고양이는 우아한 자태와 조용한 습성, 도도한 성격으로 많은 사람에게 사랑을 받아 왔다.

뛰어난 프랑스 정치가 중의 한 사람으로 평가받는 리슐리외 공작은 가톨릭 추기경이자 루이 13세의 내무 대신으로서 유럽 최고의 권력가로 활동했다. 그 당시 유럽은 정치적으로 부패했으며 경제적으로 궁핍했고 사람들은 마녀사냥에 혈안이 되어 있었다. 리슐리외 공작 역시 마녀들을 핍박하였지만 고양이에 관한 미신에는 동조하지 않았다. 모든 사람이 고양이는 마녀의 친구라 믿었지만 그는 14마리의 고양이와 함께하며 두 하녀에게 고양이의 먹이를 주는 일을 맡겼고, 하루에 두 번 프랑스 최고의 요리인 푸아그라를 주라고 지시했다. 그는 죽은 후에도 고양이와 두 하녀에게 집과 정기적인 수당을 주라는 유언을 했다. 그가 세상의 마녀사냥으로부터 지켜 낸 14마리의 고양이의 이름이 지금도 기록으로 남아 있는 것을 보면, 그의 고양이 사랑이 얼마나 끔찍했는지를 짐작할 수 있다.

리슐리외 공작 (Duc de Richelieu, 1585~1642)

고양이를 사랑한 또 다른 정치가는 윈스턴 처칠이다. 그는 일생을 여러 마리의 고양이와 함께 살았는데, '넬슨'이라는 용감한 해군 제독의 이름을 가진 고양이는 이름과 달리 너무 겁이 많아 공습이 있을 때면 침대 밑에 기어들어 가곤 했다고 한다. 처칠은 '조크'라는 고양이를 특별 보좌관이라 칭하며 전시 비상 내각 회의에도 참석시켰다. 게다가

윈스턴 처칠 (Winston Leonard Spencer Churchill, 1874~1965)

조크가 식탁에 앉기 전에는 아무도 식사를 시작할 수 없었다고 하니, 웬만한 사람보다 높은 권력을 누린 고양이였다고 생각할 수 있다. 처칠은 유언장에조차 고향인 켄트 지방에 있는 자신의 저택에 항상 황갈색 줄무늬가 있는 고양이가 살도록 하라고 했다. 처칠과 함께한 고양이는 넬슨과 조크 외에도 블래키, 마게이트, 탱고라는 이름의 고양이들이 있다.

미국의 소설가 어니스트 헤밍웨이 역시 고양이교의 교주라고 해도 과언이 아닐 만큼 많은 고양이를 키웠다. 그는 무려 30마리의 고양이와 함께 살았는데, 그중 한 마리가 발가락이 6개여서 '6개의 발가락을 가진 공주님'이라고 불렀다고 한다. 그가 30마리의 고양이와 함께 살던 미국의 플로리다 남쪽 해안에 있는 헤밍웨이의 생가는 그의 일생을

(왼쪽) 어니스트 헤밍웨이 (Ernest Miller Hemingway, 1899~1961) (오른쪽) 헤밍웨이 생가에 살고 있는 6개의 발가락을 가진 고양이의 후손

알리고 보존하는 박물관이 되었는데, 지금도 60여 마리의 고양이가 살고 있으며 그중 많은 고양이가 발가락이 6개인 다지증이라고 한다. 헤밍웨이와 함께 살았던 '6개의 발가락을 가진 공주님'의 후손들이다.

그 밖에도 노스트라다무스, 아이작 뉴턴, 슈바이처도 고양이를 사랑한 것으로 알려져 있다.

고양이는 특히 영감이 뛰어난 작가와 예술가들로부터 사랑을 받았다. 고양이를 사랑한 작가들은 그들의 작품에 고양이를 등장시키곤 했는데 〈검은 고양이〉를 쓴 에드거 앨런 포 역시 고양이 예찬론자였다. 안타깝게도 그의 소설 속의 고양이는 불길하고 무서운 존재로 묘사되었다. 그러나 실제로 에드거 앨런 포의 고양이 카나리나는 극도로 가난하던 시절에 결핵으로 죽어 가던 그의 아내를 자신의 체온으로 따뜻하게 덮혀 주곤 했던 정 많고 사랑스러운 고양이였다고 한다.

에드거 앨런 포 (Edgar Allan Poe, 1809~1849)

뮤지컬 중 불후의 명작으로 여겨지는 〈캣츠〉는 원래 고양이를 사랑했던 영국의 시인인 T.S. 엘리엇의 시집 《노련한 고양이에 관한 늙은 주머니쥐의 책》이 원작이었다. 이를 앤드루 로이드 웨버가 〈캣츠〉라는 뮤지컬로 상연한 것이다. 그 밖에도 영국의 소설가 찰스 디킨스, 프랑스의 소설가 알렉상드르 뒤마, 빅토르 위고, 새뮤얼 존슨, 아이작 뉴턴, 메릴린 먼로, 나이팅게일 등 많은 역사 속 인물들이 고양이를 사랑했으며 고양이와 함께했다.

아이작 뉴턴 (Isaac Newton, 1642~1727)

만류 인력의 법칙을 발견한 아이작 뉴턴이 '고양이 출입문'을 발명했다는 사실을 아는 사람은 많지 않을 것이다. 오늘날 우리가 흔히 볼 수 있는 고양이 출입문은 고양이가 올 때마다 문을 열어 주느라 연구에 몰두하기 어려웠던 뉴턴이 고안해 낸 발명품이다.

지금도 많은 유명 인사들이 고양이와 함께 살며 그들과 함께 사는 고양이들이 더불어 유명해지곤 한다. 이들 모습을 통해 고양이에 대한 이미지가 향상되어서 많은 사람이 고양이를 사랑하게 되기를 기대해 본다.

명화 속의 고양이

고양이에 사로잡힌 고양이 예술가

❶ 루이스 웨인의 고양이 그림
❷ 루이스 웨인의 정신 분열 초기 그림
❸ 루이스 웨인의 정신 분열 말기 그림

고양이의 신비롭고 아름다운 자태를 보면 화가라면 누구나 한 번쯤 그려 보고 싶은 마음이 생길 것이다. 그래서인지 고양이와 관련한 예술 작품은 시대를 불문하고 다양하게 존재한다. 유럽에서의 고양이는 귀족적 이미지로 인해 레오나르도 다 빈치, 파블로 피카소, 피에르 오귀스트 르누아르, 마르크 샤갈, 렘브란트, 루이스 웨인 등 유명한 화가들의 그림에서도 고양이 그림을 어렵지 않게 찾아볼 수 있다.

그중 가장 고양이를 사랑한 화가는 르누아르와 '고양이를 그리는 화가'로 불린 루이스 웨인이다. 르누아르는 고양이와 함께 있는 소녀의 모습을 많이 그렸는데, 그림을 보면 고양이 특유의 몽환적이고 도도한 표정이 살아 있어 고양이에 대한 애정을 짐작할 수 있다. 루이스 웨인은 고양이를 그리는 화가로 유명하다. 고양이를 의인화해 사람 같은 표정을 짓게 하고, 사람처럼 옷을 입히기도 하는 등 새로운 스타일을 창조하여 당시 영국에서 큰 인기를 누렸다. 그는 길 잃은 고양이 피터를 키우며 피터에게 두 발을 모으고 기도하는 법, 안경을 쓰고 책 읽는 법 등 사람의 행동을 따라 하도록 훈련했다고 한다. 이런 경험이 루이스 웨인에게 영감을 주었다. 영국 고양이 협회 책임자를 맡을 정도로 고양이를 사랑했던 루이스는 안타깝게도 50대 후반에는 조현병을 앓아 이후부터는 피기스러운 고양이 그림을 그렸다. 하지만 여전히 그가 그린 고양이 그림들은 많은 사람에게 사랑받고 있다.

캐릭터 속의 고양이

세계적인 사랑을 받는 고양이

동화에 등장하는 고양이 중 가장 친근한 고양이는 아마도 《이상한 나라의 앨리스》에 나오는 '체셔 고양이'가 아닐까 생각된다. 영국의 수학자였던 루이스 캐럴이 이웃 소녀에게 들려주고자 쓴 동화인데, 여기에 등장하는 체셔 고양이는 이상한 나라에 대한 궁금증의 해답을 알고 있는 유일한 캐릭터로 등장한다. 이 체셔 고양이는 브리티시 숏헤어를 캐릭터화한 것이다.

일본의 동화 작가 사노 요코가 그린 동화 《백만 번 산 고양이》는 백만 번을 반복하여 태어나며 자신의 삶에 대해 자만감에 빠진 고양이가 사랑을 만나게 되면서, 삶의 가치를 깨닫게 되고 죽음을 맞게 된다는 내용이다. 불교적 해탈이 담긴 내용과 고양이 일러스트가 돋보이는 작품이다. 고양이 캐릭터로 가장 성공한 것은 단연 '헬로키티'일 것이다. 루이스 캐럴이 《이상한 나라의 앨리스》의 후속편으로 《거울 나라의 앨리스》를 썼는데 이 동화 속의 주인공이 바로 헬로키티이다. 일본의 산리오사가 동전 지갑에 헬로키티의 모습을 새겨 넣어 판매하기 시작한 것이 큰 인기를 얻어 지금의 헬로키티가 되었다. 현재 헬로키티는 세계에서 가장 사랑받는 캐릭터 중 하나이다.

'마네키네코' 역시 세계적으로 가장 유명한 고양이 캐릭터로 손색이 없다. 일본에서는 어디를 가든 이 고양이를 볼 수 있으며 일본 여행을 다녀오는 사람 중에 이 고양이 인형을 사 오지 않는 사람이 없을 정도이다. 이 고양이의 유래에 대해서는 여러 설이 있다. 에도 시대에 한 귀족이 사원 옆을 지나가다가 문득 주지 스님의 고양이가 자신을 부르는 것처럼 느껴져서 말에서 내려 절을 향해 들어갔는데 원래 서 있던 자리로 벼락이 떨어졌다. 고양이가 자신의 목숨을 구해 주었다고 생각한 귀족은 땅과 돈을 절에 바쳤으며, 고양이가 죽은 후에는 고양이 동상을 만들었는데 이것이 최초의 마네키네코 동상이라고 한다. 일본 사람들은 예로부터 고양이가 세수를 하면 손님이 온다고 여겼다. 그래서 손님이 계속 오기를 기원하는 마음으로 고양이에게 계속 손을 흔들게 한 것이 또 다른 마네키네코의 유래라고 한다. 오른손을 흔들면 돈을, 왼손을 흔들면 손님을 부른다는 의미인데 요즘에는 양손을 다 흔드는 고양이도 등장했다.

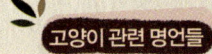 **고양이 관련 명언들** # 고양이를 사랑한 명인들의 명언들

라이너 마리아 릴케
"인생에 고양이를 더하면 그 합은 무한대가 된다."

마크 트웨인
"만약 동물이 말을 할 수 있다면 개는 서투르게 무슨 말이든 할 것이다. 하지만 고양이는 우아하게 말을 아낄 것이다."

고티에
"당신이 많은 사랑을 베풀어 준다면 고양이는 당신의 친구가 되어 줄 것이다. 그러나 당신의 종이 되지는 않는다."

헬렌 톰슨
"고양이는 세상 모두가 자기를 사랑해 주길 원하지 않는다. 다만 자기가 선택한 사람이 자기를 사랑해 주길 바랄 뿐이다."

레오나르도 다 빈치
"고양이는 신이 빚어낸 최고의 걸작품이다."

어니스트 헤밍웨이
"고양이를 한 마리 기르게 되면 또 한 마리를 기르게 된다."
"고양이의 감정은 철저히 정직하다. 인간은 어떤 이유에서 감정을 숨기기도 하지만 고양이는 그렇지 않다."

알베르트 슈바이처
"인생의 시름을 달래 주는 두 가지가 있다면 그것은 음악과 고양이이다."

장 콕토
"나는 고양이를 사랑한다. 고양이는 눈으로 확인할 수 있는 내 집의 영혼이다."

게리슨 케일러
"고양이는 우리에게 세상의 모든 일에 목적이 있는 건 아니라는 것을 가르쳐 주고 싶어 한다."

콜레트
"고양이와 함께 보내는 시간은 결코 낭비가 아니다."
"세상에 평범한 고양이는 단 한 마리도 없다."

페이스 레스닉
"고양이를 싫어하는 사람들은 다음 생에 쥐로 태어날 것이다."

조지 마이크스
"개는 당신에게 아부를 하겠지만 당신은 고양이에게 아부해야 한다."

미국 속담
"만약 주인 없는 길고양이와 친구가 되는 방법을 알고 있는 사람이라면 그는 언제나 운이 좋을 것이다."

제프 발데즈
"고양이는 개보다 머리가 좋다. 고양이 8마리에게 썰매를 끌라고 하면 거절할 것이다."

엘런 페리 버클리
"고양이와 같이 살고 있는 사람은 잘 알겠지만 고양이를 소유하고 있는 사람은 아무도 없다."

아일랜드 속담
"고양이를 싫어하는 사람을 조심하라."

헬렌 M. 윈슬로우
"여자들, 시인들, 특히 미술을 하는 사람들이 고양이를 좋아한다. 섬세한 마음을 가진 사람들만이 고양이들의 예민한 신경 계통을 이해할 수 있다."

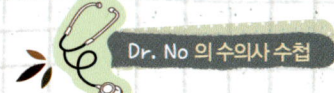

고양이를 오래 살게 하기 위한 10가지 방법

1
실내 사육 환경

실외보다는 실내에서 사육 하는 편이 유리하다. 실내 사육을 할 경우 실외 사육보다 수명을 최대 10년 이상 연장시킨다는 것이 입증되었다.

2
예방 접종

종합 백신 접종은 필수이다. 단독 생활하는 실내 고양이는 종합 백신으로 충분하며 어릴 때 3차 예방 접종을 완료 한 후 추가 접종이 필요하다. 매년 항체가 검사 후 항체가가 부족하면 추가 접종하는 것이 좋다. 외출하지 않는 고양이라도 병원, 숍, 호텔 등의 방문, 다른 동물과의 접촉 등에 대비한 것이다.

3
기생충 예방

매월 심장 사상충과 내외부 기생충 구충을 실시한다.

4
중성화 수술

중성화는 암컷에게는 자궁축농증, 자궁내막염, 유선 종양 등 성호르몬 불균형에 의한 질병을 예방하는 데 유리하며 수컷에게는 가출과 스프레이를 방지할 수 있다. 다만 중성화 후에는 비만과 결석을 철저히 관리해야 한다.

비만 예방

비만은 수명과 직접적인 관계가 있다. 체중 관리와 더불어 식이 관리, 운동 등을 통해 비만을 예방해야 한다.

결석 예방

결석에 대한 대비도 필요하다. 평소 물을 많이 마시도록 유도하고 매일 캔 사료를 급여하는 것이 좋다. 캔 사료는 80%가 수분으로 이루어져 수분 섭취에 탁월하다.

사료 선택

사료 의존도가 높은 고양이는 사료에 따라 건강이 좌우된다고 해도 과언이 아니다. 건사료의 장점은 조금씩 자주 먹는 고양이의 습성에 잘 맞으며 보관이 용이하다. 또한 영양 함량이 높다. 다만, 수분이 부족하고 탄수화물 함량이 높다는 것이 단점이다. 습식 사료는 반대로 수분 함량이 높지만 영양 함량이 낮다. 따라서 건사료와 습식사료를 적절하게 먹이는 것이 중요한데, 건사료 70% 습식사료 30% 정도의 비율을 추천한다.

스트레스 관리

고양이는 스트레스에 예민한 동물이다. 어릴 때부터 함께 자란 두세 마리의 고양이는 가장 이상적인 친구와 형제가 될 수 있지만, 갑작스러운 새 고양이의 등장은 고양이를 당황스럽게 할 수 있다. 여러 마리를 함께 키우는 것은 신중하게 결정할 일이며 화장실과 잠자리는 항상 청결하게 유지해 주어야 한다.

치아 관리

고양이의 치아 상태와 건강 상태는 관계가 매우 깊다. 영구치가 나면 양치질을 시작하고 매년 스케일링을 통해 치아 관리를 해야 한다.

정기 검진

7세 이후부터는 병에 걸릴 확률이 높아지므로 질병이 없어도 1년에 한 번 정도의 정기 검진을 받아야 하고, 10세 이후부터는 1년에 두 번 정도의 정기 검진을 받아야 한다.